增长的极限

Limits to Growth

Donella Meadows　Jorgen Randers　Dennis Meadows

〔美〕 德内拉·梅多斯
　　　乔根·兰德斯　　著
　　　丹尼斯·梅多斯

李涛 王智勇 译

机械工业出版社
China Machine Press

图书在版编目（CIP）数据

增长的极限（珍藏版）/（美）梅多斯（Meadows，D.），（美）兰德斯（Randers，J.），（美）梅多斯（Meadows，D.）著；李涛，王智勇译 . —北京：机械工业出版社，2013.5（2024.1 重印）
（华章经典·经济）
书名原文：Limits to Growth

ISBN 978-7-111-42426-0

Ⅰ. 增…　Ⅱ. ①梅…　②兰…　③梅…　④李…　⑤王…　Ⅲ. 增长极理论　Ⅳ. F061.2

中国版本图书馆 CIP 数据核字（2013）第 095173 号

北京市版权局著作权合同登记　图字：01-2012-7890 号。

Donella Meadows, Jorgen Randers and Dennis Meadows. Limits to Growth: The 30-Year Update.
Copyright © 2004 by Dennis Meadows.
Simplified Chinese Translation Copyright © 2013 by China Machine Press.

This edition arranged with Sterling Lord Literistic, Inc. through Andrew Nurnberg Associates International Limited.

机械工业出版社（北京市西城区百万庄大街 22 号　　邮政编码　100037）
责任编辑：黄姗姗　　　版式设计：刘永青
固安县铭成印刷有限公司印刷
2024 年 1 月第 1 版第 24 次印刷
170mm × 242mm · 19.25 印张
标准书号：ISBN978-7-111-42426-0
定　　价：79.00 元

客服电话：（010）88361066　68326294

|目　录|
Limits to Growth

这是一本什么样的书

2012 年，本书第一作者德内拉·梅多斯的遗著《系统之美》中文版在中国大陆出版发行，受到了普遍关注，曾长时间位居各大网上书店经管类图书销售排行榜的前列。那本书并不是什么轻松的快餐读物，为什么能得到如此重视呢？在我看来，原因之一是我们身边越来越多的复杂系统性问题，已经让人们意识到，我们再也不能用传统的思维模式来处理，人们愈发感受到需要掌握一种新的方法，以应对动态复杂系统的挑战，更好地与系统共舞。而本书就是这样一种尝试，更是一个几乎无法超越的经典。

20 世纪 60 年代，麻省理工学院教授杰伊·福里斯特教授创立了一门新的科学——系统动力学，70 年代，享誉全球的国际组织——罗马俱乐部资助麻省理工学院系统动力学小组，利用系统动力学建模技术，对地球生态系统与经济增长之间的动态关系进行了定量研究。本书就是该项研究的成果，最早发表于 1972 年。本书一经出版，就引起了人们的广泛关注和长达数十年的争议。支持者有之，后来甚至发展成为轰轰烈烈的环保主义与可持续发展运动；批评者有之，无论对建模方法还是研究结论，一直都有批评和争议的声音。尽管如此，这门新科学的威力和这项研究所体现出来的真知灼见、远见卓识，随着时间的流逝而变得日益光华烁人。

一方面，在世界范围内，系统动力学作为一门科学，其发展非常迅猛，不仅具备了完备、健全的理论体系，而且有了简便易用的方法与工具，应用范围也不断扩大，从微观的企业管理到宏观的环境生态系统、社会经济体系，都有了丰硕的研究成果。管理学大师彼得·圣吉就是福里斯特教授的弟子，他基于系统动力学理论，创造性地整合了其他一些社会科学领域的研究成果，提出了建设"学习型组织"的"五项修炼"，而其基石就是"第五项修炼"，即"系统思考"。

随着时间的推移，《增长的极限》这项研究一些结论陆续得到验证，国际社会也行动起来采取一些措施，以应对生态环境恶化带来的挑战，如 1992 年在里约热内卢召开的联合国"全球环境与发展高峰会议"，尽管会议成果不容乐观，但会议的召开本身就有着重要的战略意义。

与此同时，该研究所使用的模型和数据也得到持续的改进与更新，陆续出版了 20 周年纪念版、30 周年纪念版等，并被译成 30 多种语言，在全球范围内均引发广泛关注。

但是，任何一门新科学的普及都不会是一帆风顺的，尤其是系统思考所倡导的思维模式与社会上主流的思维模式有着显著差异，因此它的成长尤其显得困难。举例来说，虽然《第五项修炼》书卖了很多，但真正读完、弄懂并且会用的人很少。对于本书，我相信也大抵如此。

那么，你为什么要读这本书？

如果你是企业家或管理者，本书将有助于你重新审视你的企业所在的经营环境，发现新的可持续发展的商业模式，实现与企业周围各种系统的和谐，包括与你的顾客、供应商、合作伙伴以及更大的社区和环境。

如果你是研究者或学生，本书将使你了解新的研究方法、经典的模型、翔实的数据，帮你培养出富有远见的洞察力。

如果你是政府公务员或公共事务管理者，本书更是你获取新知、了解系统运作内在机理与规律的最佳读物之一，是你提升决策水平、在面对复杂局势挑战时找出"高杠杆解"的催化剂。

即使你不属于上述人群，也不带任何功利性目的，简单地打开这本书，随意地读上三五页，我相信也是有益的，因为我们都是地球公民，我们有共同的家园，我们只有地球一个家。只有更加深入地了解它，我们才能更好地去爱护它，与它和谐相处，子子孙孙，世代相传。

如何读这本书

曾有出版人说过，阅读是大脑的饮食。正如饮食有主食、肉食、果蔬与甜点一样，阅读也可分为四类：①出于解决工作、生活中的实际问题的目的而阅读一些实用指南性图书，如同主食，可以快速填饱肚子，却很难说有多少营养；②一些快餐读物或小说，如同甜点，虽然美味可口，却只能当作点缀或闲暇时的娱乐消遣；③一些思想境界很高，深具启发性与洞察力的经典著作，如同肉食，营养丰富，但不易消化；④与工具、方法相关的书，如同果蔬，虽不足以裹腹，却也有益健康，不可或缺。正如饮食平衡乃养生之道，阅读也是如此。因此，读书也要从自己的实际和目的出发，有所选择和侧重讲究，但同时注重均衡。

按照上述区分，对于大部分读者来说，本书既不是主食，也不是甜点，而是有益大家身体健康的肉食与果蔬。

首先，本书破解了人类社会发展、生态系统之间的关系，提出了很多发人深省、震耳发聩的洞见，用科学方法论证了中国古代哲学智慧所提出的"天人合一"、和谐、可持续发展的观点，堪称一部经得起时间考验、有深刻哲理的巨著（本书数次更新、重印、发行数百万册、畅销不衰的事实，可资佐证），读本书将是滋补思想、强身壮体的一道美食盛宴。从这种意义上讲，读本书要细嚼慢咽，好好品味。

其次，本书是在社会经济系统与地球生态的宏观层面上运用系统动力学方法的典型范例，无论是对关键变量的界定、因果关系的分析，还是对工具（存量流量图）的使用、系统动力学专业建模软件的仿真模拟，都是高度专业的。实践证明，经过学习与练习，大家也可以掌握这种方法。而结合书中的分析，大家进行方法的学习、工具的使用练习，无异于让大家有机会与"武林高手"切磋，对于个人学习应用系统思考技能提升大有裨益。因此，从这种意义上讲，读这本书就不能仅仅停留于"知道了"或"看懂了"的层面上，而是要更深一步地琢磨作者对方法、工具的使用，并且动手练习（包括下载免费的系统动力学建模软件进行建模与模拟，这真的不难）。

系统思考的基本原则

对于很多想学习系统思考与系统动力学建模的朋友来说，常常感到无从下手，或认为这玩意儿高深莫测。我认为这些都是误解。以我的经验来看，系统思考并不神秘，也不高深，其实它就在我们身边，只要掌握基本的原则和方法，勤加练习并养成习惯，每一个人都可以学会系统思考。

简言之，系统思考的基本原则包括：

- 考虑问题要全面，不能遗漏重要的利益相关者或构成实体，更不能仅从自己的本位出发；
- 考虑问题要有深度，不能就事论事，要能透过现象看到事物的本质，明白影响系统行为的主要影响因素及其关联关系（被称为系统的"结构"，"结构影响行为"是系统思考的一项基本原理）；
- 考虑问题要有动态眼光，不能只看到眼前和当下的状况，要在洞悉系统结构基础的一定程度上"预见未来"；当然，也要考虑到动态关系中广泛存在的"时间滞延"，正是由于它们的存在，使得系统行为复杂多变，甚至难以预测。

如果把我们人类看不见、摸不着的思维，拿一个实物来打比方，以上三个基本原则恰如一个"魔方"，要求我们从三个方面实现思维的转变（如图0-1所示）。当然，具体说起来，内容很多（详情请参见邱昭良著，《系统思考实践篇》，中国人民大学出版社，2009）。

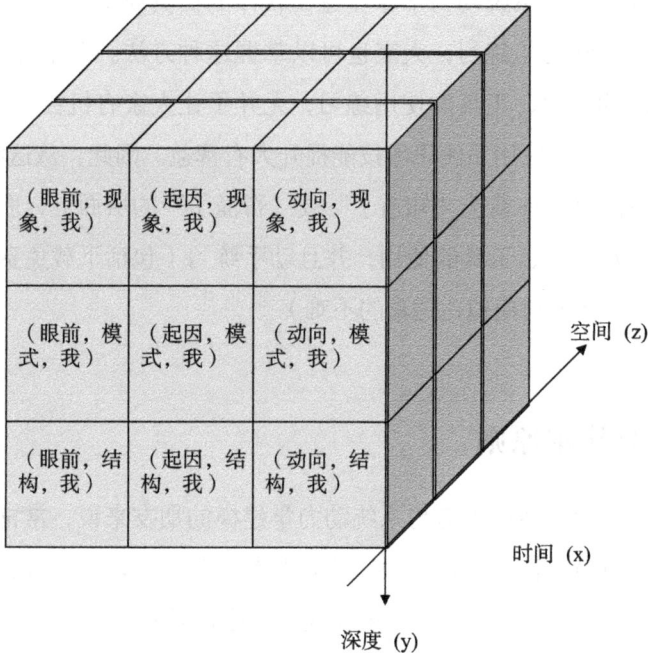

图 0-1 "思维的魔方"示意图（邱昭良，2009）

事实上，本书中所述的核心问题也是应用了上述三个原则：

（1）本书提出的"世界模型"包含了很多系统实体，包括生产者、消费者、自然环境、资本等，全面周到；

（2）在上述实体之间，存在非常微妙而复杂的相互连接、反馈与影响，构成一个环环相扣的整体，正是系统的内在结构产生了各个变量纷繁复杂的变化形态；

（3）通过借助存量流量图和专业建模软件，本书对上述系统中各种各样的反馈及时间延迟进行了仿真模拟，不仅与历史的拟合度很高，而且具有很高的预见性。

虽然实际应用的复杂性远大于此，但如果化繁为简，或者透过现象看本质的话，我认为这三项原则就是指导我们行动的基本规则。当然，毫无疑问，要想在实际工作、生活中应用系统思考，还需要更为深入地学习、探究。

阅读地图与学习指南

系统思考作为一门科学和彼得·圣吉所称的"修炼"，也不是非常简单、一蹴而就的。相反，要想掌握这项思维技能，既需要勇于创新，打破自己固有的心智模式和思维定势，又需要大家持续深入地学习、练习并加以应用。

根据我的经验，最为快捷有效的踏上系统思考修炼之旅的方式，是参加一次 2 ～ 3 天的"系统思考应用实务"培训，不仅能通过专家的讲解、互动体验，快速领悟系统思考的原理与精髓，还能够借助大量的实际案例，学会系统循环图等基本方法与工具，进行大量的动手练习，更能现场获得如何在实际工作、生活中应用系统思考的"内功心法"。

对于没有机会参加上述培训的读者来说，想要通过读书来学习系统思考，也是有迹可循的。图 0-2 是我整理的"系统思考阅读地图"，仅供大家参考。

在入门阶段，我为大家选择的这几本书基本上是实践导向的或寓言故事类、通俗易懂的读物；在进阶阶段，我为大家推荐的主要是面向实践者、讲述系统思考的方法以及应用的书籍；在深入阶段，主要推荐的是较为学术性或有一定深度的经典读物。

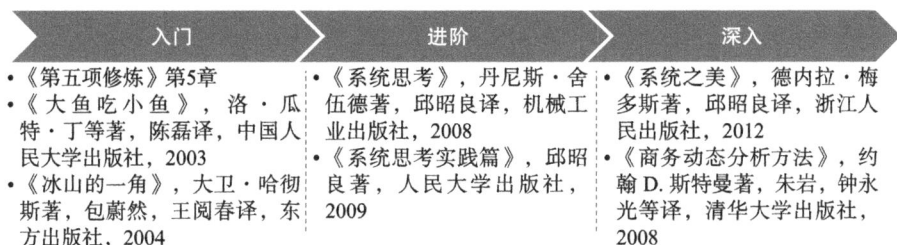

入门	进阶	深入
•《第五项修炼》第5章 •《大鱼吃小鱼》，洛·瓜特·丁等著，陈磊译，中国人民大学出版社，2003 •《冰山的一角》，大卫·哈彻斯著，包蔚然、王阅春译，东方出版社，2004	•《系统思考》，丹尼斯·舍伍德著，邱昭良译，机械工业出版社，2008 •《系统思考实践篇》，邱昭良著，人民大学出版社，2009	•《系统之美》，德内拉·梅多斯著，邱昭良译，浙江人民出版社，2012 •《商务动态分析方法》，约翰 D. 斯特曼著，朱岩，钟永光等译，清华大学出版社，2008

图 0-2　系统思考阅读地图（邱昭良，2012）

最后，再次郑重向大家推荐这本书，并希望大家通过阅读本书达到两个目的：第一，更加深入地认识我们每个人、每个企业所处的这个唯一的地球系统，践行和谐可持续发展；第二，举一反三，学会系统思考，应对工作与生活中无时不有、无处不在的复杂性挑战，做出睿智决策。

邱昭良

管理学博士，高级经济师

学习型组织研修中心·中国学习型组织网创始人

2013 年 5 月 15 日于美国旧金山

《增长的极限》一书的第 1 版面世于 1972 年，甫一出版就受到极大的关注，也引起极大的争议，后被陆续翻译成三十多种文字，发行数百万册。

我最初接触这本书是 1993~1996 年在中国社会科学院研究生院读硕士研究生的时候。那时"全球环境与发展高峰会议"刚刚在巴西的里约热内卢闭幕，可持续发展的理念也迅速传到中国，正是可持续发展研究最热的时候。我当时的研究方向是社会经济系统分析，在导师的指导下学习了系统动力学方法并应用于研究工作中，也阅读了《增长的极限》一书。

初次阅读此书给我带来的震撼至今记忆犹新。此前，作为 20 世纪 80 年代末 90 年代初的在校大学生，我跟那个时代的大多数人一样，对国家、对世界、对民族、对人类充满着关怀，喜欢思考、谈论这一类的"大"问题，总的来说充满着乐观的情绪和美好的憧憬。

虽然偶尔也谈论诸如"地球末日""人类灭亡"这一类话题，但总觉得，至少我个人是这么认为，那是非常非常遥远的未来，完全是一种假说。特别是当时的中国，经济上进入一个高速发展的新阶段，人们对中国的前途、对经济增长的前景充满着期望。

但是，读了《增长的极限》一书之后，我突然感觉到世界真的是有末日的，并且这个末日竟然离我们并不遥远。作为一个经济学的研究生，我突然发现原来经济增长也并不完全是件好事，不仅不能永远持续下去，还可能给人类带来毁灭性的后果。

现在看来，这些想法是从一种盲目的乐观一下子走到了极端的悲观，并且这些想法本身也充满了对《增长的极限》一书的误解（这些误解后面还要谈到）。在这里回忆这些只是想说明这本书当时对我个人观念带来的巨大冲击，并且我相信，这种巨大的冲击绝不仅仅体现在我作为一个读者的身上。当时在社科院研究生院，我也常常能听到一些同学对此书的争论，反对者的观点正如那些主流观点一样，有人认为"零增长"的观点荒诞不经，将把发展中国家锁定在贫困中，也有人认为技术的发展能解决一切问题，对所谓的"极限"根本就不需要担心。

许多年过去了，硕士毕业后的我很少再想这方面的问题，《增长的极限》对我思想的冲击也慢慢淡了下来。当偶然听到机械工业出版社准备翻译出版2004年的《增长的极限》一书时，我立刻表现出极大的兴趣，并主动请缨翻译此书。这大概也是一种情结吧。

《增长的极限》第一次提出了地球的极限和人类社会发展的极限的观点，对人类社会不断追求增长的发展模式提出了质疑和警告。当时正是世界经济特别是西方社会经历了第二次世界大战以来经济增长的黄金时期而达到这一轮增长的顶峰，也正处于"石油危机"的前夜，整个世界特别是西方社会所弥漫的乐观情绪远比我们在20世纪90年代时的乐观情绪更为强烈。《增长的极限》一书的问世不啻当头棒喝，本该把人们从梦中惊醒。然而，随之而来的更多是各种批判和质疑，经济学家更是对此大加鞭挞。即便是石油危机的爆发和随后西方世界经济增长的放缓，也没有被视为《增长的极限》一书的注脚，经济学家更愿意根据主流经济学的逻辑做出解释。其实，当时作者只是指出人类社会发展可能会达到这样一种极限状态，并且对达到极限和增长终结的时间，也做出了相当乐观的估计——最悲观的估计也在 2015 年之后，也就是《增长的极限》面世四十多年之后。

然而，世界经济的发展尽管在 20 世纪 70 年代之后放慢了脚步（当然这不是由于《增长的极限》的警告，而是出于增长乏力的无奈），但逼近极限的速度却出乎作者原先的意料。在 1992 年版中，作者已明确指出，人类在许多方面已经超出了地球的承载能力，已经超越了极限，世界经济的发展已经处于不可持续的状态。这次的警告不再被当作危言耸听，因为当时的世界的确出现了一些令人担忧的危险征兆，例如粮食短缺、气候变暖、臭氧层被破坏等。正是因为这些因素的影响，1992 年召开了第一次全球环境与发展峰会，尽管会议没有取得什么真正有意义的成果，但从那以后，国际社会对资源与环境问题的忧患意识明显增强，努力实现可持续发展逐渐成为国际社会的共识。

作为第 3 版，正如英文书名的副标题所表达的那样，本书是对第 1 版问世30 年后所做的更新。从核心思想和主要结论来说，这一版和第 2 版一样，没有对第 1 版所表达的基本观点做出多少补充或发展，也没有做什么修改。那么出版本书的意义是什么呢？正如作者在前言中所指出的，第一，对数据进行了更新，大部分统计数据截止到 2000 年左右。第二，对模型技术也做了一些改进，新的系统动力学模型更加精致并且便于运行。第三，使用了一些新的方法和研究成果，例如借用了 20 世纪 90 年代之后发展出来的生态足迹概念，并且将其作为本书的一个核心工具。当然，第一点是本书最重要的"更新"之处，作者利用这些新数据向我们描述了当今世界的实际状态，并给我们提供了距离极限还有多远或者已经超出极限多远的直观认识。

也正如作者在前言中所说的，本书还进一步阐明了作者一贯坚持的一些基本观点并再次澄清了人们对《增长的极限》一书的一些误解。正如前面所说，我也曾对《增长的极限》一书的一些基本观点产生过误解，也听到过许多人对《增长的极限》一书的错误理解，所以我在这里愿意帮助作者再次澄清一下。

　　需要澄清的第一个误解是，《增长的极限》是不是对未来的预测？或者说，《增长的极限》是不是预言人类社会必然走向"崩溃"？乍看起来，作者所做的工作的确是关于预测的，他们使用了系统动力学的方法，基于当前和历史上的实际数据，对未来几十年的世界人口、经济增长、生活水平、资源消耗、环境等变量都做了"精确"的预测，为我们勾勒出了未来世界的发展趋势，并做出了"崩溃"的预言。但是，仔细阅读本书之后，你就会发现，作者并非进行单一的预测，并没有预言"崩溃"一定会发生，而是"模拟"了未来世界发展的各种可能"场景"。的确，在多个模拟场景中，如果人类社会照目前的模式发展下去，如果国际社会做出反应或采取行动过于迟缓，"崩溃"是不可避免的。但是作者也模拟了避免崩溃发生的情形，前提是国际社会及时采取行动、对增长加以约束并有足够快的技术进步速度。因此，《增长的极限》一书的主要工作是"模拟"人类社会的各种未来可能，而不是预测或预言地球和世界的某种必然结局。作者也多次强调，他们从模型中计算出的各种"精确"数据是没有多大意义的，但这些数据反映出的发展趋势却是我们理解和展望未来发展必须关注的。

　　要澄清的第二个误解是，增长的极限是不是仅仅基于一些资源趋于枯竭的现实可能？这是批评者对极限是否存在质疑最多的地方，而那些相信技术力量将使极限不复存在的乐观派观点也正是基于这种误解。如果说极限的存在仅仅是由于某些资源会消耗殆尽的话，那么人们或许有理由相信技术的进步会为我们找到替代资源，甚至是发明不需要使用这些资源的技术。事实上，作者对增长的极限的关注绝不仅仅是出于资源枯竭这样一种可能，尽管这种可能性在今天看来已经非常明显并日益迫近。作者注意到了人口的几何增长，注意到了土壤肥力的下降对粮食产量的影响，更注意到了自然环境所遭到的不可逆转的破坏，等等。即使某些破坏是可以逆转的，例如恢复土壤肥力，或者是通过技术可以弥补的，例如通过生物技术的进步来弥补土壤肥力下降对粮食产量的影响，但是由于更多的资本将不得不转向满足维系人类生存的最基本需求，工业的增长将不可避免地出现下降，进而形成负反馈循环，导致人类经济增长趋于停滞。这是书中所模拟的崩溃发生的最主要路径。况且，还有些东西的破坏和失去是不可逆转的，例如臭氧层的破坏和全球变暖的趋势，至少目前看来不是技术的发展能够解决的，人类只能通过减少自己的生态足迹来避免进一步的恶化或放缓恶化的速度。技术绝非是万能的。

第三个误解是，作者是否在鼓吹"零增长"？零增长是人们对于《增长的极限》一书之结论和主张最简单的也是最普遍的解读，也是颇受人们诟病之处。特别是在发展中国家看来，这种主张无异于在扼杀发展中国家追求经济发展的努力，甚至被视为把发展中国家锁定在贫困状态的国际阴谋。事实上，作者的确提出要放慢经济增长的步伐以减缓向极限逼近的速度，但这种主张更主要的是针对那种增长高于一切、增长是解决一切问题的钥匙的观点，也是对人类在贪婪地无限追求财富增长的同时贫富差距却日益扩大这一现实的反思。在作者看来，如果能更加公平地分配财富，如果能让全人类共享增长的成果，那么人类社会根本不需要这么高的增长就可以维持一种合意的物质生活水平。在本书所描述的所有场景中，作者模拟了各种可能性，如人口增长会保持在何种速度，如果资源的消耗速度能降低到多少，如果技术进步能达到什么水平……指出在这些可能的各种状态下，人类的经济增长会不会持续，能持续到什么时候。作者并没有提出零增长的主张，但在大多数场景中，模拟结果都明白无误地告诉我们，如果人类不能对自己的贪婪欲望和增长的速度加以约束的话，最终的崩溃都是不可避免的；也只有将增长速度降下来，人类社会才有可能实现长期的可持续的发展。

本书的翻译工作最终由王智勇博士和我共同完成。王智勇翻译了第 3～6 章以及附录，我翻译了文前和第 1、2、7、8 章，最后由我统校。在本书翻译过程中，我先后到瑞典的斯德哥尔摩经济学院和美国哈佛大学肯尼迪政府学院做访问学者，大部分时间都在努力充分利用这些地方良好的科研条件和丰富的研究资源从事自己研究领域的工作，翻译工作说是"挤"时间完成的一点也不为过。对于翻译上遇到的问题，特别一些关键词的翻译，例如"过冲"（overshoot）、"生态足迹"（ecological footprint）等，我与王智勇博士通过电子邮件进行了反复商讨，在意见不能达成一致的地方最后大多是按照我的想法敲定的。例如"overshoot"一词，本意就是"过度、过头、超过"的意思，但作为本书中的一个关键术语，必须找到一个词来突出体现它在这里的特殊涵义。我们绞尽脑汁考虑了各种译法，例如王智勇提出可以翻译为"超载界限"或简称为"越界"，但总觉得不尽如人意。最终我决定还是采用"过冲"这一物理学上的译法，以体现其作为一个术语的特殊性。所以，对于本书中可能存在的错误或失误，我负有主要的责任。

感谢出版社把本书的翻译工作交给我们，更感谢他们在本书的翻译由于我出国而拖延时所表现出的宽宏和耐心。感谢编辑的辛勤工作，尽管我们从未谋面，但其认真负责的精神和对译者的尊重的确让我感动。

最后，我要借本书中文版的问世向本书的主要作者之一、于2001年不幸辞世的德内拉·梅多斯女士致敬。她对世界与整个人类未来的深刻洞察和理性思考、对地球公民命运与前途的深切关怀和坚定信念，是我们在全球化这样一个充满危机和挑战的时代最需要也最缺少的。她值得我们每一个人敬仰和学习。

李　涛

在过去的三十多年中，有许多个人和组织帮助我们理解了物质增长的极限将使地球的未来变成什么样子。我们将本书献给做出基础性贡献的三个人。

奥雷利奥·佩切伊（Aurelio Peccei），罗马俱乐部的创建者。他对世界的深刻关切和对人类的永恒信念激发了我们以及其他许多人关注并研究人类未来的遥远前景。

杰伊·福里斯特（Jay W. Forrester），我们的老师、麻省理工学院斯隆管理学院的退休教授。他设计了我们所使用的计算机模型的原型，并且用他深邃的系统洞察力帮助我们理解了经济系统和环境系统的行为。

最后，我们带着哀伤，荣幸地把本书献给它的主要作者——德内拉·梅多斯（Donella H. Meadows）。她更广为人知的名字是丹娜（Dana），所有尊敬她的人和赞赏她所做工作的人都这样称呼她。她是一位世界级的思想家、作家和社会活动家。她善于与人沟通、具有很高的道德标准和服务意识，给我们树立了榜样并仍在激励着我们和千千万万的人们。这里的许多分析和论述都是她做出的，但本书却是在丹娜 2001 年 2 月去世后才完成的。我们希望借本书向她致敬并继续她毕生为之努力的事业：告诉全世界的公民并说服他们走向可持续发展之路。

Limits to Growth

|前 言|

Limits to Growth

背景

您现在读到的是本书第 3 版。第 1 版是 1972 年面世的。⊖1992 年出版了修订版，⊜在该书中我们讨论了第 1 版面世后第一个 20 年的全球发展情况。本版包括了我们早先分析的核心部分并总结了我们在过去这 30 年中所得到的一些相关数据和观点。

⊖ Donella H. Meadows, Dennis L. Meadows, Jorgen Randers, and William W. Behrens III, *The Limits to Growth* (New York: Universe Books, 1972). 还有两本工具书：Dennis L. Meadows et al., *The Dynamics of Growth in a Finite World* (Cambridge, MA: Wright-Allen Press, 1974), 和 Dennis L. Meadows and Donella H. Meadows, *Toward Global Equilibrium* (Cambridge, MA: Wright-Allen Press, 1973)。第一本书是关于 World3 计算机模型的全部资料，第二本书给出了第 13 章的辅助研究和纳入到全球模型中的子模型。这两本书现在都由 Pegasus Communications 发行。

⊜ Donella H. Meadows, Dennis L. Meadows, and Jorgen Randers, *Beyond the Limits* (Post Mills, VT: Chelsea Green Publishing Company, 1992)。

本书源自 1970 ～ 1972 年麻省理工学院斯隆管理学院系统动力学小组的研究项目。这个项目组使用系统动力学原理和计算机模型对世界人口和实物经济增长的原因及其导致的后果进行了分析。我们提出了这样一些问题：目前的政策将导致一个可持续的未来还是走向崩溃？该怎么做才能创造一个能为所有人提供充足所需的人类经济？

我们受罗马俱乐部（一个由著名商人、政治家和科学家组成的非正式的国际团体）的委托来考察这些问题。德国的大众基金会为我们的工作提供了资助。

当时执教于麻省理工学院的丹尼斯·梅多斯组织并领导由以下人员组成的项目组花两年的时间完成了最初的研究工作：

Alison A. Anderson 博士（美国），Erich K.O. Zahn 博士（德国），Ilyas Bayar（土耳其），Jay M. Anderson 博士（美国），Farhad Hakimzadeh（伊朗），William W. Behrens III 博士（美国），Judith A. Machen（美国），Steffen Harbordt 博士（德国），Donella H. Meadows 博士（美国），Peter Milling 博士（美国），Nirmala S. Murthy（印度），Roger F. Naill 博士（美国），Jorgen Randers 博士（挪威），Stephen Schantzis（美国），John A. Seeger 博士（美国），Marilyn Williams（美国）。

该研究项目的最主要基础是我们建立的 World3 计算机模型，它能帮助我们将与增长有关的数据和理论整合起来。[⊖]借助这个模型我们可以得出内在逻辑一致的世界发展情形。在第 1 版中，我们公布并分析了从 World3 模型中得出的 12 种模拟场景，这些模拟场景显示了 1900~2100 年这 200 年间世界发展的各种不同的可能模式。在第 2 版中给出了根据一个稍作更新的 World3 模型版本得出的 14 种模拟场景。

⊖ 是的，也有过 World1 和 World2 模型。World1 是最早由麻省理工学院的杰伊·福里斯特教授应罗马俱乐部的要求设计出的模型原型，描绘出了全球趋势和问题之间的内在联系。World2 是福里斯特教授记录下的最后一个模型，在 Jay W. Forrester, *World Dynamics* (Cambridge, MA: Wright -Allen Press, 1971) 一书中进行了描述。这本书现在也由 Pegasus Communications 发行。World3 模型是从 World2 模型发展出来的，主要是细化了其结构并扩大了数据量。福里斯特教授是 World3 模型及其承载的系统动力学模型方法之父。

本书在许多国家成为最畅销的书之一，最终被翻译成 30 多种语言。第 2 版也以多种语言出版并被广泛采用为大学教材。

1972 年：增长的极限（第 1 版）

本书报告，全球生态约束（与资源使用和废弃物排放有关）将对 21 世纪的全球发展产生重要影响。本书发出警告，人类将不得不付出更多的资本和人力去打破这些约束，这些约束是如此之多以至于我们的平均生活质量将在 21 世纪的某些时候出现下降。该书并没有具体指出何种资源枯竭或何种废弃物排放会因治理所需资本超出所能得到的资本而导致增长停止。这是因为，我们不可能在一个科学的基础上对组成这个世界的庞大、复杂的人口 – 经济 – 环境系统做出这种很具体的预测。

本书呼吁，通过技术、文化和制度上重大、前瞻和社会性的创新来避免人类生态足迹的增加超出地球的承载能力。尽管全球性挑战使得前景暗淡，但本书的基调是乐观的，一遍又一遍地反复强调，如果早点采取行动，我们将在多大程度上减少因逼近（或超出）地球生态极限所造成的危害。

在本书中，World3 模型所给出的 12 种模拟场景描绘了人口增长和自然资源使用增加是如何在各种限制下相互作用的。在现实中，增长的极限表现为很多种形式。在我们的分析中，主要是关注地球的物理极限，表现为日趋枯竭的自然资源和地球有限的吸收工业和农业废弃物排放的能力。在 World3 对现实的每一个模拟场景中，我们都发现这些限制将迫使实物增长在 21 世纪的某个时间停止。

我们的分析没有去预测那些某一天会突然出现的极限。在我们给出的模拟场景中，人口和物质资本的扩张会逐渐迫使人类拿出越来越多的资本去应对那些由一系列约束产生的问题。最终，由于太多的资本被用于解决这些问题而不足以支撑工业产出的持续增长。当工业出现下降时，社会也就无法支撑其他经济部门的更多产出：粮食、服务和其他消费。当这些部门都不再增长时，人口增长也将终结。

增长的终结也会以很多种方式出现。它可能以一种崩溃的方式发生：人口和人类福利不可控制地下降。World3 模型给出的模拟场景描述了由各种原因所导致的崩溃。增长的终结也可能以一种人类足迹逐渐适应地球承载能力的方式出现。通过对当前政策做出重大调整，我们可以使 World3 模型产生出一种增长有序终结而人类福利将长期保持在较高水平的场景。

增长的终结

增长的终结，无论以何种方式，在 1972 年时看来都是很遥远的事情。在本书中，World3 模型给出的所有场景都表明，人口和经济的增长将很好地持续到 2000 年以后。即使是在最悲观的模拟场景中，物质生活水平也将持续提高，一直到 2015 年。因此，本书将增长的终结放在了该书出版近 50 年以后。如此看来，人类有足够的时间，甚至是在全球范围内，进行反思、做出选择并采取行动进行矫正。

当我们撰写本书时，我们希望这种反思将促使人类社会采取矫正行动以降低崩溃发生的可能。崩溃并不是什么诱人的未来。人口和经济急剧下降到地球自然系统不能够支撑的水平无疑将伴随着健康恶化、冲突、生态灾难以及严重的不平等。死亡率的迅速上升和消费水平的迅速下降将导致人类足迹走向无法控制的崩溃。如果做出恰当的选择和行动，这种不可控的下降是可以避免的；如果做出自觉的努力来减少人类对这个星球的需求，过冲也是可以得到解决的。在后一种模拟场景中，人类足迹的逐步向下调整可以通过成功降低生育率和更平等地分配可持续的物质消费速度来实现。

我们有必要再次强调，增长并不必然导致崩溃；但是如果增长导致了过冲、导致需求的扩张超出了地球资源所能维持的水平时，崩溃必然紧随而来。1972 年时看起来人类人口和经济还是令人欣慰地处在地球的承载能力之下。我们认为只要做出具有长远眼光的选择仍然有安全增长的空间。在 1972 年时这么想是正确的，但到 1992 年时就并非如此了。

1992 年：超越极限（第 2 版）

1992 年，我们对早先的研究进行了 20 年来的更新。我们研究了

1970~1990 年的全球发展，并利用这些信息对本书和 World3 计算机模型进行了更新。书中重复了原来的观点，在 1992 年我们得出结论认为，20 年来的历史发展总体上支持了我们 20 年前所得出的结论。但 1992 年版也提出了一个重要的新发现。我们在书中指出，人类已经超出了地球承载能力的极限。这一事实是如此重要，因此我们选择将它反映到该书的书名中。

早在 20 世纪 90 年代初期，就已经有越来越多的证据显示人类正在走进无法持续的恐怖之中。例如，有报告说热带雨林正在以一种不可持续的速度被砍伐；有人推断粮食产量将不足以维持人口的增长；有人认为气候正在变暖；还有人关心最近出现的臭氧洞。然而，对绝大多数人来说，这些累加起来也不足以证明人类已经超出了地球环境的承载能力。我们不同意这种观点。我们的观点是，在 20 世纪 90 年代前期已经无法再通过明智的政策来避免过冲的出现，过冲已经成为事实了，主要任务已经变成将世界从陷入到无法持续的恐怖中拉回来。书仍然保持了乐观的语调，通过许多模拟证明，通过明智的全球性政策、通过技术和制度的变化、通过设定政治目标和个人热情，过冲带来的破坏能够减少多少。

第 2 版出版于 1992 年。在这一年，"全球环境与发展高峰会议"在里约热内卢举行。高峰会议的举行显示国际社会最终决定严肃对待重要的环境问题。但是我们知道，人类没有能够实现"里约会议"的目标。2002 年在约翰内斯堡举行的"里约 +10"会议所产生的成果甚至更少，它几乎被各种各样的意识形态分歧和经济争吵，被追求各自狭隘的国家、企业和个人自身利益的努力搞瘫痪。⊖

1970 ～ 2000 年：人类足迹的增长

在过去的 30 年里有许多正面的发展。与持续增长的人类足迹相对应，这个世界采用了新的技术，消费者改变了他们的购买习惯，一些新的制度也创立起

⊖ 见联合国《世界可持续发展峰会报告》（A/CONF.199/20, New York, 2002），其中在"行动计划"中包括了共同目标，例如，在 2015 年之前将缺乏清洁水源和卫生条件的人口数量减半，到 2010 年减少全球生物物种的消失，到 2015 年之前把全球鱼类的数量恢复到最高的可持续水平。在这些承诺中除了反映出关注的层次提高了，在许多非政府组织眼里这次世界可持续发展峰会没有取得多少进步，在某些方面甚至比 10 年前里约会议所做出的承诺还后退了。

来，一些多边协议也已经达成。在一些地区，粮食、能源和工业产出的增长率已经大大超过了人口增长率。在这些地区大多数人都变得越来越富裕。人口增长率下降了，相应的收入水平却提高了。人们的环境意识也比 1970 年时要高很多。在大多数国家都有环境事务部，环境教育已经普遍开展起来。在富裕国家，大多数大气污染问题和工厂排污管道的污染问题已经消除，并且领先的企业正成功地取得更高的生态效益。

这些明显的成就使我们很难在 1990 年左右谈论过冲问题。困难来自缺乏基本的数据甚至缺乏关于过冲的基本词汇。我们差不多用了二十多年的时间才建立起足够成熟的概念体系（例如，把 GDP 的增长同生态足迹的增长区分开来）从而使得关于增长极限问题的智力沟通成为可能。然而，国际社会仍然在试着理解"可持续"的概念，在布伦特兰委员会（Brundtland Commission）铸就这一名词 16 年之后，对它的理解仍然是含混不清的并被广泛滥用。㊀

在过去 10 年中又有许多新的数据进一步支持了我们在第 2 版中关于世界已经处于过冲状态的判断。现在看来，全球人均粮食产量在 20 世纪 80 年代中期达到了高峰。海洋鱼类的捕捞量会显著增长的前景已经不复存在了。自然灾害所带来的损失在不断提高，并且对重新分配清洁水源和矿物燃料的争夺也在不断加剧，甚至导致冲突。尽管科学上的共识和气象数据都表明全球气候正在因人类活动而改变，但美国和其他大国却仍在继续增加它们的温室气体排放。在许多地方和地区已经出现持续的经济衰退。1990~2001 年的十多年间，占世界人口 12% 的 54 个国家都出现了人均 GDP 的下滑。㊁

在过去的 10 年间也出现了新的词汇和数量方法来讨论过冲问题。例如，马西斯·瓦科纳格尔（Mathis Wackernagel）和他的同事测度了人类的生态足迹并将其与地球的"承载能力"相对比。㊂他们把生态足迹定义为为国际社会提供

㊀ 世界环境与发展委员会《我们共同的未来》（Oxford: Oxford University Press, 1987）。这一委员会更广为人知的名字是布伦特兰委员会，以其领导人、挪威前首相 Gro HarlemBrundtland 的名字命名。在书中我们使用的词汇是"均衡"而不是"可持续"。

㊁ The World Bank, *World Bank Atlas-2003*, Washington, DC, 2003, 64-65.

㊂ Mathis Wackernagel et al., "Tracking the ecological overshoot of the human economy," *Proceedings of the Academy of Science*, 99, no. 14:9266-9271, Washington, DC, 2002. 同时可查阅 www.pnas.org/cgi/doi/10.1073/pnas.142033699.

资源（粮食、饲料、树木、鱼类和城市用地）和吸收排放物（二氧化碳）所需要的土地面积。与能够得到的土地相比较，瓦科纳格尔得出结论认为人类资源的使用目前已经超出了地球承载能力的20%（见图0-3）。用这种方法来衡量，人类在20世纪80年代还保持在可持续的水平上，但现在已经过冲了20%。

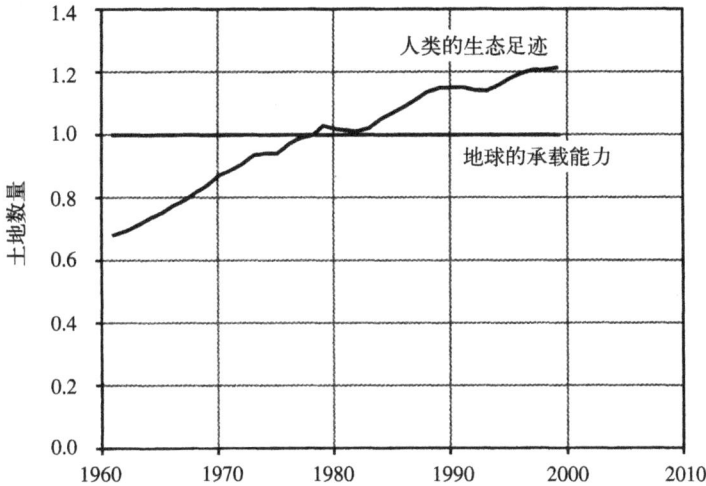

图0-3 生态足迹与承载能力

注：本图给出了1960年以来每年提供给人类使用的资源和吸收其排放所需要的土地的数量。人类这种需求与我们这个地球所能提供的供给相比，人类需求自20世纪80年代以来就超出了自然的供给能力，到1999年已经过冲了20%。

令人感到悲哀的是，尽管在技术和制度上都取得了一些进步，但人类的生态足迹仍然在扩大。更为严峻的是，人类"已经"处于无法持续的恐怖之中。然而，令人失望的是，对这种困境的总体意识还是非常有限的。想要得到政治上的支持去改变个人的价值观和公共政策，进而扭转目前这种趋势并将生态足迹带回到地球的长期承载能力之下，需要很长的时间。

将会发生什么

地球面临的挑战可以简单概括为：要实现可持续发展，人类必须提高这个世界上穷人的消费水平，同时减少人类总的生态足迹。因此必须要有技术的进步、个人的转变以及长期规划的视野；必须要有超越政治疆界的更高的尊重、关切和分享。这即便是在最好的条件下也需要付出几十年的努力才能达到。当前没有一个政治团体对这样一个计划给予广泛的支持,更不要说让富国和强国通过减少自己的足迹给穷国让出发展的空间了。相反,全球的生态足迹却在日益扩大。

因而,我们对地球的未来比在 1972 年时更感到悲观。一个可悲的事实是,在过去的 30 年中人类把大部分时间浪费在毫无意义的争吵之中,只是对全球生态挑战做出了半心半意的反应。我们不可能再有 30 年的时间去犹豫不决了。如果不想让正在发生的过冲在 21 世纪演变成崩溃,有许多事情必须要改变。

在丹娜于 2001 年年初去世前,我们答应她我们将完成她深爱着的本书第 3 版。但是在写作本书的过程中我们再次感觉到三位作者在希望和预期方面的巨大差别。

丹娜永远是个乐观派。她对人类充满关怀和同情。她整个一生的工作都建立在这样一个假定的基础上:如果她能把足够多的正确信息传递到人们手中,人们最终会选择明智的、有远见的、无痛苦的解决方案——也就是说,采取全球性的政策来使过冲逆转(或者,即便做不到这一点,也能把世界从崩溃的边缘拉回来)。丹娜整个一生都在为这一信念而工作。

乔根是那种愤世嫉俗的人。他相信,人类会一直追求提高消费、就业和金融安全等短期目标而忽视那些日益变得明显和强烈的信号,直到最后一切都为时已晚并以悲惨的结局收场。他为人类自愿放弃追求一个本来可以更加美好的世界而感到悲哀。

丹尼斯介于两人之间。他相信人类最终会采取行动以避免全球崩溃的最坏情况发生。他预期世界最终会选择一个相对可持续的未来,但这只有在爆发严重的全球危机而被迫采取行动之后才会发生。并且,这种滞后很长时间才采取行动的结果将比早些采取行动所得到的结果大打折扣。在这个过程中,这个星球上许多奇妙的生态财富将被破坏,许多诱人的政治和经济前景将会失去,将出现的是巨大的、长期的不平等,社会的日益军事化以及四处蔓延的冲突。

我们不可能把这三种不同的展望合并成一个关于地球最可能的未来的共同愿景。但我们一致认为,我们所希望的可能会发生。我们在第 8 章中描述了我们所希望看到的变化，这一章是在丹娜在第 2 版中给出充满希望的结论一章的基础上稍加修改而成的。我们要传递的信息是，如果我们坚持我们说教式的努力，世界人民就会更可能选择正确的前进道路，在失去爱心和尊重同一星球上的伙伴之间、在现在和未来之间、在人性和非人性之间做出选择。我们热忱地希望他们能及时做到这一点。

增长的极限这一观点对吗

我们经常被问道："关于增长的极限的预测对吗？"注意，这是一家媒体的语言而不是我们的话！我们仍然把我们的研究工作视为探究各种可能的未来的一种努力。我们并不想去预测未来。我们在勾勒人类迈向 2100 年的不同场景。尽管如此，对过去 30 年来的经验教训进行一下总结还是有益的。那么，自从 1972 年 3 月本书第 1 版面世以来，世界已经发生了哪些变化呢？

刚开始，当时大多数经济学家跟许多实业家、政客以及第三世界的创业者都站出来对增长极限的观点表示愤怒。但是，事实最终证明了关于全球生态制约的观念并不是荒诞不经的。这些的的确确限制了实物增长，并且对我们为实现我们的目标而选择的政策能否成功产生了巨大影响。同时，历史已经证明，人类社会只有有限的能力能在短期内采取明智的、有远见的、利他的但却是对一些重要角色不利的措施来对这些限制做出反应。

1972 年以来，资源和排放约束已经制造了好多次危机，这些危机让媒体感到兴奋，吸引了公众的注意力，也唤醒了政治家们。一些重要产油国石油产量的下降、大气同温层中臭氧层的变薄、全球温度的上升、四处蔓延的持续饥荒、对有毒废物处置地点的争吵升级、地下水水位的下降、物种的消失、森林的退化等，这些还只是已经引发大量研究并成为国际会议和全球公约议题的一些问题。所有这些都证明了我们的结论或与我们的结论相一致，就是说，物质增长的约束应当是 21 世纪制定全球政策的一个重要方面。

对那些相信数字的人，我们可以报告一下，World3 模型高度总量化的各种模拟场景在 30 年以后仍然表现出令人吃惊的精确。2000 年世界人口的数字（从 1972 年的 39 亿增加到大约 60 亿）跟我们 1972 年从 World3 模型标准运行中预

XXX

测到的数字完全一样。[⊖]并且，模拟给出的全球粮食产量的增长情况（谷物从 1972 年的每年 18 亿吨增加到 2000 年的 30 亿吨）也与历史数据相当吻合。[⊜]能否说这种与历史的吻合证明了我们的模型是正确的呢？不能，当然不能。但是，这的确证明 World3 模型并不完全是胡说，其假设和结论今天仍旧很能说明问题。

很重要的是要记住，不需要每个人都把 World3 模型输入到计算机中来理解其基本结论。我们大多数关于可能会产生崩溃的重要论断也不是对 World3 所产生的曲线的盲从。这些论断仅是从对地球系统的三个明显、持久和普遍的特征所产生的动态行为模式的理解中得出来，这三个特征是：不断被侵蚀的极限、对增长的不懈追求以及逼近极限时人类社会反应的滞后。任何一个被这些特征所主导的系统都注定会出现过冲和崩溃。World3 模型的核心假设包括了极限产生、增长和滞后的因果机制。假定这些机制无可辩驳地存在于现实世界中，那么，世界沿着一条与本书所模拟的主要特征一致的路径走下去就毫不奇怪了。

为什么要再版

如果所得出的结论跟前两版基本一样，我们为什么还要费力来再版呢？我们的主要目的是用一种更容易理解并且更能得到过去几十年的数字和案例支持的方式来重申我们 1972 年的观点。此外，我们还希望为使用我们的早期版本作教材的老师们提供新的材料。尽管书中对未来给出的观点仍然是有用的，但对任何一个老师来说，在 21 世纪的时候仍然使用截止到 1990 年的数据来授课在实践中是有问题的。并且，我们还有其他一些理由来重写这本书。我们希望，再次：

- 强调人类已经处于过冲状态之中，通过明智的政策可以大大减少它所带来的破坏和灾难。

- 提供数据和分析来批驳那种盛行的认为人类正处于 21 世纪的正确发展轨

⊖ 参见 Meadows et al., *The Dynamics of Growth in a Finite World*，第 501 和第 57 页增长极限的数据，与 Lester Brown et al., *Vital Signs 2000* (New York: W. W. Norton, 2000)，第 99 页中的数据相吻合。

⊜ 参见 Meadows et al., *The Dynamics of Growth in a Finite World*，第 501 和第 264 页。关于 LTG 数据，从 1972 年到 2000 年增加了 67%，刚好和 Lester Brown et al., *Vital Signs 2000* 第 35 页中给出的世界粮食产量 63% 的增长相吻合。

道上的政治性宣传。

- 提醒全世界的公民思考他们的行动和选择的长期后果，并凝聚他们的政治力量支持并采取行动以减少过冲所带来的损失。

- 让 World3 计算机模型引起新一代读者、学生和研究人员的注意。

- 显示自 1972 年以来我们在理解增长的长期原因和结果方面取得了哪些进步。

模拟与预测

我们写这本书的目的，不是要预测在 21 世纪实际上将会发生什么，我们也不是在预言一个什么样的未来将会发生。我们只是给出了一些不同的模拟场景：在纸面上 21 世纪可能会演变出的 10 种不同画面。我们这么做的目的是为了鼓励你学习、反思并做出自己的选择。

我们也不相信目前所能得到的这些数据和理论能让我们对世界将在未来的一个世纪中会发生什么做出准确的预测。但是，我们确信已有的这些知识能让我们剔除一些不切实际的未来场景。现有的事实已经使许多人对未来持续增长的模糊预期破灭——这些只是一相情愿的愿望，很有吸引力却是错误的，可望却不可求。如果我们的分析能让国际社会的公民们重新思考，并使他们对将在他们的未来生活中扮演重要角色的地球物质极限有更多的了解和尊重，那么这种分析就是有益的。

书籍的力量与向可持续发展过渡

在为实现可持续发展而进行的斗争中，书籍看起来是一种比较无力的工具。但是，我们所做工作的历史经验却给出了不同的观点。本书前两版卖出了几百万册。第 1 版引发了广泛的争论，而第 2 版又重新点燃了这种争论。我们的确在环境保护运动的早期提高了人们对环境问题的警觉和关注。许多学生在本书的引导下确立起新的人生目标并致力于研究与环境和可持续发展相关的问题。所有这些都是有益的。

但是，我们所做的工作在许多方面也显得有些乏力。本书的主要目的是希望通过引起人们对地球生态过冲现象的注意而使人们对增长是万能的观念产生质疑。我们的确使"增长的极限"一词被广泛使用，然而这一词汇却经常被错误理解并以一种过分简化的方式被使用。许多批评者认为我们对增长的极限的关注来自于认为矿物资源或其他一些资源将很快被耗尽的观念。事实上，我们的理解要更精细一些，我们担心的是，目前的政策将因为不能有效地应对和处理生态极限而导致全球性的过冲和崩溃。我们相信，目前人类的经济活动已经超出了一些重要的极限，这种过冲在未来的几十年中将会大大强化。我们在此前的两本书中没能以更明晰的方式传递这一理念，我们没能让"过冲"这一概念成为公众讨论的主流概念。

拿我们的结果跟那些在过去的 30 年中致力于推行自由贸易理念的集团（主要由经济学家组成）做比较是有益的。与我们不同，他们已经成功地让他们的理念成为一个家喻户晓的词汇。与我们不同，他们已经成功地让无数政客为自由贸易而争斗。但是，当自由贸易政策也迅速导致个人或地区蒙受包括失业在内的损失时，他们也得面对因缺乏基本的说服力和可信度而出现的广泛质疑。对于因追求自由贸易目标而导致的全部成本和收益也会有许多错误的理解。生态过冲的概念对我们来说在 21 世纪比自由贸易更为重要，却远远没有引起公众的注意和重视。这本书就是为消除这种差距而做的最新努力。

实践中的过冲和崩溃

当一个社会没有为未来做好充分准备时，就会出现过冲并进而导致社会福利的下降。例如，如果没有为不断减少的石油储量、越来越短缺的野生鱼类以及越来越昂贵的热带木材准备好替代品，一旦这些资源开始枯竭，福利受损的情况就会发生。如果在过冲过程中这些资源的基础遭到侵蚀或破坏，问题将变得更加严重。其结果，社会就可能会经历崩溃。

全球过冲和崩溃的一个生动例子就在人类迈入新千年的时候实实在在地发生了：全球股票市场上的"dot-com"泡沫。在本书中我们给出了有关这个泡沫的利率变化动态，尽管这是在金融世界而不是在物质世界中发生的，但遭受侵蚀的资源则是投资者的信心。

发生的事情，简单地说，就是股票价格从 1992 年起到 2000 年 3 月一路直线上升，达到了一个事后被证明是完全无法维持的高峰。从这一峰值，股票价格整整下跌了 3 年，直到 2003 年 3 月达到谷底。而后，股票价格重又开始逐渐回升（至少到 2004 年 1 月，本书写作时，一直在回升）。

就跟人类超过了资源或排放的极限将发生的情况一样，在股票价格长期向上走的过程中几乎没有出现任何困难。相反，每当股指达到一个新的高点时，都会激发出更多的狂热。最值得一提的是，即使是在股票价格已经达到了无法持续的恐怖高点（事后看来在 1998 时就已经发生）之后，在达到峰值很长时间并且进入崩溃好几年之后，投资者才开始承认出现了"泡沫"——这是他们用以描述"过冲"的词汇。一旦进入崩溃，没有人能够阻止这种下滑。在股价崩溃已经持续了 3 年后，许多人还对它是否会结束持怀疑态度。投资者信心完全被侵蚀掉了。

令人悲哀的是，我们相信世界将会在资源使用和排放方面经历跟"dot-com"泡沫非常相像的过冲和崩溃，并且将在更长时间范围内。即便是在已经进入不可持续的恐怖状况（我们知道，这已经发生了）很长时间之后，人们仍会欢迎和庆祝所取得的阶段性增长。崩溃将到来得非常突然，大大出乎每个人的意料。并且，等到它已经持续了几年之后，人们就会越来越清楚原来早在崩溃之前就已经达到完全不可持续的状态了。在经历更多年的下降之后，很少会有人相信崩溃将会终结，很少会有人相信能再拥有足够的能源和丰富的野生鱼类。我们真希望这些将被证明是错误的。

未来的计划

增长的极限曾经是遥远的未来，但今天它们已经广泛存在。崩溃的概念曾经被认为是不可思议的，但今天它已经进入公众谈论的话题，尽管它仍然是一个遥远的、假设性的和学术化的概念。我们猜测，可能要再过 10 年过冲的后果才能被更清楚地观察到，可能要再过 20 年过冲的事实才会被普遍承认。本书中的模拟场景表明，21 世纪的第一个 10 年仍将处于增长的阶段，这跟我们 30 年前给出的模拟场景是一致的。因而，我们对 1970~2010 年这一时期的预期跟我们的批评者的预期没有多大的差异。我们所有人必须再等 10 年才能得到结论性的证据来证明谁的看法是正确的。

我们计划在我们的本书第 1 版出版 40 周年的时候，再次进行更新。到那时，我们希望有更充足的数据来验证过冲的现实。我们将能够援引一些证据来证明，究竟我们是正确的，还是我们将不得不承认，证据表明技术和市场的确使地球的极限扩大到超出人类社会的需求之外；究竟是人口和经济的下降正在逼近，还是世界正准备经历另外几十年的增长。在此之前，你也将不得不就人类生态足迹增长的原因和结果形成你自己的观点。我们希望你能发现本书提供的信息能为你的这种努力提供一个有用的基础。

丹尼斯·梅多斯

于美国新罕布什尔州达拉谟

乔根·兰德斯

于挪威奥斯陆

2004 年 1 月

第 1 章

过　冲

Limits to Growth

　　未来不再是……它本应成为的那样——如果人类早些知道该如何更有效地利用自己的头脑和曾经得到的机遇的话。但未来仍将是我们合理地、切合实际地所期望的那样。

　　　　　　　　——奥雷利奥·佩切伊（Aurelio Peccei），1981

过冲（overshoot），意思是走过头了，意外而不是有意地超出了界限。人们每天都在经历这种过冲的情况。当你猛然从椅子上站起来时，可能会瞬间失去平衡。淋浴时如果把热水龙头开过了头，你就会被烫着。在结冰的路面上，你的车可能会因打滑而越过停止线。你可能会因为在宴会上喝了太多的酒，超出了肌体的代谢能力，而在第二天早晨感到头疼。房产公司可能会因为所建的公寓数量大大超出了需求，被迫以低于成本价出售而面临破产。由于有太多的渔船，捕鱼的船队过于庞大以至于捕鱼量大大超出了鱼类的繁殖量，从而导致鱼类资源耗竭，最终使得这些船不得不闲置在港口中。由于化学工业产出的氯化物超出了大气同温层所能吸收的安全范围，导致出现臭氧层在今后几十年中有被耗尽的危险，除非同温层中氯的含量降低。

小到人体大到星体，导致过冲的原因大致相同，主要原因有三个。第一，是因为有增长、加速或快速的变化。第二，是因为有某种形式的界限或阻碍，超出这种界限或阻碍，运动中的系统就会变得不安全。第三，是因为在感知或反应上存在滞后或失误，无法努力将系统控制在其界限之内。这三个原因就是产生过冲的充要条件。

过冲的情况是很普遍的，几乎以无穷多的形式存在。这种变化可以是实物的，如石油使用量的增加；也可以是组织上的，如所辖人口数量的增长；也可以是心理上的，如人们消费目标的不断提高；或者，也可能是金融、生物、政治或其他形式等多方面的。

界限同样是各种各样的：可能是固定的空间、有限的时间，也可能是人体的、生物的、政治的、心理上的或系统其他方面一些天然的局限性。

同样，滞后也会由于多种原因出现。可能是由于不注意、数据错误、信息滞后、反应迟钝、笨拙或争论不休的官僚主义、对于系统如何反应给出了错误的理论，或者由于某种原因使得系统无法马上停下来，除非做出最佳的努力。例如，当一个司机没有意识到车的制动力会因路面结冰而下降时；当开发商使用当前的价格来对未来两三年的建筑活动做决策时；当捕鱼船的船主基于近期的捕捞数据而不考虑未来鱼类的繁殖速度等信息来做出造船的决定时；当化学品需要经过几年的时间才会从使用它们的地方转移到生态系统中它们会造成严重危害的地方时，都会出现滞后。

在大多数情况下过冲几乎不会造成危害，越过很多界限也不会给任何人带来严重损害。大多数过冲情况经常发生，这使得人们学会了在潜在的危险出现之前就避免它或将其危害程度降到最低。例如，你会在踏入淋浴池之前先用手试一下水温。有时可能会出现危险，但这种危险能很快被纠正。例如，如果头天在酒吧喝酒到很晚，大多数人会在第二天早晨多睡一会儿。

但是，偶尔也会出现带有潜在灾难性的过冲。地球上人口和实物经济的增长就会使人类面临这种可能。这正是本书所关注的焦点。

贯穿整个这本书的难点是我们如何理解和描述大大超过地球承载量的人口和经济增长的原因及其带来的后果。其中涉及的问题很复杂。有关的数据常常是质量很差并且残缺不全。能够取得的科学性迄今也无法在研究者中取得共识，政客之间的共识就更少了。不管怎样，我们都需要一个专门的术语来指代这个星球上的人类需求和地球能提供的容量之间的关系。因此我们将使用这样一个词——生态足迹（ecological footprint）。

这个术语的流行始于马西斯·瓦科纳格尔（Mathis Wackernagel）及其同事在 1997 年为地球理事会（Earth Council）所做的一项研究。瓦科纳格尔计算了多个国家可用以供其人口消费并吸收所产生废弃物的土地的数量。⊖瓦科纳格尔的术语及其数学方法后来被世界自然基金会（World Wide Fund for Nature，

⊖　M. Wackernagel et al., "Ecological Footprints of Nations: How Much Nature Do They Use? How Much Nature Do They Have?" (Xalapa, Mexico: Centro de Estudios para la Sustentabilidad[Center for Sustainability Studies], March 10, 1997). 也可参见 Mathis Wackernagel et al., "Tracking the Ecological Overshoot of the Human Economy," *Proceedings of the Academy of Science 99*, no. 14 (Washington DC, 2002): 9266-9271. 同时也可以从 www. pnas. org/cgi/doi/10. 1073/pnas.142033699 中获得。

WWF）所采用。在该基金会所出版的《地球生命力报告》（*Living Planet Report*）中，[⊖]提供了 150 多个国家每半年的生态足迹数据。根据这些数据，从 20 世纪 80 年代后期起，人们每年消耗的资源已经超过了这个星球当年的资源再生量。换句话说，整个社会的生态足迹相对于地球所能提供的容量来说已经出现过冲。有许多信息来支持这一结论，我们将在第 3 章进一步讨论这一问题。

这种过冲的潜在后果是极其危险的。这种局面是史无前例的：它使人类面临许多过去我们这个物种在全球层次上从未经历过的问题。我们缺乏应付这种局面需要的观念、文化、规范、习惯和制度。并且，这种破坏在许多情况下需要几个世纪甚至上百万年来矫正。

但是，这种后果也不一定是灾难性的。过冲会导致两种不同的结果。一种是某种形式的毁坏，另一种则是一种有准备的转向、一种矫正、一种小心谨慎的缓解。我们考察了人类社会及支撑人类社会的地球发生这两种情况的可能性。我们相信某种矫正是可能的，并且将引致某种对这个世界上的所有人来说都是合意的、可持续的、充裕的未来。我们也相信，如果不能很快做出有力的矫正，某种毁坏也是注定要发生的。并且，它将在我们这些今天还活着的人的生命时光里发生。

我们如何走到这一步呢？有许许多多不同的观点。在过去的三十多年里，我们和许多同行都致力于解释人类人口及其生态足迹增长的长期原因和后果。我们使用了四种不同的方法来研究这些问题，即有效使用四种不同的镜头用不同的方法来透视这些数据，就如同用显微镜的镜头和望远镜的镜头会给出不同的看法一样。其中三种审视工具是被广泛使用并且很容易描述的：①关于地球系统的标准科学理论和经济学理论；②世界资源和环境的数据；③用计算机模型来帮助我们整合这些信息并探究其含义。本书的许多地方都使用这三种镜头展开讨论，描述了我们如何使用它们以及它们让我们看到了什么。

我们的第四种工具是我们的"世界观"，它是信念、态度和价值具有内在一致性的一个组合，是一种范例，是观察现实的一种基础性方法。每个人都有自己的世界观，它影响一个人从哪个角度看问题以及看到什么。它的作用就像一个过滤器，接纳与自己对这个世界的性质的看法（往往是下意识的）相一致的

⊖ World Wide Fund for Nature, *Living Planet Report 2002* (Gland, Switzerland: WWF, 2002).

信息，而排斥那些挑战或不能证实自己的看法的信息。当人们通过一个过滤器（例如镶着有色玻璃的窗户）向外看的时候，他们通常是透过它去看，而不是看到玻璃本身。世界观也是如此。没有必要向已经具有某种世界观的人去解释这种世界观，然而却很难向不接受这种世界观的人去解释。但是，很重要的是要记住，每一本书、每一个计算机模型、每一个公开陈述，既是由那些"客观的"数据或分析形成的，也至少同样是由作者的世界观形成的。

我们无法避免受到自己的世界观的影响，但我们可以尽可能地向我们的读者描述事物的本质特征。我们世界观的形成受到我们成长于其中的西方工业社会的影响，受到我们的科学和经济学训练的影响，也受到我们在世界许多地方旅游和工作时所得到的知识的影响。但是，我们世界观中最重要的部分，也是与大众最不一样的地方，就是我们的系统观念。

跟任何一个视角一样，例如从山顶上观察，系统观念可以让人们看到一些从其他任何一个位置都看不到的东西，但视线也会被挡住从而看不到其他一些东西。我们所受的训练更关注动态系统——一组随时间变化的、相互关联的物质和非物质元素。我们所受的训练教我们把世界视为一组展开的行为模式，如增长、衰退、波动、过冲。它教我们不要过多关注单个事物而应当关注事物之间的联系。我们把人口、经济、环境等众多元素视为一个具有很多互动关系的地球系统。我们在这种联系中可以看到存量、流量、反馈以及阈值，所有这些都将影响系统的未来行为方式，并影响到我们可能采取的改变其行为的行动。

系统观绝不是我们观察世界的惟一有用的方法，但我们发现它是信息特别丰富的一种方法。它使我们用新的方法来处理问题并发现预想不到的选项。我们有意在这里分享系统观的一些观点，这样你就可以看到我们所看到的东西，并且就这个世界的现状和未来选择得出你自己的结论。

本书的结构跟我们的全球系统分析的逻辑是一致的。我们已经阐述了我们的基本观点。过冲产生自以下因素的组合：①快速的变化；②变化的界限；③突破这些界限或控制这些变化时所发生的错误或滞后。我们将按以下顺序观察全球局势：首先看导致发生全球性快速变化的驱动因素，其次看地球的极限，然后再看人类社会了解这些界限并对其做出反应的过程。

下一章我们从变化的现象入手。当然，目前全球变化的速度比人类历史上以往任何时候都要快。这种变化主要是由人口和实物经济的指数型增长驱动的。在过去的两百多年里，增长已经成为世界社会经济系统的主导行为。例如，图1-1给出了人类人口的增长情况，尽管出生率在下降，但人口增长曲线却仍在急剧上升。图1-2表明，尽管不断遭受石油价格冲击、恐怖主义、传染病以及其他短期冲击的影响，工业产出仍在增长。由于工业增长的速度超过了人口的增长速度，结果人类的平均物质生活水平也提高了。

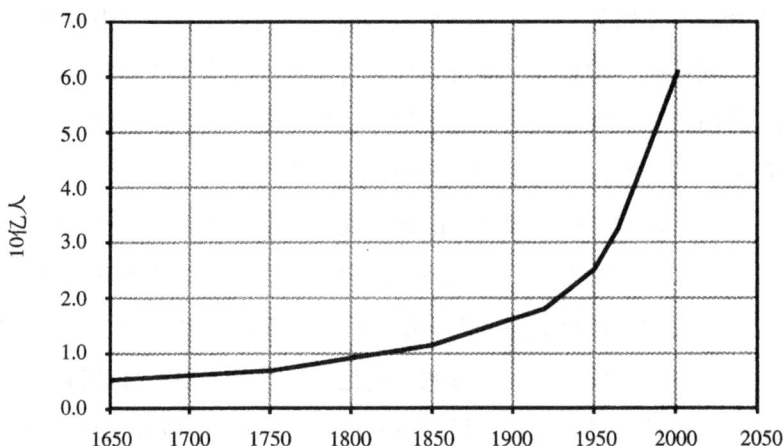

图1-1　世界人口

注：自工业革命以来世界人口开始呈现指数型增长。注意图中曲线的形状以及随时间不断提高的变化率，这些都体现出指数型增长的特征。然而，增长率现在已经下降了，曲线也变得不再那么陡峭，但这种变化几乎无法看到。2001年世界人口增长率是年增长1.3%，相当于55年翻一番。

资料来源：美国人口咨询局（PRB）；联合国；D. Bogue。

人口和工业增长的一个结果就是改变了地球系统的许多其他特征。例如，许多污染物的污染程度也在增长。图1-3显示了其中很重要的一例，即大气中二氧化碳（一种温室气体）的累积，这主要是矿物燃料燃烧和森林遭到人为砍伐的结果。

本书中的其他一些图表列举了食物生产、城市人口、能源消费、材料使用以及人类在这个星球上活动的其他许多物质现象。并非所有东西都在以同样的速度或方式增长。正如你从表1-1可以看出的那样，增长率是大不相同的。一些增长速度已经降了下来，但它们的基数每年仍在显著增加。当一个较小的百分比乘以一个很大的基数时，常常是不断下降的增长率仍产生出不断增加的绝对增加量。在表 1-1 的 14 个变量中有 8 个就是这种情况。在过去的半个世纪里，人类已经成倍增加了自己的人口数量、财富以及所使用的物质和能源流量，2 倍、4 倍、10 倍，甚至更多，并且他们期待未来有更多的增长。

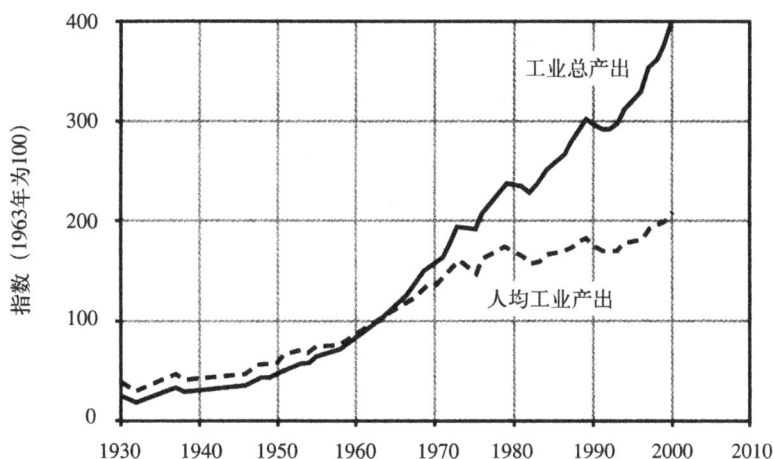

图 1-2　世界工业生产

注：以 1963 年为基础年份，世界工业生产呈现出明显的指数型增长，尽管其间有石油价格的冲击和金融衰退引起的波动。过去 25 年的年均增长率是 2.9%，25 年的时间翻了一番。然而，由于人口的增长，人均增长率要慢得多，只有 1.3% 的年增长，要 55 年才翻一番。

资料来源：联合国；美国人口咨询局（PRB）

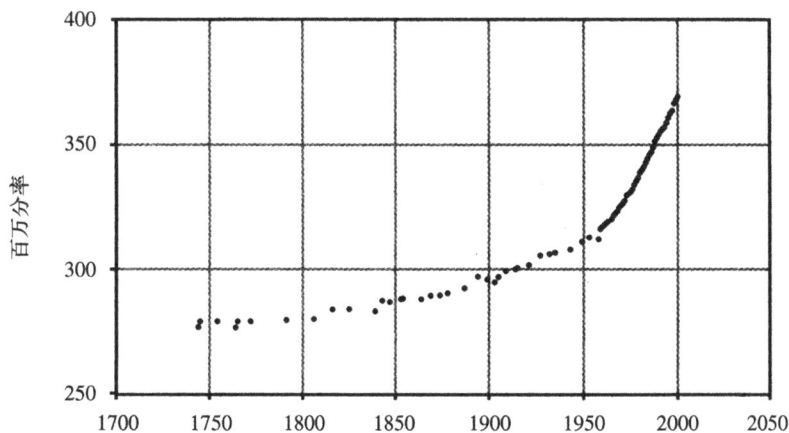

图 1-3　大气中二氧化碳的浓度

注：大气中二氧化碳的浓度已经由约 270ppm 提高到 370ppm 以上，并且还在不断增加。二氧化碳的生成来源主要是人类燃烧矿物燃料和森林破坏。其结果是全球气候的变化。

资料来源：联合国环境规划署（UNEP）；美国能源部（U.S.DoE）。

表 1-1   全世界 1950 ~ 2000 年部分人类活动和生产的增长

	1950 年	25 年间增长（%）	1975 年	25 年间增长（%）	2000 年
人类人口（100 万）	2 520	160	4 077	150	6 067
汽车保有量（100 万）	70	470	328	220	723
石油消费（100 万桶 / 年）	3 800	540	20 512	130	27 635
天然气消费（万亿立方英尺 / 年）	6.5	680	44.4	210	94.5
煤炭消费（100 万吨 / 年）	1 400	230	3 300	150	5 100
发电能力（100 万千瓦）	154	1 040	1 606	200	3 240
谷物（玉米）产量（100 万吨 / 年）	131	260	342	170	594
小麦产量（100 万吨 / 年）	143	250	356	160	584
稻米产量（100 万吨 / 年）	150	240	357	170	598
棉花产量（100 万吨 / 年）	5.4	230	12	150	28
木浆产量（100 万吨 / 年）	12	830	102	170	171
铁产量（100 万吨 / 年）	134	350	468	120	580
钢产量（100 万吨 / 年）	185	350	651	120	788
铝产量（100 万吨 / 年）	1.5	800	12	190	23

资料来源：美国人口咨询局（PRB）；美国企业制造业协会；沃德机动车情况与数据；美国能源部；联合国；联合国粮农组织（FAO）；美国商品研究局（CRB）。

每个个体都是支持增长导向政策的，因为他们相信增长会给他们带来不断增长的福利水平。政府把寻求增长视为解决所有问题的良方。在富裕世界里，增长被视为增加就业、提高流动性以及技术进步所必需的。在贫困世界里，增长被视为摆脱贫困的惟一出路。许多人相信，必须依靠增长来为保护和提高环境质量提供必要的资源。政府和企业领导人都在尽最大努力来追求越来越多的增长。

正是因为这些，增长已经被当成加速的原因。只要看一下它的一些同义词就清楚了：发展、进步、上升、收获、提高、繁荣、成功等。

这些都是增长的心理和制度原因。还有人们所说的结构性原因——植根于人口 - 经济系统诸要素之间的相互联系。第 2 章讨论了增长中的这些结构性原因并描述了其含义。在那里我们将说明为什么增长是世界系统的主导行为。

增长能够解决一些问题，但它同时又会产生其他一些问题。这是因为有许多极限存在，这是第 3 章的主题。地球是有限的，任何实物的增长，包括人类人口及其拥有的汽车、房屋和工厂，都不可能永远持续下去。但是，增长的极限不是人口、汽车、房屋和工厂的数量的限制，至少不直接是这样。增长的极限是"吞吐能力"的极限——维持人类、汽车、房屋和工厂持续运转所需要的能量和物质流的极限。这些极限是人类在不超出地球的生产能力和吸收能力的情况下，消耗资源（粮食、草、树木、鱼类）和排放废弃物（温室气体、有毒物质）的速度的限制。

人口和经济依赖于空气、水、食物、材料以及地球上的矿产资源。他们又将废弃物和污染物排放回地球。所需物质的"源"包括矿产储量、蓄水层和土壤中的养分含量；而吸收废弃物的"汇"则包括大气、地表水体和填埋。增长的物质极限是地球的"源"提供所需物质和能量的能力及地球"汇"吸收污染物和废弃物的能力的限制。

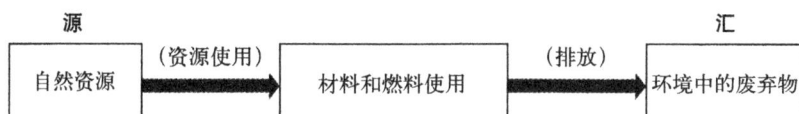

源			汇
自然资源	→（资源使用）→	材料和燃料使用	→（排放）→ 环境中的废弃物

在第 3 章我们将考察地球的源和汇的状况。从我们在这一章给出的数据中可以得出两个结论。一个是坏消息，另一个是好消息。

坏消息是，许多重要资源的"源"正在枯竭或下降，而许多"汇"则正被填满或正在溢出。照目前这种速度，现在这种由人类经济活动所产生的吞吐流量不可能维持太久。一些源和汇已经紧张到开始通过诸如成本提高、污染负担加重以及死亡率上升等因素对增长产生限制。

好消息是，目前这么高的生产能力并不是支撑世界上所有人都维持一种体面的生活标准所必需的。生态足迹可以通过降低人口、转变消费模式或应用更多有效利用资源的技术等得到缓解。这些变化是可能的。人类已经拥有必要的知识来维持充足的最终食物和服务水平而同时大大减轻地球的负担。在理论上有许多可能的方法将人类的生态足迹带回到其极限以下。

但是，理论不会自动变成实践。这些可以放缓生态足迹的变化和选择目前并没有发生，至少是不会这么快就能减轻源和汇日益增加的负担。它们没有发生既是因为眼前还没有压力使它们发生，也是因为它们需要很长的时间才能得以实施。这就是第 4 章的主题。在这一章我们讨论了对人类社会的过冲征兆发出警告的信号。我们还考察了人和制度能够做出反应的速度。

在第 4 章，我们转向我们的计算机模型——World3 模型。它可以让我们对许多数据和理论加以组合，将增长、极限、反应滞后等纳入到一个清晰、连贯的全景图中。并且它给我们提供了根据我们当前所知来预测未来结果的工具。我们给出了在假定没有深刻的变化、没有特别努力去展望未来、去改善信号或在情况变得危急前解决问题的情况下，计算机模拟系统演变时会发生什么。

这些模拟的结果是，几乎在每一个模拟场景中，都会发生经济和人口的过冲和崩溃。

但不是所有的场景都出现崩溃。在第 5 章我们讲述了我们所知道的关于人类有能力进行前瞻、觉察到极限并在灾难出现前勒马的最好的故事。我们描述了 20 世纪 80 年代国际社会对臭氧层遭到破坏的消息的反应。这个故事之所以重要有两个原因。第一，当时普遍认为，公众、政府和企业绝不可能在解决需要远见和自律的全球性问题上进行合作，而发生的事实给这种有点愤世嫉俗的观念提供了一个强有力的反证。第二，它具体列举了过冲所需要的三个特征：快速增长、极限和滞后反应（既包括科学上的也包括政治上的）。

关于臭氧层损耗和人类对此的反应的故事现在看来是成功的，但其末章可能需要几十年后才能完成。所以它也是一个告诫式的故事，是一个表明依赖不完全的信息、滞后的信号，在一个具有无穷要素的系统中，引领复杂的人类企业在错综复杂的地球系统中走上可持续之路是多么复杂的故事。

在第 6 章，我们使用计算机来实现我们的首要目的——不是预测当前政策会导致什么后果，而是探询如果我们做出各种变化时会发生什么。我们在 World3 模型中加入了一些关于人类创造力的假说。我们集中考察了解决问题的两个机制，两个被人们寄予极大信任的机制——技术和市场。这两个显示人类非凡反应能力的机制的主要特征本来都已经被纳入到 World3 模型中，但在第 6 章我们对它们进行了强化。我们探究，如果国际社会开始认真地配置资源以达到控制污染、水土保持、人类健康、物质循环并极大提高资源使用效率时，会发生什么。

我们从 World3 模型所模拟的场景中发现这些措施具有相当大的帮助。但仅仅靠它们自己还不够，还达不到目标。因为技术－市场反应自身就是滞后的并且是不完善的。它们需要时间，需要资本，需要物质流和能量流，它们会被污染和经济增长所压倒。技术进步和市场灵活性对防止崩溃和将世界带入可持续状态是必需的。是必需的，但不是充分的。需要一些更多的东西。这就是第 7 章的主题。

在第 7 章，我们使用 World3 模型来考察如果工业世界变得更智慧而不仅仅是聪明时会发生什么。我们假定工业世界采纳两种"充裕"的定义并开始在此基础上行动：一种是不得不考虑物质消耗，另一种是考虑家庭规模。这些变化，加上我们在第 6 章所假定的技术变化，让一个 80 亿人口的虚拟世界实现可持续发展是可能的。所有这 80 亿人口都可以达到大致相当于目前欧洲低收入国家的富裕水平。对市场效率和技术进步做出合理假定，该虚拟世界所需要的物质和能量生产就可以依靠地球无限维持下去。在这一章我们证明过冲是可以逐渐回到可持续状态的。

可持续性在我们目前这种"增长崇拜"文化中是一个很"外国"的概念，我们在第 7 章中花了一些时间来对它进行定义，并举例说明一个可持续的世界会是什么样以及它不应该是什么样。我们认为，在一个可持续的世界中没有任何理由让任何一个人生活在贫困中。相反，我们认为这样一个世界能为所有人提供物质保障。我们不认为一个可持续的社会应该是停滞的、单调的、千篇一律或僵化的。它应当是一个有时间、有资源并且有意愿来纠正错误、进行创新、保持地球生态系统的生产力的世界。它可以更专注于用心提高生活质量而不是没脑子地拼命扩张物质消费和扩大物质资本存量。

作为结论性的第 8 章更多的是从我们的心智模型中而不是从数据或计算机模型中推导出来的。这一章给出的是我们个人对哪些事情必须现在就做的理解。我们的世界模型即 World3 模型给出了对未来既应当悲观也应当乐观的基础。在这方面，作者们产生了分歧。丹尼斯和乔根相信平均生活质量的下降现在已经是不可避免了，甚至全球人口和经济也可能将被迫下降。德内拉毕生坚信人类会产生所需要的远见、制度和道德规范来达到一个有吸引力的、可持续的社会。

尽管我们的观点不同，我们三个人在如何面对这些挑战方面意见是一致的，这将在第8章中进行讨论。

最后一章给出了为将对地球和社会的破坏降低到最小程度所应采取的行动的优先顺序，描述了能够帮助全球社会走向可持续状态的五种工具。

不管我们上面列出了什么，我们知道在未来20年的时间里将会出现的诸种主要情况。由于全球经济目前已经大大超出了可持续的水平，已经没有多少时间再来幻想地球的无穷无尽了。我们知道这种调整将是一项艰巨的任务，需要有一场跟农业革命和工业革命具有同样深远意义的革命。我们认识到找到解决诸如贫困和就业等问题的方案非常困难，截至目前增长仍是解决这些问题的最能为全世界所普遍接受的希望所在。但是，我们知道依赖增长将会陷入一种虚幻的希望，因为这种增长是不可持续的。在一个有限的世界中盲目追求物质增长最终将会使大多数问题恶化。找到更好的解决实际问题的办法是可能的。

30年前我们所写的许多东西仍然是正确的。然而，科学和社会在过去的三十多年里又前进了许多。我们所有人都学到了许多东西并获得了新的观念。数据、计算机和我们自己的经验都告诉我们，走向未来的可能道路自我们1972年第一次强调增长的极限以来已经变得更窄。我们原本能够不断对全球公民施加影响的水平已经不可能再达到了，我们原本可以保持的生态系统也已经不复存在了，那些原本可以给未来几代人带来财富的资源也已经被消费掉了。但是，我们仍然有许多选择，并且这些选择是至关重要的。图1-4列举了我们相信仍然存在的、范围广泛的可能性。这张图是将9种相关的计算机模拟场景所产生的人类人口曲线和人类福利曲线叠加而成的，这9种场景我们在本书的后面会给出。⊖

未来的可能组合包括大量不同的路径。可能会是突然的崩溃，也可能是向可持续状态的平稳过渡。然而可能的未来不包括物质生产能力的无限增长。这不是一个有限星球的选项之一。惟一现实的选择是通过人类的选择、技术和组

⊖ 比较包括了除两个场景之外（场景0和场景10）的全部场景，那两个场景纯粹是描绘假想的世界。

织将支撑人类活动的生产活动降低到可持续的水平，或者让大自然通过食物、能源或物质匮乏，或通过日益恶化的环境迫使人类做出这种决定。

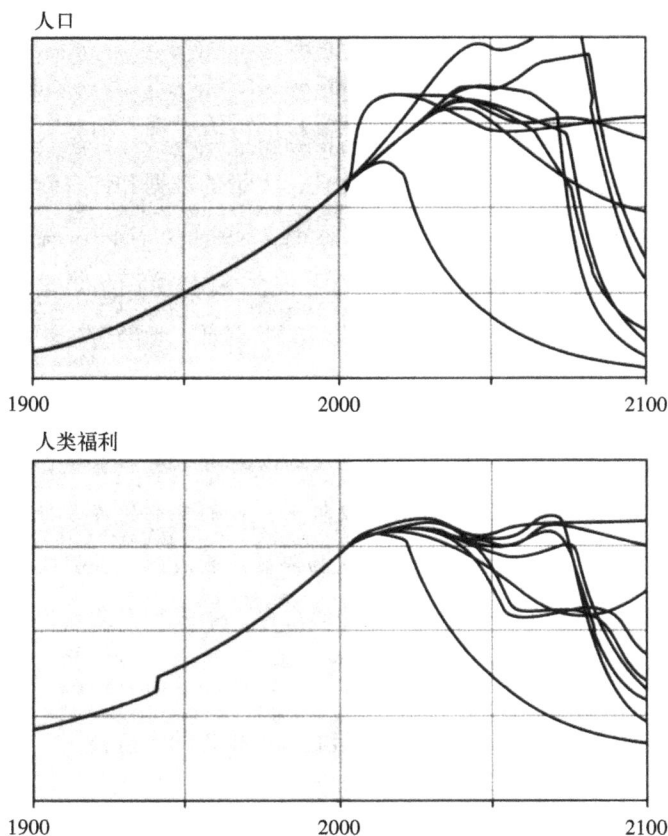

人口

人类福利

图 1-4　全球人口和人类福利的各种不同模拟场景

注：该图是由本书中出现的 World3 模型的所有有关模拟场景叠加而成的，用以说明两个最重要变量——人口和人类平均福利（用人均收入及其他一些福利指标合成的指数来衡量）的诸多可能路径。绝大部分模拟场景都显示出下降的趋势，但也有一些反映的是一个达到了稳定的人口并具有较高的、可持续的人类福利的社会。

1972 年我们在第 1 版的卷首引用了当时的联合国秘书长吴丹（U Thant）的话：

我不想夸大其词，但我从我作为秘书长所得到的信息中能够得出的惟一结论就是，或许联合国会员国只剩下十年的时间来减少他们之间古老的争吵并结成全球伙伴关系来制止军备竞赛、改善人类环境、避免人口爆炸并提供必要的动力致力于发展。如果这样一个全球伙伴关系无法在未来十年里铸就，那么我非常担心我所提到的问题将会出现错综复杂的局面，以至于超出了我们的控制能力。⊖

已经三十多年过去了，全球伙伴关系仍旧没有实现。但是人类正陷入不可控制的问题中已经越来越成为共识。并且，大量的数据和许多新的研究都支持这位秘书长的警告。

例如，吴丹的关切在 1992 年由来自七十多个国家的 1 600 名科学家，其中包括 102 位诺贝尔奖得主，签署的《世界科学家对人类的警告》的报告中得到了回应：

人类和自然世界正处于冲突之中。人类活动对环境和重要资源带来严重并且经常是不可修复的破坏。如果不加以阻止，我们目前的许多行为会对我们所期望的人类社会、地球和动物王国的未来带来严重威胁，并将改变人类生活的世界以致无法按照我们所知道的方式延续生命。如果要避免我们目前进程所带来的冲突，就迫切需要一些根本性的改变。⊜

这一警告甚至得到世界银行 2001 年的一份报告的支持：

……环境正以一种令人担忧的速度恶化，并且在某些方面正在加速……在发展中世界，环境问题严重增加了人类、经济和社会的成本，威胁到增长，并将最终威胁到生存所依赖的基础。⊜

吴丹所说的是正确的吗？世界目前面临的问题真的已经超出了所有人的控制力吗？还是他太"早熟"了，而 1987 年世界环境与发展大会所做的充满自信

⊖ U Thant, 1969.

⊜ "世界科学家对人类的警告"，1992 年 12 月，可以从位于美国马萨诸塞州，教堂大街 26 号的良知科学家联合会（Union of Concerned Scientists）中获得。也可查阅 www.ucsusa. org/ucs/about/page.cfm? pageID = 1009。

⊜ "Making Sustainable Commitments: An Environmental Strategy for the World Bank" (discussion draft) (Washington, DC: World Bank, April 17, 2001), xii.

的声明才是正确的？

人类能够实现可持续发展，以确保在满足当代人需要的同时不损害未来几代人满足其自身需要的能力。○

没有人有全部把握能为你解答这些问题。然而每个人都深入思考这些问题是极其重要的。这些回答对于理解正在发生的事情是必需的，并且会引导人们的日常行为和选择。

我们邀请你跟我们一起参与下面对我们在过去的 30 年中所积累下来的这些数据、分析和观点的讨论。这样，你就会有了一个基础来得出你自己关于全球未来的结论，并做出可以指导你自己的生活的选择。

○ World Commission on Environment and Development, *Our Common Future* (Oxford: Oxford University Press, 1987), 8.

第 2 章

驱动力：指数型增长

Limits to Growth

我自己很恐怖地发现，我也不曾例外地对指数函数抱有纯真的幻想……而当我意识到生物多样性减少、热带雨林遭砍伐、北半球森林枯萎以及气候变化这些相关联的问题也在呈指数型增长时，我才真正切身感觉到这些现实威胁的加速是多么的快。

——托马斯·洛夫乔伊（Thomas E. Lovejoy），1988

过冲的首要原因是增长、加速和快速的变化。在一个多世纪的时间里，地球系统的许多物理特征都在迅速发生变化。例如，人口、粮食生产、工业生产、资源消耗以及污染都在不断增长，并且常常是以越来越快的速度增长。这些增长是以数学上所说的"指数型增长"的方式进行的。

　　这种增长方式是极其普遍的。图 2-1 和图 2-2 给出了两个截然不同的例子，一个是每年的大豆产量，一个是生活在欠发达地区城市中的人口数量。天气变化、经济波动、技术进步、传染病或者文明中断都会导致平滑的曲线上下小幅波动，但是从整体上说，指数型增长是工业革命以来人类社会经济系统的一个主导性特征。

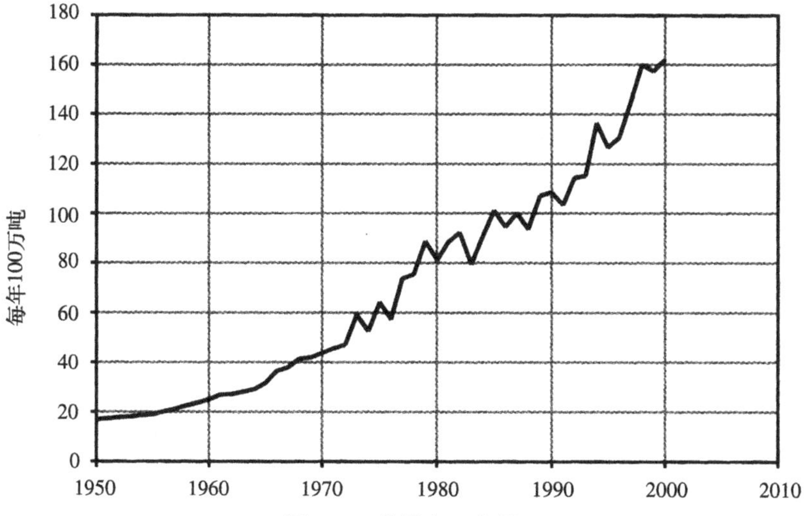

图 2-1　世界大豆产量

注：世界大豆产量自 1950 年开始以每 16 年翻一番的速度增长。

资料来源：世界观察研究所；联合国粮农组织。

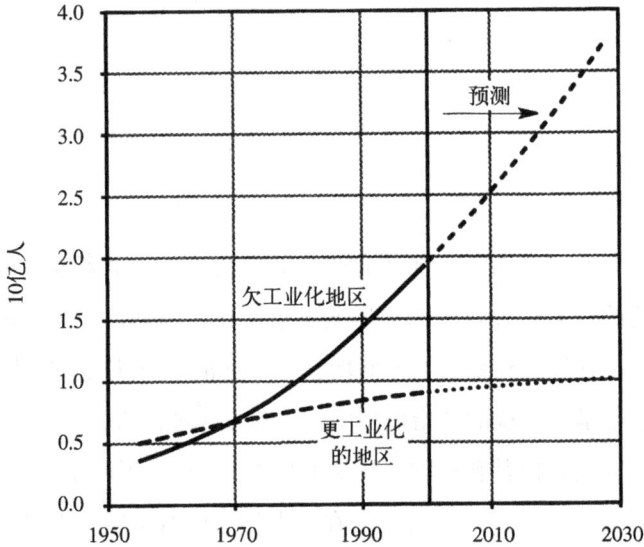

图 2-2　世界城市人口

注：在过去的半个世纪里，欠工业化地区的城市人口呈指数型增长，而工业化地区的城市人
　　口则几乎是呈线性增长的。欠工业化地区的城市人口倍增的平均时间是 19 年。这种趋势
　　还要继续几十年。

资料来源：联合国。

　　这种类型的增长具有奇怪的特征使其非常难以控制。因此我们将首先通过
对指数型增长进行定义、描述其成因并讨论影响其进程的因素，来分析其长期
趋势。在一个有限的星球上，实物增长一定会最终走向终结。但它什么时候终
结？什么力量将导致其下降？在它终止后人类和地球生态系统会处于一个什么
样的状态？回答这些问题需要首先理解促使人类人口和经济不断走向增长的系
统结构。这一系统是 World3 模型的核心，并且我们相信，这也是地球社会的定
义性特征。

■ 指数型增长的数学原理

　　取很大一块布，把它对折一下，这样它的厚度就增加了一倍。再对折一下，
厚度就变成了 4 倍。再对折，对折四次，现在它的厚度就变成了原来的 16 倍，

大约会有 1 厘米或 0.4 英寸⊖厚。

如果你照此再继续折叠这块布 29 次，即总共折叠 33 次，你想象一下会变成多厚？不到 1 英尺⊜？1 英尺 ~10 英尺之间？还是 10 英尺 ~1 英里⊕之间？

当然你不可能把一块布连续对折 33 次。如果你能做到，这卷布的长度一定能从波士顿铺到法兰克福，也就是 3 400 英里或约 5 400 公里⑩。

指数型增长，也就是翻倍、翻倍、再翻倍的过程，是非常令人惊奇的，它能如此之快地产生如此巨大的数字。数量的指数型增长很容易愚弄我们，我们大多数人都以为增长是一个线性的过程。一个数量呈"线性"增长是指"在每一个给定的时间段里增加一个固定的数量"。如果一个建筑队每周铺设 1 英里高速路，那么这条路是呈线性增长的。如果一个孩子每年往储钱罐里放 7 美元，那么他的储蓄也是线性增加的。新增的铺好沥青的路面的长度不受已经铺好的路面长度的影响，每年新增的储蓄量也不受罐里已有多少钱的影响。如果一个变量呈线性增长，那么在给定的一个时间段里它增加的量总是一样的，它不依赖于该变量已经积累了多少。

当一个数量以其已有的一个比例增加时，它就是呈指数型增长的。一个母细胞群以每 10 分钟一个细胞分裂为两个细胞的速度繁殖时，它就是呈指数型增长的。对每一个细胞来说，10 分钟后它就由一个变成了两个。再过 10 分钟就变成了 4 个，再过 10 分钟就变成了 8 个，然后 16 个，等等。母细胞群的数量越多，每段时间产生的新细胞就越多。一个公司如果能每年都成功地使其总销量以一个固定的百分比增加，那么它也呈指数型增长。当一个变量呈指数型增长时，其每个时间段的增加量都会比上一个时间段有所提高。它依赖于该变量已经积累了多少。

线性增长和指数型增长的最大区别，我们可以用 100 美元的两条不同增值途径来举例说明：你可以把钱放在银行账户里来获得利息，你也可以把钱放在

⊖ 1 英寸 =0.025 4 米。

⊜ 1 英尺 =0.304 8 米。

⊕ 1 英里 =1 609.344 米。

⑩ 这一计算在 Linda Booth-Sweeney and Dennis Meadows, *The Systems Thinking Playbook*, vol.3(Durham, NH: University of New Hampshire, 2001), 36-48 有描述。

罐子里每年增加一个固定的数目。如果你在银行里存放 100 美元，每年可以得到 7% 的利息，并每年计算复利，让得到的利息收入也在这个账户里累积，那么你投入的钱就会呈指数型增长。每年你的钱在原有的基础上都会增加一个数额，增加的比例是固定的，每年都是 7%，但每年增加的绝对额是不断提高的。第 1 年年底的增加额是 7 美元，第 2 年的利息是 107 美元的 7%，也就是 7.49 美元，那么到第 3 年年初的账户总额就是 114.49 美元。再过一年的利息是 8.01 美元，总额将增加到 122.5 美元。到第 10 年年末，你的账户就增加到了 196.72 美元。

如果你把 100 美元放在罐子里，每年增加 7 美元，那么这个钱就呈线性增长。在第 1 年的年末，罐子里的钱也是 107 美元，跟放在银行账户里是一样的。但在第 10 年年末，罐子里的钱是 170 美元，比放在银行账户里增值要少，但也不是少得很多。

起初，两种储蓄策略看来会产生非常相似的结果，但持续的指数型积累的指数效应最终变得非常明显（见图 2-3）。20 年以后，罐子里的钱是 240 美元，而银行账户里的钱却达到将近 400 美元。在第 30 年年末，储蓄在罐子里的钱呈线性增长将达到 310 美元，而储蓄在银行账户的钱，以每年 7% 的速度增长，将超过 761 美元。因此，在 30 年的时间里，每年 7% 的指数型增长产生了超过线性增长 2 倍的结果，尽管开始时是同样多的储蓄。在第 50 年年末，银行账户里的钱将比存放在罐子里的钱高出 6.5 倍，几乎多出 2 500 美元。

指数型增长所带来的意想不到的结果已经让人们着迷了几个世纪。一个波斯传说讲述了这样的故事。一个聪明的大臣献给国王一个漂亮的棋盘，他请求国王这样跟他交换：在棋盘的第 1 个格子里放一粒大米，在第 2 个格子里放 2 粒大米，在第 3 个格子里放 4 粒大米，以此类推。国王同意了，命令从他的粮仓里取出大米。棋盘的第 4 个格子需要放 8 粒大米，第 10 个格子需要放 512 粒大米，第 15 个格子需要放 16 384 粒大米，而第 21 个格子里需要给这个大臣上不止 100 万粒大米。到第 41 个格子，需要放上 1 万亿（10^{12}）粒大米。照这么个放法是无法继续到放满 64 个格子的，因为所需数量比当时全世界所有的大米还要多！

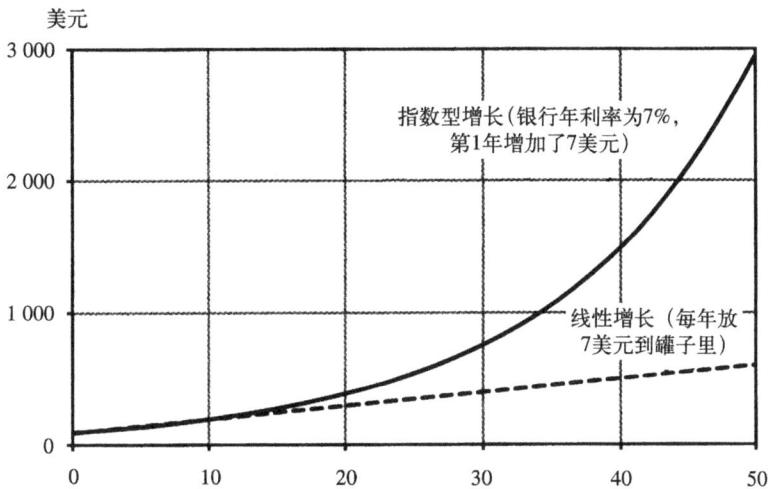

图 2-3　储蓄的线性增长与指数型增长的比较

注：如果一个人放 100 美元在罐子里并且每年增加 7 美元，储蓄将呈线性增长，如图中的虚
　　线所示。如果一个人存放 100 美元在银行里并以每年 7% 计息，那么这 100 美元将呈指
　　数型增长，在 10 年的时间里会翻一番。

一个法国谜语给出了指数型增长的另一面：显示一个呈指数型增长的数量会
突然达到一个固定的极限。假设你拥有一个池塘，一天你注意到池塘里长出了一
株荷花。你知道这种荷花的大小每天都会增加一倍。你意识到如果任由这种植物
生长，它会在 30 天内完全覆盖整个池塘，会使水中的所有其他生命种类窒息而
死。但起初这种荷花看起来很小，所以你决定不必担心，你将在它覆盖了一半池
塘时再来处理它。你知道你给了自己多少时间来防止你的池塘遭到破坏吗？

你只给自己留了一天的时间！在第 29 天这个池塘被覆盖了一半。第二天，
最后一次翻倍之后，这个池塘就被全部遮住了。开始时，看起来推迟到池塘被
覆盖了一半时再采取行动是很合理的。在第 21 天，这种植物只覆盖了池塘的
0.2%；在第 25 天，也只覆盖了池塘的 3%。但是，再等下去，就只有一天的时
间容许你拯救你的池塘。⊖

从这个例子你可以看出，在反应滞后的情况下，指数型增长就会导致过冲。
在很长一段时间增长看起来不是那么显著，也没什么问题。突然，变化速度变

⊖　感谢 Robert Lattes 告诉了我们这个谜语。

得越来越快，当你最后一两分钟还在迟疑的时候，已经没有时间做出反应了。池塘最后一天发生的明显危机并不是由于进展过程中的某些变化引起的，荷花的百分比增长速度在这一个月中都保持绝对稳定。然而，这种指数型增长的积累会突然产生出无法控制的问题。

你个人也可以体验到这种从不明显到超量的突然变化。设想你在一个月的第 1 天吃 1 粒花生，第 2 天吃 2 粒，第 3 天吃 4 粒，以此类推。起初你只需购买并消费非常少量的食物，但离这个月底还有很多天时，你的银行账户和你的健康都已经受到了严重影响。以这种每天翻一倍的速度，你能维持这种呈指数型增长的食物摄取量到多久？在第 10 天你要消费差不多 1 磅⊖重的花生，但到这个月的最后一天，这种每增加一天就要成倍增加消费量的政策将迫使你购买并吃掉 500 吨花生！

其实这种吃花生的试验不会真正带来严重的危害，因为到某一天你不可能吃下一大堆花生时你就会简单地选择退出。在这个例子中，在你感觉到已经吃饱和你采取行动之间没有明显的滞后。

一个单纯依照指数型增长公式增长的数量会在一个固定的时间段里倍增。真菌繁衍，其倍增的时间是 10 秒钟；存在银行的钱，按 7% 的年利率，其倍增的时间大约是 10 年；莲属植物和吃花生试验，其倍增的时间是恰好 1 天。在百分比增长率和倍增的时间之间存在一个简单的数量关系，倍增的时间大约等于 72 除以这个百分比增长率，⊜如表 2-1 所示。

我们可以用尼日利亚的例子来

表 2-1　倍增的时间

增长率（每年%）	近似倍增时间（年数）
0.1	720
0.5	144
1.0	72
2.0	36
3.0	24
4.0	18
5.0	14
6.0	12
7.0	10
10.0	7

⊖　1 磅 =0.453 6 千克。

⊜　这种近似估计只有在以同一速度连续发生时才会给出倍增的有用数值。例如，如果每天的增长率是 100%，那么倍增的时间就是 0.72 天，也就是 17 小时，这相当于数量以每小时 4.17% 的增量连续增长。但是如果这种增加只是每天才发生一次，例如上面给出的吃花生的例子，那么倍增的时间就是一天。

说明持续倍增的后果。尼日利亚在 1950 年时的人口大约是 3 600 万，到 2000
年其人口为大约 1.25 亿。在 20 世纪的后 50 年中，尼日利亚的人口翻了将近 2
番。据报道 2000 年其人口增长

率是 2.5%，⊖那么相应的倍增
时间就是 72 除以 2.5，或者说
是大约 29 年。如果未来这种人
口增长速度保持不变，尼日利

表 2-2　尼日利亚的人口增长：外推

年份（年）	人口（100 万）
2000	125
2029	250
2058	500
2087	1 000

亚的人口数量将按照表 2-2 给出的路径增长。

一个 2000 年出生的尼日利亚孩子进入的是 4 倍于 1950 年时的人口。如果
这个国家的人口出生率在 2000 之后保持不变，那么当这个孩子活到 87 岁时，
她将看到人口数量又翻了 3 番。到 21 世纪后期，尼日利亚人是 2000 年时的 8
倍，是 1950 年时的 28 倍。将有 10 亿人生活在尼日利亚！

尼日利亚是一个正遭受饥荒和环境破坏的国家，显然其人口不可能再
扩张 8 倍。我们进行表 2-2 中所示的这种计算的惟一目的，是说明倍增的
速度并证明"在一个资源有限的有限星球上指数型增长是永远不可能长期
持续的"。

那么，为什么这种增长现在正在我们这个世界上进行呢？什么可能让它停
止呢？

■ 呈指数型增长的事物

指数型增长的发生有两种不同的渠道。如果一个实体是自我再生的，那么
这种指数型增长就是天生的；如果一个实体是在什么东西的驱使下呈指数型增
长的，那么这种增长就是衍生出来的。

所有的生物，从细菌到人，都属于第一类。生物是由生物产生出来的。我
们用图 2-4 来说明一个自我再生的人口的系统结构。

⊖　World Bank, *The Little Data Book 2001* (Washington, DC: World Bank, 2001), 164.

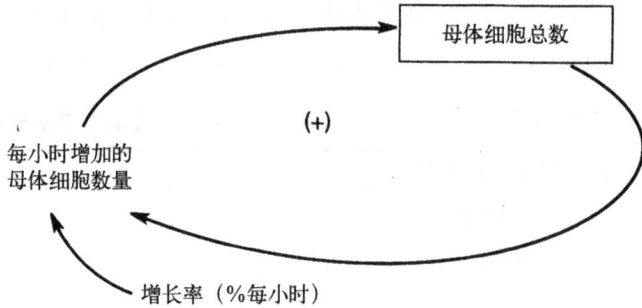

图 2-4　人口母体增长的反馈图

上面这个图取自于我们的系统动力学原理，并且它是相当精确的。围绕人口母体的这个环形表示人口母体是一个存量——一个积累量，是过去所有增加和减少的母体的净值。箭头表示原因或结果，它们会以多种方式施加影响。在这个图中，上面的箭头代表物质流动的结果，表示新繁衍的细胞流入并增加到存量，即人口中。下面的箭头代表影响信息，表示存量的大小影响到新繁衍人口的数量。只要增长率没有什么改变，存量越大，新产生的细胞就越多。（当然，有些东西肯定会改变增长率。为简单起见，我们在这个图中忽略了这些变化因素。我们在后面会对此进行分析。）

环形中央的"＋"号表示这两个箭头一起形成了一个正反馈或者说是加强型反馈圈。正反馈是一种自我闭合、自我增强的因果关系链。这种反馈使得对环中任何位置任何要素的改变都会导致沿着这个因果链依次传递下去，最终在同一方向上再次改变最初发生变化的因素。一次增加会引起更多的增加，一次减少会最终导致更多的减少。

在系统动力学中，正反馈这一标题并不一定意味着这个循环会产生好的结果。它只是指沿着这个循环方向是不断加强的因果关系。同样，负反馈圈也不一定就意味着会产生不好的结果，我们稍后会进一步讨论这一问题。事实上，负反馈常常是稳定的。说这种反馈是负的是指在这个循环圈上是相矛盾的、相反的或是平衡的因果关系。

一个正反馈圈可能会是一个"良性循环"也可能会是一个"恶性循环"，取决于它所产生的增长是它所希望的还是不希望的。正反馈会使发酵的面包呈指数型增长，同样会使你存在银行账户里的钱以指数型增长的方式产生利息，这些都是有益的。但是，正反馈也会使农作物爆发病害，或使你咽喉上的感冒病毒增多，这些都是无益的。

只要一个系统存量处于一个正反馈圈中，这个存量就具有指数型增长的潜在可能。这并不意味着它一定会呈现指数型增长，然而，如果没有什么约束，它就有这种指数型增长的能力。增长会受到许多因素的制约，例如缺乏营养（在繁衍的例子中）、温度过低或出现其他物种（在病害的例子中）。在人类人口增长的例子中，鼓励、不鼓励、目标、目的、灾害、疾病、意愿等都是制约的因素。增长率会随着时间不断变化，会由于地点的变化而改变。但是，如果没有受到某种约束的限制，繁衍、病害或人口的增长都会呈现指数型。

工业资本存量是另外一种会呈现天然的指数型增长的东西。机器和工厂会制造出新的机器和工厂。一个钢厂生产的钢材可以用来建另一个钢厂；一个零部件工厂生产出的零部件能把生产零部件的机器连接起来；一个赚钱的生意可以把赚到的钱再投入进去以扩大生意。在工业经济这种自我再生产、增长导向的生产方式中，无论是实物资本还是货币资本都能产生出更多的资本。

在一个工业化的世界中，产生经济每年以自身一定百分比增长（例如 3%）的期望不是偶然的。这种期望是在几个世纪以来资本不断产生更多资本的经验之上演化而来的。进行储蓄并为未来投资已经成为惯例，把总产出的一部分拿出来进行投资以期望它能在未来产生更多的产出。只要资本的这种自我再生产没有受到消费需求、劳动力供给、原材料、能源、投资基金或其他可能限制这种复杂工业系统增长的因素的限制，一个经济就会呈指数型增长。像人口一样，资本具有产生出指数型增长"行为"的天然系统结构（一个正反馈圈）。当然，经济不可能像人口那样总是增长，但是，经济体就是为增长而构建的，并且一旦被构建出来，它们就会呈指数型增长。

在我们这个社会中还有许多其他东西也具有指数型增长的能力。暴力或许就是天生指数型增长的，腐败看来也是自我繁殖的。气候变化也呈现一种正反馈关系。例如，温室气体排放导致更高的温度，更高的温度又引起北极冻土的加速融化。当冻土融解时，它会释放出甲烷。甲烷是一种强烈的温室气体，它使得地球的温度进一步升高。一些正反馈在 World3 模型中清楚地反映出来。我们把影响土壤肥力的因素纳入到模型中。技术种类也呈指数型增长，我们在第 7 章对此进行了试验。我们确信，主导人口和工业增长过程的力量也是驱使整个人类社会超越其极限的主要力量。我们后面将集中讨论这些。

在人类社会中，人口和生产资本是指数型增长的发动机。其他东西，如粮食生产、资源消耗以及污染，它们呈指数型增长不是因为它们在自我倍增，而是因为它们为人口和资本的增长所驱使。地下水中的杀虫剂不会自我再生出更多的杀虫剂，地下的煤炭也不会自我再生出更多的煤炭，这里不存在正反馈。从物理和生物角度看，1 公顷土地能生产出 6 吨小麦，但要在 1 公顷土地上生产出 12 吨小麦却不容易。在某一点上，当达到极限时，不容易再将粮食产量或矿物开采量翻一番，比过去翻一番要困难得多。

因而，长期以来粮食生产、材料和能源使用已经在呈指数型增长，但这种增长不是由于它们自身在结构上具有这种能力，而是由于人口和经济的指数型增长需要更多的食物、材料和能源并且成功地生产出了这些。同样，污染和废弃物的增长不是因为它们自身具有正反馈结构，而是因为人类经济活动所消耗的材料和所使用的能源的量在不断增长。

World3 模型的一个核心假定就是人口和资本在结构上具有指数型增长的能力。这不是一个随意的假定。这一假定得到了地球社会经济体系的可观测特征以及历史变化模式的支持。人口和资本的增长必然导致人类生态足迹的增长，除非或直到人类的消费倾向发生深刻改变或资源的使用效率戏剧性地得以提高。迄今为止这些变化都没有发生。人类的人口、资本项目以及支撑它们的能源流和物质流都已经呈指数型增长了至少一个世纪，尽管这种增长不是平滑的、简单的、也不是没有受到过来自其他反馈圈的强烈冲击。世界比这要复杂得多。World3 模型也是如此，这我们后面会看到。

■ 世界人口增长

在 1650 年时，人类的人口数量大约为 5 亿左右，其年增长率约为 0.3%，按照这一速度大约要 240 年才会翻一番。

到 1900 年时，人口数量达到 16 亿，年增长率在 0.7%~0.8% 之间，大约需要 100 年才会翻一番。

到 1965 年时，人类的人口数量达到 33 亿，年增长率已经提高到 2%，只需要 36 年就会翻一番。因而，1650 年以来人口的增长不仅仅是指数型的，而事实上是"超"指数型的，增长率本身也在增长。增长率的增长是由于一个令人高兴的原因：死亡率在下降。虽然出生率也在下降，但要更慢一些。因此人口就膨胀了。

1965 年以后，死亡率继续下降，但平均出生率下降得甚至更快（见图 2-5）。在人口从 33 亿增加到 2000 年的刚刚超过 60 亿的同时，人口的年增长率也从 2% 下降到 1.2%。[⊖]

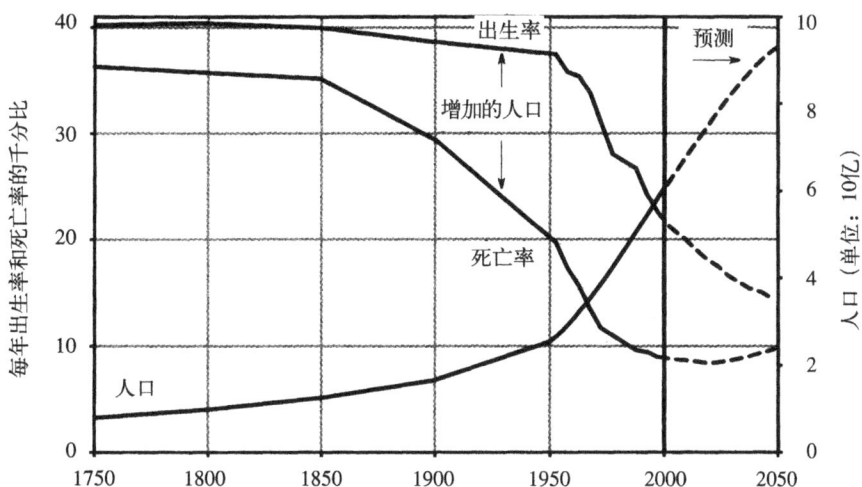

图 2-5　世界人口变迁

注：出生率和死亡率之差决定了人口的增长速度。在 1965 年之前，人类的平均死亡率比出生率下降得要快，所以人口增长率是不断提高的。1965 年以来，平均出生率下降得比死亡率要快，所以人口增长率出现了明显的下降，尽管这一增长仍然是呈指数型的。

资料来源：联合国。

人口增长率的转向是一个令人吃惊的变化，它表明，文化因素上所发生的

⊖　Population Reference Bureau, *1998 World Population Data Sheet.*

一些重要变化使得人们开始选择家庭的规模，而技术因素上所发生的一些重要变化使人们能够有效地实现这种选择。全世界每个妇女所生育的孩子数量从 20 世纪 50 年代的平均 5 个下降到 20 世纪 90 年代的平均 2.7 个。在欧洲，当进入 21 世纪时，一个完整家庭的规模是平均每对夫妇拥有 1.4 个孩子，明显低于人口更替所需要的数量。[⊖]据预测，欧洲人口将缓慢下降，从 1998 年时的 7.28 亿下降到 2025 年时的 7.15 亿。[⊝]

生育率的下降并不意味着世界总人口的增长会停止，或指数型增长会停止。这只意味着人口倍增的时间延长了（从年增长 2% 需要 36 年延长到年增长 1.2% 需要 60 年），并且可能会进一步延长。2000 年地球上人口净增加的数量事实上比 1965 年时要高出很多，尽管增长率降低了。表 2-3 给出了原因：2000 年时较低的增加率要乘以更大的人口基数。

到 20 世纪 80 年代后期，世界人口的年增加量最终不再增加了。但是，2000 年增加的 7 500 万人口仍然相当于在这一年中每星期都要增加超过 9 个纽约市那么多的人口。更精确地说，由于几乎全部增长都发生在南方国家，相当于在一年中又增加了一个菲律宾的人口。即便是对未来人口出生率的下降做出乐观的预测，仍然会有巨大的人口增长，特别是在那些非工业化国家（见图 2-6）。

表 2-3　世界人口的增加

年份（年）	人口（100 万）	×	年增长率（%）	=	每年增加的人口（100 万）
1965	3 330	×	2.03	=	68
1970	3 690	×	1.93	=	71
1975	4 070	×	1.71	=	70
1980	4 430	×	1.70	=	75
1985	4 820	×	1.71	=	82
1990	5 250	×	1.49	=	78
1995	5 660	×	1.35	=	76
2000	6 060	×	1.23	=	75

资料来源：联合国。

⊖ United Nations Population Division, *1998 Revision: World Population Estimates and Projections* (New York: United Nations Department of Economic and Social Affairs, 1998).

⊝ 美国公共道路局，1998 年数据表。

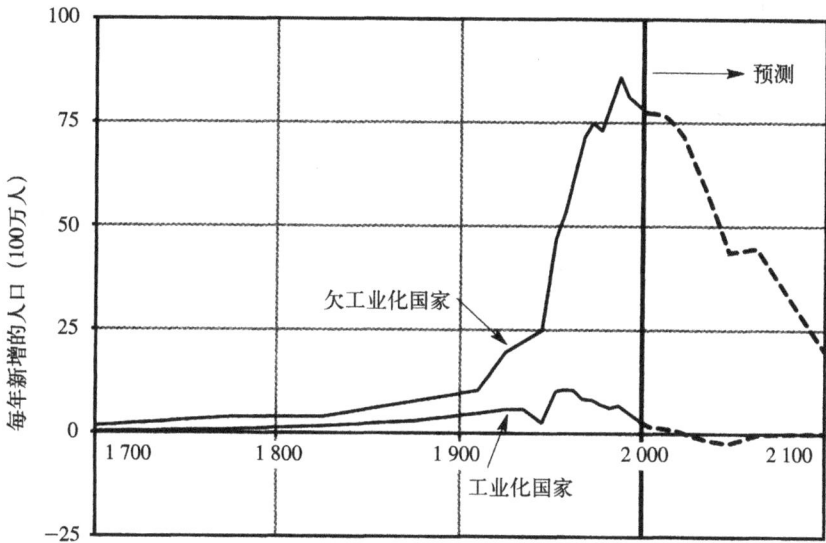

图 2-6 世界的年人口增长

注：直到最近，世界每年新增的人口数量才不再增长。据联合国预测，年增加量将很快出现
    急剧下降，这种预测基于假定非工业化国家的人口出生率会迅速下降。

主导人口系统的核心反馈结构如图 2-7 所示。

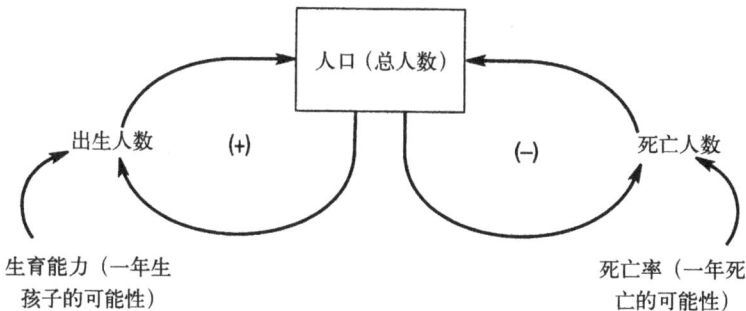

图 2-7 出生反馈圈与死亡反馈圈

图 2-7 中，左边是产生指数型增长的正反馈圈。人口基数越大，每年出生的人口越多。右边是一个负反馈圈。在正反馈产生失控的增长的同时，负反馈会制约这种增长，把系统控制在一个可接受的范围内，或者让系统回到稳定状态，在这种状态下系统存量基本上处于一个稳定值。当某一要素发生变化时，负反馈会沿着圆圈不断传递这种变化的结果，直到回过头来沿与最初的变化相

反的方向来改变这一要素。

每年死亡的人数等于总人口乘以平均死亡率——可能的平均死亡率。每年出生的人口等于总人口乘以平均生育率。人口增长率等于生育率减去死亡率。当然，生育率和死亡率都不是固定不变的，它们取决于经济、环境以及诸如收入、教育、保健、节育技术、宗教、污染水平和人口年龄结构等人口学因素。

关于出生率和死亡率如何变化以及为什么全球人口增速会下降的最广为人知的理论，是所谓的人口过渡学（demographic transition），这一理论也被纳入到我们的 World3 模型中。根据这一理论，工业社会之前的生育率和死亡率都是比较高的，人口增长也比较慢。当营养和健康服务得到改善后，死亡率就会下降。在经过一两代的滞后之后，生育率与死亡率之差，也就是出生率提高了，并带来人口的快速增长。最后，当人类的生活和生活方式完全进入到工业社会模式后，出生率也开始下降，人口增长趋缓。

图 2-8 给出了 6 个国家或地区的实际人口变动的统计。可以看到，在很早就已经工业化了的国家 / 地区，例如瑞典，其出生率和死亡率都下降得非常慢，它们之间的差距始终不是很大，人口的年增长率从来没有超过 2%。在整个人口过渡过程中，绝大多数北方国家的人口最多增长 5 倍。到 2000 年时，很少有工业化国家 / 地区的生育水平能超过人口更替的要求，大多数都面临着未来人口数量的下降。那些人口仍然在增长的工业化国家 / 地区或者是因为移民涌入，或者是因为处于人口高峰（进入生育年龄的年轻人口比退出生育年龄的老龄人口要多），或者二者兼备。

在南方国家 / 地区，死亡率下降出现得要晚一些，并且下降得很快，出生率和死亡率之间的差距扩大。这一部分世界所经历的人口增长率要比任何一个北方国家 / 地区（北美除外，它从欧洲吸收移民的增长率很高）曾经经历的要高得多。许多南方国家 / 地区的人口已经增长了 10 倍并且仍然在增长。它们的人口过渡还远没有完成。

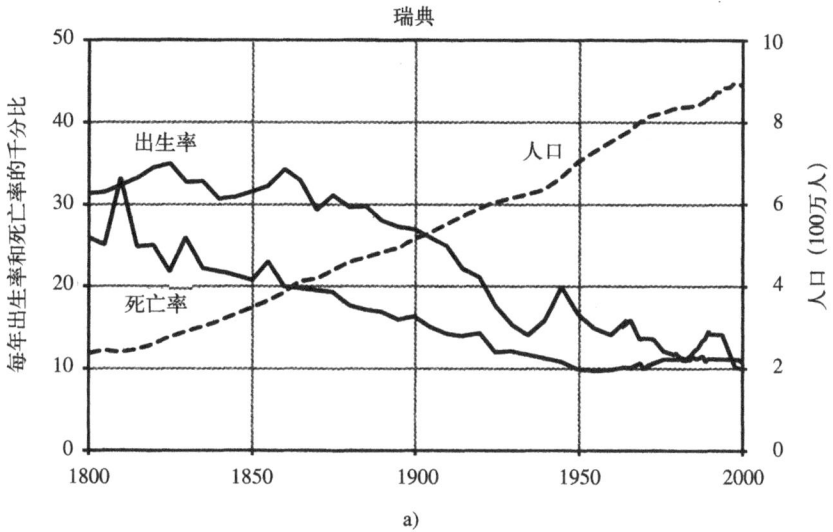

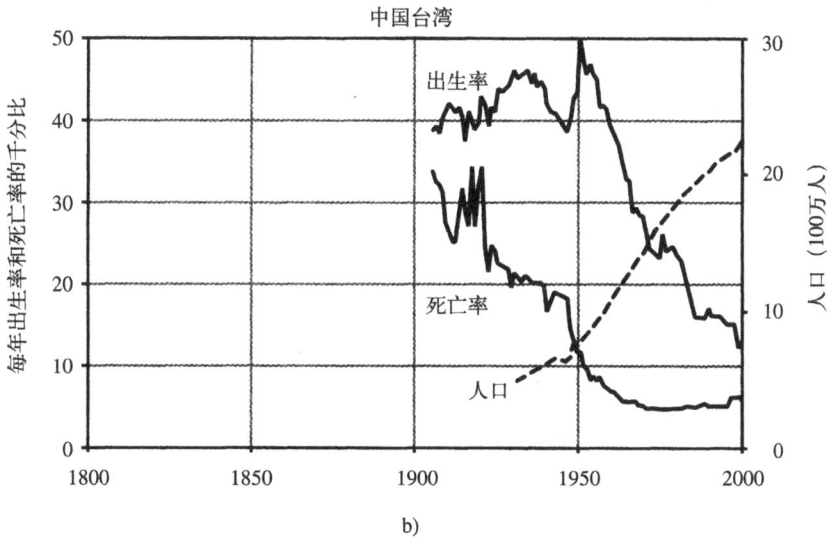

图 2-8 工业化国家或地区与非工业化国家或地区的人口过渡

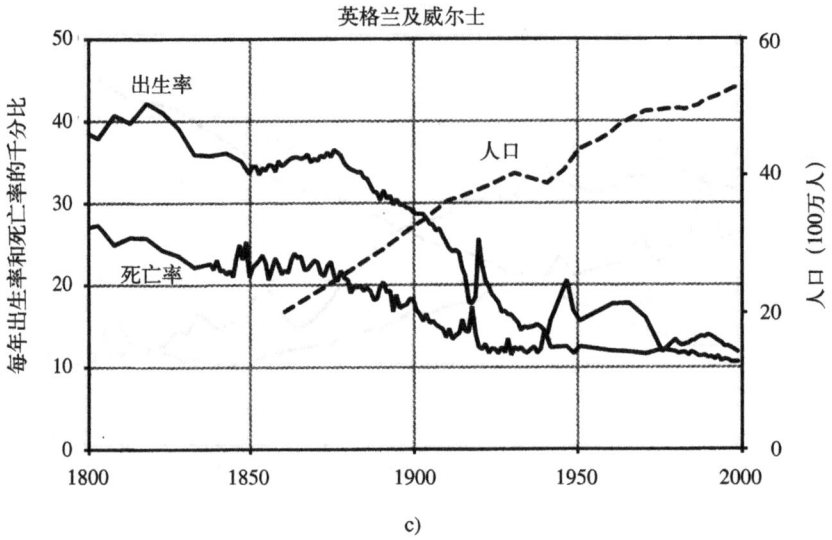

英格兰及威尔士

c)

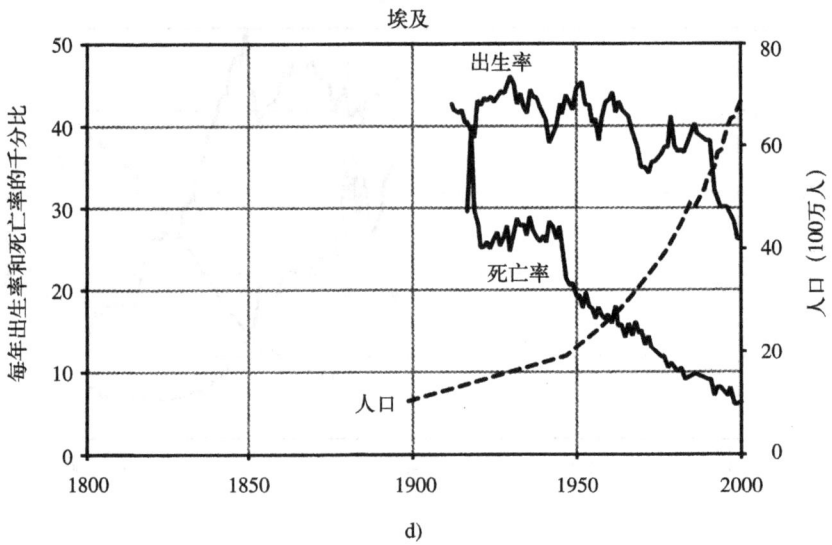

埃及

d)

图 2-8 （续）

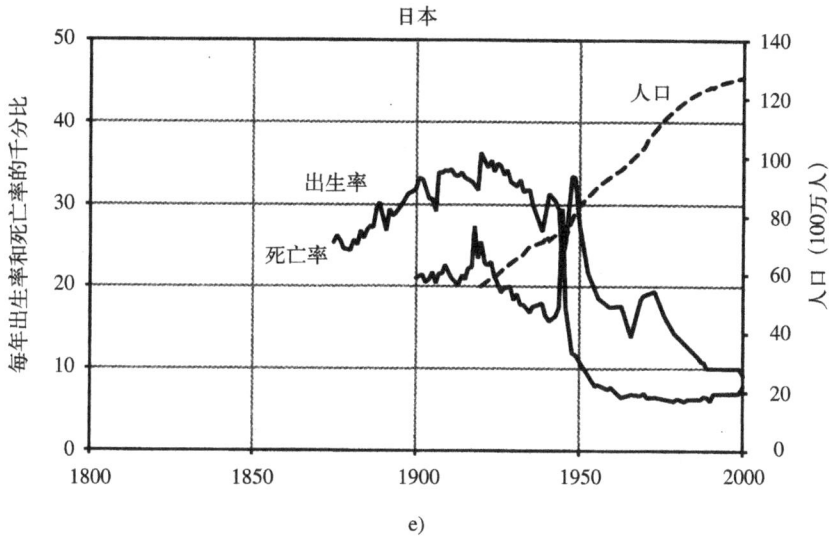

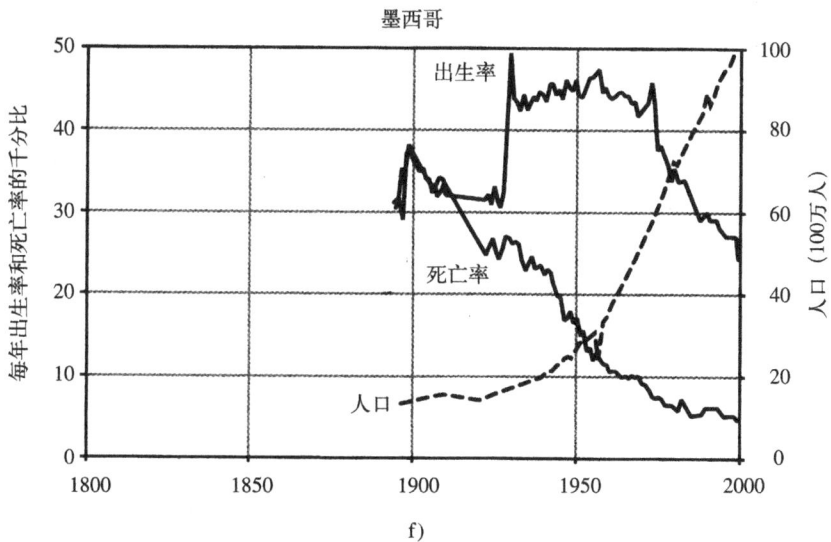

图 2-8　（续）

注：在人口过渡过程中，一个国家先是死亡率下降，接着是出生率下降。瑞典的人口过渡经
　　历了差不多 200 年，其出生率一直与死亡率相当接近。在此期间，瑞典的人口数量增长
　　了不到 5 倍。日本的例子是一个国家在不到一个世纪的时间里实现了人口过渡。与现在
　　已经实现了工业化的国家 / 地区相比，20 世纪后期非工业化国家 / 地区经历的出生率与死
　　亡率之间的差距要大许多。
资料来源：N. Keyfitz and W. Flieger; J. Chesnais; 联合国；美国人口咨询局（PRB）；英国国
　　　　　家统计局（ONS）。

　　人口学家解释了为什么数据显示人口过渡与工业化是相关联的。驱动因素比单纯的收入增长要复杂得多。例如，图 2-9 给出了多个国家／地区的人均收入（以每人每年的国民总收入计算，即 GNI [⊖]）与出生率的相关性。很明显，在高收入和低出生率之间有很强的相关关系。同样明显的是，特别是在低收入国家／地区，存在显著的例外。例如中国，其低出生率与其收入水平的关系就很反常。在一些中东和非洲国家，其高出生率与其收入水平的关系也很反常。

图中年出生率的千分比

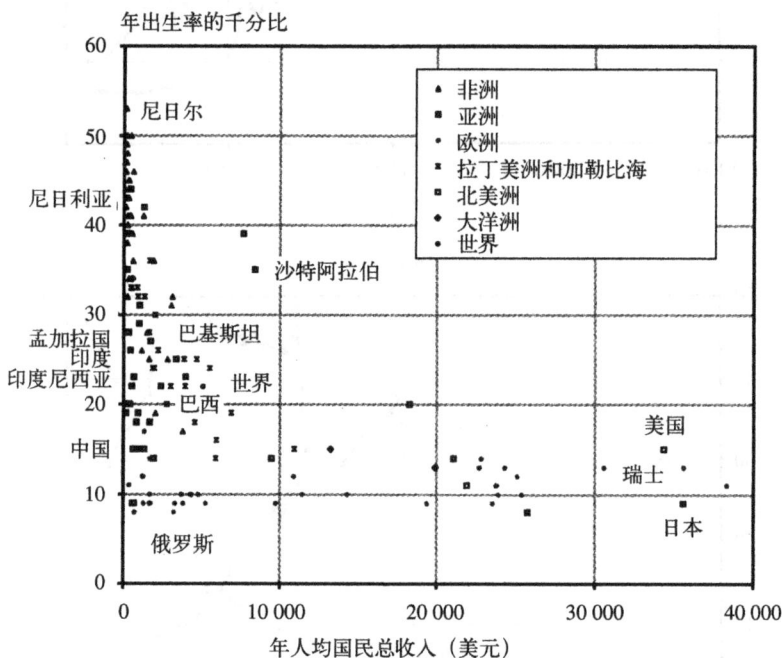

图 2-9　出生率与人均国民总收入（2001 年）

注：对于一个变得越来越富裕的国家来说，其人口出生率是趋于下降的。在最贫困的国家，
　　出生率从每年每千人 20~50 个不等。但没有任何一个富裕国家的出生率超过每年每千人
　　20 个。
资料来源：美国人口咨询局（PRB）；世界银行。

　　有观点认为，导致出生率降低的最直接、最重要的因素，不是经济的规模或富裕程度，而是经济发展真正触及到所有家庭的生活的程度，特别是妇女的

⊖　国民总收入（GNI）等于国内生产总值（GDP）加上从海外获得的国民收入。GDP 是在国内生产的商品和服务的货币价值。

生活。比人均 GNI 更重要的解释变量是诸如教育与就业（特别是妇女的）、节育、低婴儿死亡率以及收入分配的相对平等和机会的平等。[⊖]中国、斯里兰卡、哥斯达黎加、新加坡、泰国、马来西亚以及其他一些国家的经验都表明，当绝大多数家庭都能得到文化教育、基本的健康保健和节育措施时，即便是在中等收入水平，出生率也会下降。

在出生率方面，World3 模型中包含很多相互抵消的力量。我们假定一个更富裕的经济体会提供更好的营养和健康保健，这些会导致死亡率的降低；同时，它也能提高节育水平并降低婴儿死亡率，这些又导致出生率的下降。我们假定，经过较长一个时期和一定的滞后之后，通过提高孩子成长的成本和降低他们给父母带来的即时经济利益，工业化能降低家庭的合意规模。我们假定，短期的收入提高可以使一个家庭在合意的范围内抚养更多的孩子，但如果出现短期的收入增长停滞，结果会相反。[⊜]

换句话说，通过假定对收入增加和下降只有较小的、短期的反应，该模型通常能产生出长期的人口过渡。一开始，模型中人口的指数型增长趋势是很强的，接着，在压力、机会、技术以及一些工业革命变量的作用下，人口增长变得缓和起来。

现实世界中，在新千年来临的时候，人口增长仍然是指数型的，尽管增长率在下降。导致这种下降的原因比单纯用人均收入来解释要复杂得多。经济增长并不能确保人类福利的改善，或给妇女更大的选择自由，或降低出生率。但增长的确有助于这些目标的达到。除了个别明显的特例外，世界上最低的出生率的确更多发生在世界上最富裕的国家。因此，无论是在 World3 模型中还是在现实世界中，理解经济增长的原因和结果都显得更加重要。

⊖　比如，可见 Partha S. Dasgupta, "Population, Poverty and the Local Environment," *Scientific American*, February 1995, 40; Bryant Robery, Shea O. Rutstein, and Leo Morris, "The Fertility Decline in Developing Countries," *Scientific American*, December 1993, 60; and Griffith Feeney, "Fertility Decline in East Asia," *Science 266* (December 2, 1994), 1518.

⊜　详细可见 Donella H. Meadows, "Population Sector," in D.L. Meadows et al., *Dynamics of Growth in a Finite World* (Cambridge, MA: Wright-Allen Press, 1974).

■ 世界工业增长

公众在讨论经济问题时常常充斥着混淆，这在相当程度上是由于没能把货币同货币所代表的实物区分开来。⊖我们这里需要很小心地做出这种区分。图2-10 给出了我们在 World3 模型中是怎样代表经济的、我们在本书中将怎样讨论它，我们相信这对于如何思考一个有自然制约的经济是有帮助的。我们的重点放在"实体经济"上，也就是地球的极限将作用于的那些实物上，而不是放在社会创造的、不受地球物理规律制约的"货币经济"上。

工业资本在这里实际上指硬件——能生产出工业品的机器、工厂等。（当然是在劳动力、能源、材料、土地、水、技术、金融、管理的辅助下以及在自然生态系统和地球的生物化学流的服务下。我们将在下一章回过头来讨论这些生产的辅助要素。）我们把工业资本所创造出的实物产品流称为"工业产出"。

有些工业产出是以医院、学校、银行、商店等的设备或建筑形式出现的，我们把这些称为"服务资本"。服务资本也生产出自己的产品流，它们是非物质形式的但也具有实际价值，例如健康和教育。

另外一种形式的工业产出是"农业资本"，如拖拉机、粮仓、浇灌系统、收割机等，它们生产出农业产品，主要是粮食和纤维。

有些工业产业是以钻头、油井、挖掘设备、管道、水泵、油轮、炼油厂、熔炉等形式存在的。所有这些都是"获取资源的资本品"，它们生产出其他所有形式的资本运行所必需的原材料和能源流。

最后一种形式的产出是"工业资本"，我们称它为投资——钢厂、发电机、机床和其他机器。这些投资用来冲抵折旧，也可以提高工业资本存量以使未来能生产出更多的产出。

到目前为止我们这里提到的所有东西都是真材实料的，而不是货币。在现

⊖ 这种混淆可以通过大地质学家 M.King Hubbert 在 20 世纪 70 年代初给我们讲述的一个故事来说明。在第二次世界大战期间，英国知道日本人将入侵马来半岛——那是世界橡胶产地，于是他们付出巨大努力把所有能找到的橡胶都转移到印度的一个安全储存库。他们只是想设法在日本占领前能在印度储备足够的橡胶，以希望在战争期间供生产轮胎和其他重要橡胶产品所需。但是，一天晚上橡胶储存库发生了大火，所有的橡胶都烧光了。"这不要紧，"一些英国经济学家听到这个消息时说，"这些橡胶已经上过保险了"。

实世界中，货币的作用是传递有关材料的相对成本和价值的信息（价值是由生产者和有市场购买能力的消费者决定的）。货币是实物资本和产品流动的中介和推动因素。在图 2-10 中，一年中所有最终产品和服务的实物产出的货币价值被定义为 GDP，即国内生产总值。

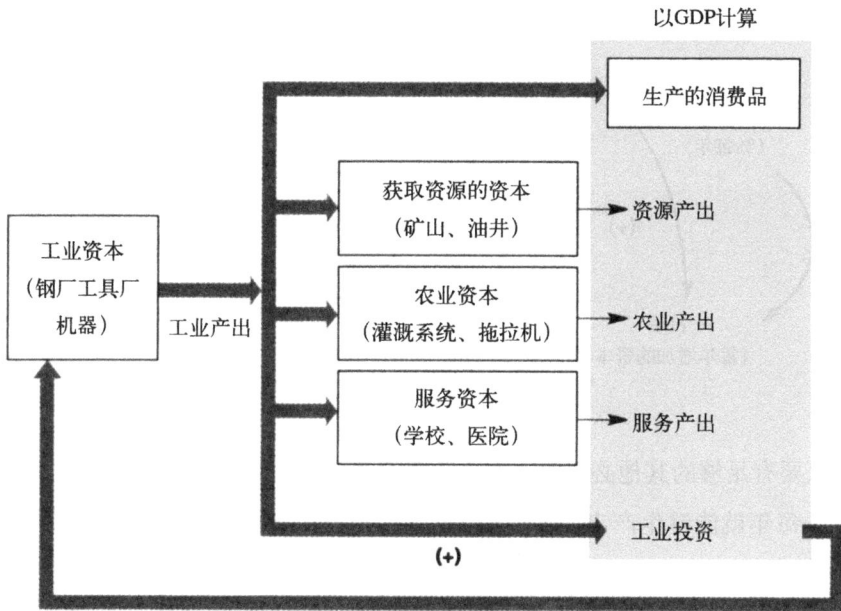

图 2-10　World3 模型中模拟经济的实物资本流动

注：在 World3 模型中，工业产出的生产和配置是经济行为模拟的核心。工业资本的数量决定了每年有多少工业产出被生产出来。这些产出根据人口的目标和需要在 5 个部门中进行配置。一些工业产出被消费掉，一些进入到资源部门以生产出原材料；一些进入农业部门以开发土地并提高土地产出，一些被投入到社会服务部门中；剩余的被投入到工业部门中以抵消折旧并提高未来的工业资本存量。

我们将在各种图表中提到 GDP，因为世界经济数据主要是以货币形式而不是以实物形式来表达的。然而，我们的兴趣在于 GDP 所代表的东西：实际资本存量、工业品、服务、资源、农产品以及消费品。是这些实物而不是货币，在使经济和社会运转；是这些实物而不是货币，被从地球上攫取出来并最终通过排放到土壤、空气或水中而回到地球。

我们已经说过，工业资本能通过自我再生产而呈指数型增长。代表这种自我再生产的反馈结构跟我们所画出的人口系统的反馈结构是相类似的（见图 2-11）。

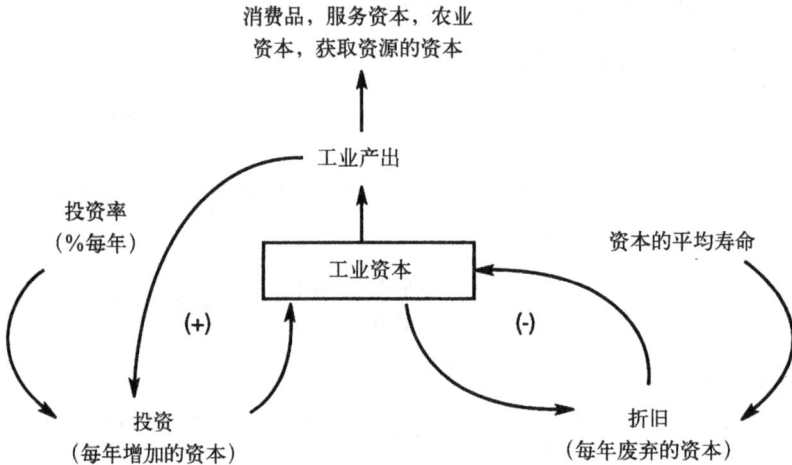

消费品，服务资本，农业
资本，获取资源的资本

工业产出

投资率
（%每年）

资本的平均寿命

工业资本

（+）

（-）

投资
（每年增加的资本）

折旧
（每年废弃的资本）

图 2-11　工业资本的反馈结构图

只要有足够的其他必要投入，一定数量的工业资本（工厂、卡车、计算机、电厂）每年就能够生产出一定数量的工业品。每年一定比例的产品被作为投资品（织布机、发动机、传送带、钢铁、水泥等）用以提高资本存量以扩大未来生产能力。这就是资本的"出生率"。投资比例的变动，跟人口生育的变动一样，取决于决策、意愿和约束条件。在正反馈圈中也存在一些滞后，这是因为一些重大资本设备，如铁路、发电厂、炼油厂等的计划、融资和建设时间往往需要几年或几十年。

资本跟人口一样，在存在"生育圈"的同时也存在"死亡圈"。当机器或工厂出现损耗或技术老化时，它们就会被关闭、拆除、报废或丢弃。资本的折旧率与人口系统中的死亡率相类似，现有的资本越多，每年损耗掉的也就越多。除非新流入的投资足以取代折旧的资本，否则来年剩余的资本量就会减少。

正如人口在工业化过程中会经历人口过渡一样，一个经济体的资本存量也同样以一种可被广泛观察到的方式经历着增长和变动。前工业经济是一种初始的农业和服务经济。当资本增长循环圈开始运行时，所有的经济部门都在增长，但在一段时期内工业部门增长最快。后来，当工业基础建立起来后，进一步的增长主要发生在服务业部门（参见图2-12）。这种转变被作为默认的经济增长方式建立到World3模型中，除非有时故意做一些变化来试验其他可能性。㊀

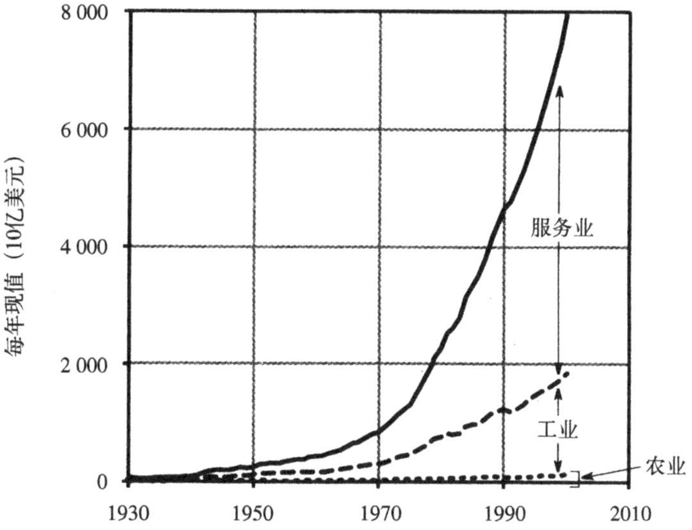

图2-12 美国的各部门国民收入总值

注：美国经济产值在服务业、工业和农业各部门之间的历史分布表明了向一种服务经济的过渡。注意，尽管服务业占经济的比重最大，工业和农业部门在绝对意义上也继续在增长。
资料来源：美国国家经济研究局。

高度发达的经济有时被称为服务经济，尽管事实上它们仍然需要坚实的农业和工业基础。医院、学校、银行、商店、餐馆和宾馆等都是服务业部门的一部分。看看送货的卡车带来的食物、纸张、燃料、设备和运垃圾的卡车拖走的废弃物，测测排水管道流出去的污水以及烟囱中冒出来的烟，你就会明白，服务业企业也需要一个稳定的、巨大的从地球的源到汇的物质吞吐流。服务业部门同工业部门一样，对人类生态足迹的影响非常显著。

钢铁企业和煤矿可以位于距离信息经济的办公室很远的地方。所使用的材料的吨位不会像其产出的美元价值那样增长得那么快。然而，图2-12表明，即使是在后工业经济时代，工业基础也不会下降。信息是一种奇妙的、有价值的、

㊀ See William W. Behrens III, Dennis L. Meadows, and Peter M.Milling, "Capital Sector," in *Dynamics of Growth in a Finite World.*

无形的物品，但它一般都要存储在一个用 55 磅[⊖]重的塑料、金属、玻璃以及硅材料造出的（1997 年时是这样）计算机中，这种计算机的耗电量是 150 瓦、在生产它的过程中要产生 139 磅废弃材料。[⊜]而生产、加工、使用这些信息的人们不仅要吃饭，还要驾驶小汽车，住房子，工作在有暖气、有冷气的建筑中，并且，即便是在电子信息时代，还要使用和丢弃大量的纸张。

导致世界资本体系增长的正反馈圈的运行使得工业的增长要比人口增长得快。1930 ～ 2000 年，世界工业产出的货币价值增长了 14 倍（如图 1-2 所示）。如果同期世界人口数量保持不变，那么物质生活水准也会同样增长 14 倍。但是由于人口的增长，人均产出增长了 5 倍。1975 ～ 2000 年，工业经济的规模大致翻了一倍，但人均产出只增长了 30%。

■ 人越多越穷，越穷人越多

想要消除贫穷，增长是必要的。这道理看起来很明显。但是，照目前的这种结构，经济体系的增长并不能消除贫穷，相反，当前的这种经济增长模式反而会使贫穷永远存在下去并且会进一步扩大贫富差距。这一点对于众多的增长支持者来说并不是很清楚。1998 年，地球上 45% 以上的人靠平均每天 2 美元甚至不足 2 美元的收入生活。这比 1990 年时的贫困人口还要多，虽然人们看到在过去的 10 年中许多人取得了令人惊讶的高收入。[⊜]自 1930 年以来已经翻了14 倍的世界工业产出增长使一些人变得非常富有，但这并没有消灭贫穷。也没有理由期望再有翻 14 倍的增长（如果在地球的极限之内可能的话）就能消除贫穷，除非全球系统被重构以直接让那些最需要的人获得增长。

在当前系统中，经济增长总的来说发生在那些已经很富裕的国家并且不成比例地流向这些国家中最富有的人。图 2-13 给出了世界上 10 个最大的国家（按人口）加上欧盟的人均国民收入（GNI）增长曲线。这些曲线表明，过去几

⊖ 1 磅 =0.453 6 千克。

⊜ John C. Ryan and Alan Thein Durning, *Stuff: The Secret Lives of Everyday Things* (Seattle: Northwest Environment Watch, 1997), 46.

⊜ World Bank, *World Development Indicators-2001* (Washington, DC: World Bank, 2001), 4.

十年的增长是如何系统地扩大了富国和穷国之间的差距。

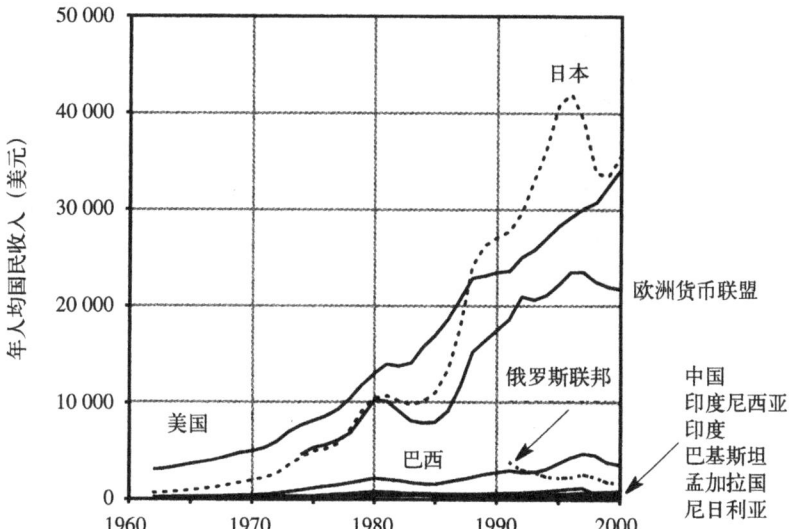

图 2-13　人口最多的 10 个国家以及欧盟的人均 GNI 增长情况

注：经济增长主要发生在那些已经富裕的国家。印度尼西亚、中国、巴基斯坦、印度、孟加
　　拉国和尼日利亚六国的人口几乎占到世界人口总数的一半。当把这些国家跟富裕国家的
　　人均 GNI 增长画到同一张图上时，这些国家的人均 GNI 增长几乎都没有离开横轴。
资料来源：世界银行。

根据联合国开发署（UNDP）的报告，1960 年全世界 20% 生活在最富裕国家的人的人均收入是生活在最贫穷国家的 20% 的人的 30 倍。到 1995 年，最富裕的和最贫穷的 20% 的人的人均收入之比已经从 30:1 扩大到 82:1。在巴西，最贫穷的一半人口所获得的国民收入在 1960 年时占 18%，到 1995 年时仅占 12% ；巴西 10% 的最富裕人口占国民收入的比重在 1960 年时为 54%，到 1995 年提高到 63%。⊖ 1997 年非洲家庭的平均消费与 1972 年相比减少了 20%。⊜一个世纪的经济增长带给这个世界的是巨大的贫富差距。图 2-14 给出了两个指标来说明这一点，即不同收入组的国民生产总值份额和能源使用份额。

⊖　United Nations Development Program, *Human Development Report 1998* (New York and Oxford: Oxford University Press, 1998), 29.

⊜　同上，第 2 页。

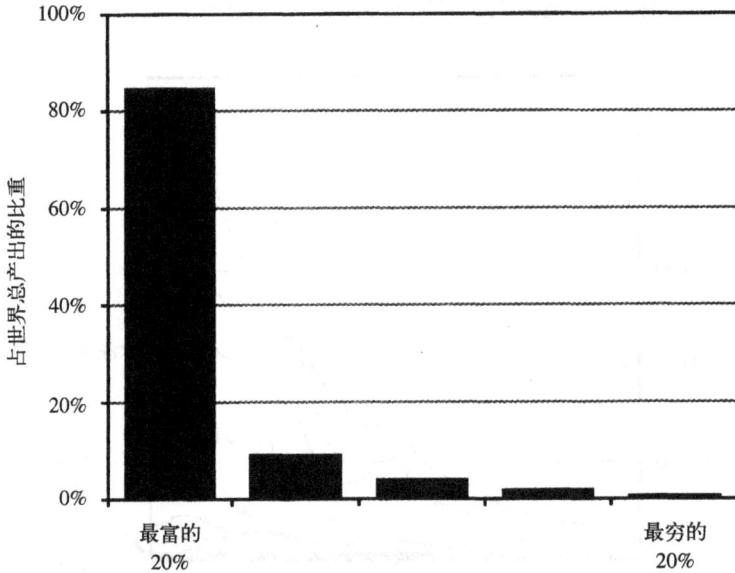

图 2-14　全球贫富分化

注：全球财富和机会的分布是极端扭曲的。世界上最富裕的 20% 的人口占有世界总产出的
　　80% 以上并消耗了近 60% 的商业能源。
资料来源：世界银行。

　　作为系统动力学家，当我们看到一种模式在一个系统的多个部分中都存在
并持续了很长时间时，我们就假定其在系统反馈结构中有深刻的内在原因。如
果不改变系统的结构，更努力地或更快地运行这一系统都不会改变这种模式。
增长总是扩大贫富差距，继续增长也跟过去一样无法消除这种差距。只有改变
系统的结构（因果关系链）才能做到这一点。

　　那么，即便在出现巨大经济增长的情况下仍然导致贫富差距不断扩大的这
种结构是什么呢？我们看到两种常见的结构在发挥作用。第一种是与总是系统
地给予特权阶层以权力和资源从而让他们获得更多特权的社会制度安排相联系
的，这在许多文化中是通常的做法，但在一些特殊的文化中却显得更独特。这
方面的例子很多，从明目张胆的或隐蔽的种族歧视到对富人的税收漏洞，从贫
困家庭孩子的营养不良到专为富家子弟提供的贵族教育，从利用金钱获得政治
地位（甚至在所谓的民主制度下也可以这么做）到利息支付总是系统地从那些
入不敷出的人流向那些钱多得花不了的人这样的简单事实。

在系统学的术语里，这些结构被称为"从成功走向成功"的反馈圈。[一]这些正反馈圈总是对成功者进行奖励以便让他们获得更大的成功。在任何一个社会里这些都会成为一种病态，不可能自觉地采取一些平衡结构来拉平竞技标准。（平衡结构的例子包括反歧视法、累进税率、普遍的教育和保健标准、为那些陷入困境的人提供安全网、对财产征税以及使政治不受金钱影响的民主进程等。）

在 World3 模型中，这些"从成功走向成功"的反馈圈都没有被明确地反映出来。World3 模型不是一个反映收入、财富或权力分配动态的模型，它所关注的是世界经济同增长极限之间的总体关系。[二]所以它假定当前的分配模式将继续下去。

但是，在 World3 模型中有一个结构是反映人口和资本系统之间的关系的，我们在本章前面已经对此进行了描述。这种结构使得贫困、人口增长都处于永不停止的状态并使得世界系统有超出其极限的趋势。我们在后面的章节中将证明，如果要想达到一个可持续的世界，这种结构就必须改变。

这种永续贫困的结构产生的原因，是因为富人比穷人更容易进行储蓄、投资并使他们的资本倍增。几个世纪的经济增长不仅使富人支配市场条件、购买新技术并调动资源的权力越来越大，而且使他们建立起很大的资本存量来实现自我增值。绝大多数基本需求都已经被满足了，所以在不剥夺当前人口基本需求的情况下实现较高的投资率成为可能。较低的人口增长允许配置更多的产出来实现经济增长，而较少用以满足快速扩大的平民人口的健康和教育需求。

相比之下，穷国的资本增长很难赶上人口增长。可用于再投资的产出更多被要求用于提供学校、医院和满足基本的消费需求。由于这些迫切的要求使得几乎没有什么剩余产出可被用于工业投资，所以经济增长很慢。人口过渡长期停留在出生率和死亡率差距很大的中间阶段。当妇女们看不到有什么比生孩子更有吸引力的教育或其他经济选择时，那么孩子就成了极少可以得到的投资形式之一。于是人口变得越来越多而不是越来越富。正如有句话说的那样，"富人

[一]　例见 Peter Senge, *The Fifth Discipline* (New York:Doubleday, 1990),385-386.
[二]　我们通过假设给定世界当前的分配模式来隐含模拟"从成功走向成功"反馈圈，除非我们有意干预来改变它们。

越来越富，穷人的孩子越来越多"。

在一些国际场合，常常会因为这样的激烈争论而陷于瘫痪：在如图 2-15 所示的反馈圈中到底哪个箭头是最重要的——是贫穷导致了人口增长，还是人口增长导致了贫穷？

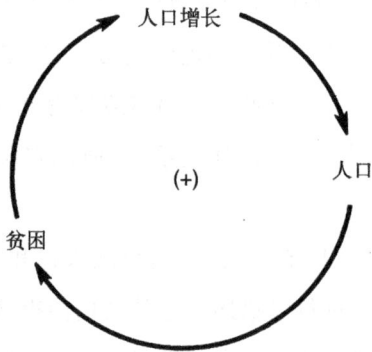

图 2-15　贫困与人口

事实上，这个正反馈圈的所有部分都会对最贫困地区的人口行为产生强烈影响。它们形成了一个"系统陷阱"，一个"不成功者愈发不成功"的反馈圈，导致穷人总是穷而人口总是增长。由于用于投资的产出被抽走用于消费，所以人口增长使得资本增长放慢。在没有教育、没有健康保健、没有节育措施、没有选择、没有权力、除了寄希望于孩子能带来收入或增加家庭劳动力之外无路可走的情况下，贫穷反过来又促使人口无限增长。

图 2-16 给出了这种陷阱的后果。南方国家的任何一部分在过去的 20 年中粮食产量都得到了很大的提高。大多数地方都出现两三倍的增长。但是由于人口的快速增长，人均粮食产量却很少得到提高，在非洲还出现了稳定的下降。粮食产量明显超过人口增长的少数地方是在欧洲和远东地区。

图 2-16 中所给出的图形显示了双重悲剧。第一个是关于人类的。农业上所取得的伟大成就、粮食产量的巨大增长，大部分不是被用于更好地养活人们所吸收，而是被不得不很差地养活更多的人所吸收。第二个悲剧是关于环境的。粮食产量的增长是通过破坏土壤、水源、森林和生态系统的政策取得的，这么做的代价是未来产量提高变得更加困难。

粮食产量指数（以1952~1956年为100）

.... 粮食总产量
———— 人均粮食产量

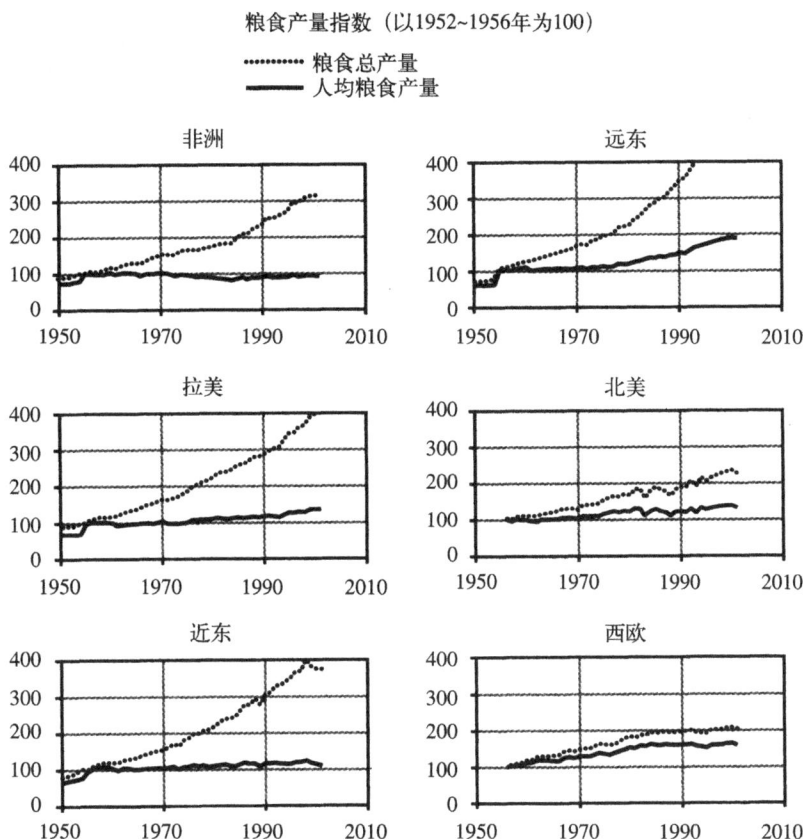

图 2-16　各个地区的粮食产出

注：在过去的50年中，世界上饥荒最严重的地区其粮食总产出指数（以1952~1956年为100）翻了两三倍，但是人均粮食产出几乎没有变化，这是因为人口也几乎以同样快的速度增长。以非洲为例，人均粮食产量从1996年到2001年下降了9个百分点。

资料来源：联合国粮农组织。

　　但是，任何一个可以使系统向下沉沦的正反馈圈也同样可以反过来使系统向上提升。更多的贫穷意味着更多的人口，更多的人口又意味着更多的贫穷。但是，减少贫穷同样意味着人口增长放慢，人口增长放慢又意味着减少贫穷。如果有足够的投资并且持续足够长的时间，如果对产品和劳动力有更合理的定价，如果把日益增长的产出更多地直接分配给穷人，特别是用于妇女的教育和就业以及计划生育，那么人口 – 贫困反馈圈的效果就会反转过来。社会进步会降低人口增长率，这样就可以有更多的投资投入到工业资本中以生产出更多的商品和服务。商品和服务消费的提高会进一步帮助减少人口的增长。

在世界某些地方，在那些对全体人民的福利特别是贫困人口非常关注的地方，这种转变的确发生了。这就是为什么世界人口增长率在下降而人口过渡在进行的原因之一。

但在另外一些地方，在不平等成为一种文化风尚的地方，在缺乏公共福利投资的资源或意愿的地方，或者在由于金融失败带来的强制性"结构调整"使得教育和健康保健投资被转移的地方，人民的生活并没有得到广泛改善。这些与贫困紧紧联系在一起并且仍然在快速增长的人口，会陷入人口增长不是因出生率下降而是因死亡率提高而终止的危险境地。的确，在津巴布韦、博茨瓦纳、纳米比亚、赞比亚和斯威士兰这些地方，预计人口在 21 世纪会因为悲剧性的原因而出现零增长——死于艾滋病的青少年和儿童的增加。⊖

人口和工业产出的指数型增长以一种复杂的方式构成了"现实世界"社会经济系统自生结构的一部分，这种方式使得世界的一些地方趋于缓慢的人口增长伴以较快的工业增长，而另外一些地方则趋于缓慢的工业增长伴以较快的人口增长。但在这两种情形中，人口和物质资本都是不断增长的。

那么，这种现实中的物质增长能永远持续下去吗？我们的回答是否定的。人口和资本的增长增加了人类的生态足迹，这是人类给世界生态系统增加的负担，除非能成功地努力避免这种增长。从原则上说，不可能使人类活动的每个单元的生态足迹（通过技术以及其他手段）迅速减少到足以允许人口和工业资本持续增长的水平。但是我们相信，这在实践中是可以实现的。当然，目前从世界范围内可以得到的经验证据表明这种有效减少并没有发生。人类的生态足迹仍然在增长，尽管其增长的步子比经济增长慢。

一旦生态足迹的增长超出了可持续的水平，正如已经发生了的一样，它最终必然会下降——或者是通过一个可控的过程（例如通过生态效率的迅速提高）或者是通过大自然的力量（譬如说，森林消失迫使木材的使用下降）。生态足迹

⊖　Lester R.Brown,Gary Gardner,and Brian Halweil, "Beyond Malthus: Sixteen Dimensions of the Population Problem," *Worldwatch Paper 143* (Washington,DC:Worldwatch Institute,September 1998).

的增长是否会停止是毫无疑问的，惟一的问题是何时以及以何种方式。

人口增长从本质上说将停止，或者是由于出生率的下降，或者是由于死亡率的上升，或者二者同时发挥作用。工业增长从本质上说也将停止，或者是由于投资率下降，或者是由于货币急剧贬值，或者二者兼具。如果想要阻止这些倾向，我们可以对它们施加一些合理的控制，选择对我们最有利的选项。如果我们忽略这些，那么自然系统就会无视人类福利而选择某种结果。

出生率与死亡率、投资率与贬值率，都会因人类的选择或由于地球的源或汇压力过大所带来的反馈而实现平衡。指数型增长曲线会变缓、变弯，或者变平或下降。人类社会的生存条件以及地球在那时都可能损失惨重。

仅仅把事物以"好""坏"来区分并把这种区分固定化是很容易的。在过去几代人看来，人口增长和资本增长都是绝对的好事。在一个资源丰富的星球上只有些许人口居住，人们完全有理由做出这样正面的评价。但是现在，随着对生态极限的了解越来越清晰，也会诱使人们把所有增长都划分为坏事。

一个极限时代的管理工作需要更加精细、更加小心地进行区分。一些人拼命想得到更多的食物、住所和其他实物。另外一些人，以另外一种拼搏方式，想通过实物增长来满足另外一些需求，这些需求也是非常现实但却是非物质的——渴望被认可、自尊、沟通或获得某种身份。因而，单纯以毋庸置疑的肯定态度或毋庸置疑的否定态度来谈论增长都是毫无意义的。相反，需要问一下：什么的增长？为谁而增长？谁在付出？什么是这儿的现实需求？什么是满足有这种需求的人的最直接、最有效的途径？需要多少才够？有什么义务要分担？

对这些问题的回答可以为迈向一个充裕的、平等的社会指明道路。另外一些问题为迈向一个可持续的社会指明了道路：在一定的生态足迹下，一定的投入产出流能养活多少人？在多高的物质消费水平上？能持续多久？人类人口、经济和所有其他物种赖以生存的物质系统面临多大压力？在什么样的压力和多大的压力下该支撑系统会产生多大的弹性？多少才算多？

要回答这些问题，我们必须把我们的注意力从增长的原因转向增长的极限。这就是我们第 3 章的目标。

第 3 章

极限：源与汇

Limits to Growth

我们所采用的能维持资源成本不变或递减的技术，经常要求不断增加直接和间接燃料……这种奢侈品已经成了昂贵的必需品，它要求把我们国民收入中越来越多的部分转而用于资源处理部门，以便提供同样数量的资源。

——世界环境与发展委员会，1987

我们对于崩溃的担心并不是来自于这样一种想法，即世界将要耗尽这个星球上存储的全部能量与原材料。World3 模型产生的每一个模拟场景都表明，到 2100 年时世界依然会拥有它在 1900 年时所拥有资源相当大的部分。在分析 World3 模型的预测结果时，我们的担心更多来自于不断增加的利用地球源与汇的成本。由于有关这些成本的数据不足，所以在这个问题上有相当激烈的争论。然而我们有证据表明，可再生资源的获取、不可再生资源的损耗以及汇的填充的增长虽然缓慢却正无法扼制地形成合力，为维持经济运行所需要的物质流的数量与质量所要求的能量和资本不断提高。这些成本的产生综合了物理、环境和社会因素。最终它们将提高到工业增长无法持续的水平。当这种情况发生时，促使物质经济扩展的正反馈圈将逆转方向，经济将开始收缩。

我们无法证明这一断言。我们只能努力使它令人觉得可信，并进而指出该做出哪些建设性的反应。为达到这些目的，在本章我们给出了大量关于源与汇的信息。我们概述了在即将到来的世纪里，维持世界经济与人口增长所必需的源的现状与前景。必要投入品的清单很长而且内容繁多，不过它可以划分成两大类。

第一个大类包括了支持所有生物与工业活动的物理必需品——肥沃的土地、矿产、金属、能源以及这个星球的生态系统，它们吸收废物并调节气候。原则上来说，这些要素是可触摸、可数的东西，例如数公顷可耕地和森林、数千立方米淡水、数吨金属、数十亿桶石油。然而，这些要素实际上又是难以估量的。它们的总量并不确定。它们是相互作用的——其中一些可以用来代替另一些，然而生产其中一些的过程却使得获得另一些变得更加困难。资源、储量、消费和生产的定义是不一致的；科学并不完备，官僚们出于自己政治和经济的需要经常扭曲或隐瞒这些数字。而且有关物质现实的信息总是用经济指标来表达的，例如货币价格。价格是由市场决定的，它们遵行的是与物质资源规律非常不同的一套规则。不过，我们在本章中将关注这些物质必需品。

增长所需的第二个大类由社会必需品构成。即使地球的物质系统足以支撑一个更大规模和更加工业化的人口，经济与人口的实际增长也依赖于诸如和平与社会稳定、平等与个人安全、诚实与有远见的领导、教育与新观念的开放、承认错误与进行试验的意愿以及稳定而适合技术进步的制度基础。

这些社会因素不好估量，很可能无法精确地进行预测。本书和 World3 模型都无法以一种详尽而有用的方式去分析这些因素。我们缺乏正式分析必需的数据与因果理论。但我们知道，尽管肥沃的土地、充足的能源、必需的资源和健康的环境对于增长是必要的，然而它们却不是充分的。即使它们在物质上是丰富的，然而它们的可获得性却有可能因为社会问题而受阻。不过我们在这里假设可能的最佳社会条件将会持续。

人口与资本培育所使用的原料与能源并不是无本之木。它们取自于这个星球。它们并不会消失。当它们的经济用途完结之后，原料会循环成为垃圾和污染；能源会耗散成为无用的热量。原料与能源流通过经济子系统流出星球源（planetary sources）进入星球汇（planetary sinks），最终成为垃圾和污染（见图3-1）。循环利用和清洁生产可以显著地减少垃圾和污染，但无法根除每单位消费带来的垃圾与污染。人们总是需要食物、水、清洁空气、居所和许多其他原料来生存、维持身体健康、过富足的生活以及维持和生育新的人口。机器和建筑总是需要能源、水、空气以及大量的金属、化学物质和生物材料以生产出商品和服务、并生产出更多的机器与建筑。源所能够生产以及汇所能够吸收这些物质流的速度总是有极限的，才不至于对人口、经济或是地球再生和调节的过程造成损害。

这些极限的性质很复杂，因为源和汇自身都是一个动态的、相互联系的系统的一部分，这个系统是通过地球的生物地球化学循环来维持的。既有短期极限（例如，提炼和存储在库中的石油的数量）也有长期极限（地下可获得的石油的数量）。源和汇可以相互作用，同样性质的系统有可能既作为源也作为汇。例如，对于土地的开发，既有可能作为食物的源，也可能作为因空气污染而导

致的酸雨的汇。它作为这两种功能之一的能力将依赖于它作为另外一种功能的
程度。

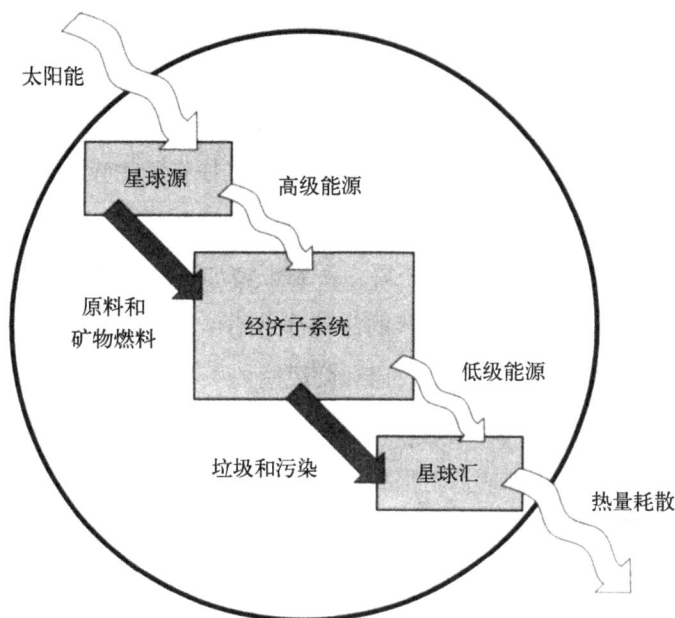

图 3-1　地球生态系统中的人口与资本

注：人口与资本都通过石油和地球上其他不可再生资源流而得以维持，它们产生出热量和垃
　　圾，从而污染了地球上的空气、水和土壤。

资料来源：R.Goodland, H.Daly, and S.El Serafy.

经济学家赫尔曼·戴利（Herman Daly）曾经提出了用于定义物质和能源吞
吐能力的可持续极限的三个简单规则。⊖

- 对于可再生资源（土壤、水、森林、鱼）而言，可持续的使用率不能高于
  它们的再生率。（因此，例如，当鱼的捕捞量以高于剩余鱼群数量的增长
  率这样一种速度来进行时，这种捕捞就是不可持续的。）

- 对于不可再生资源（矿物燃料、高等级矿藏、地下水）而言，可持续的利
  用率不能高于用以代替它们的可再生资源可持续的利用率。（例如，石油

⊖　Herman Daly, "Toward Some Operational Principles of Sustainable Development," *Ecological Economics* 2 (1990):1-6. See a further elaboration in the introduction to Herman Daly, Beyond Growth (Boston:Beacon Press, 1996).

矿床的利用，如果源自于它的部分利润系统地投资于风力发电厂、光电阵列和种植树木，那么它的利用就是可持续的。当石油没有了的时候，依然可以获得相当数量的可再生能源流。）

- 对于污染而言，可持续的排放率不能够高于污染物被循环利用、吸收以及在汇中无害分解的速率。（例如，污水可以可持续地排放进入河流、湖泊或地下蓄水层，只要其速率不超过细菌和其他有机物吸收其营养而不至于导致它们过度生长从而破坏水生态系统的速度。）

任何导致可再生资源存储量下降、污染汇增加或者不可再生资源存量下降并且没有可预见的可再生资源替代的活动都是不可能持续的。在许多关于戴利规则的讨论中（在学术、商业、政府和公民圈内）我们从未听到有任何人挑战这些规则。（不过我们也很少发现有人尝试严格地按照这些规则来生活。）如果存在可持续性的基本法则的话，那么这些规则必在其中。问题不在于它们是否正确，而在于全球经济是否尊重它们；如果不尊重的话，又会发生什么。

我们将用三个戴利标准来对人类经济使用的各种源与汇进行一个简要的回顾。从可再生资源开始，我们要问：它们被利用的速度是否快于它们再生的速度？对于不可再生资源，根据定义，它们的存量必定在下降，我们要问：高质量的原料正以何种速度被使用？为提供它们所需的能源与资本的真实成本会提高到什么程度？最后，我们转向污染和垃圾，并且要问：它们是否正以足够快的速度在无害分解？或者它们是否正累积于环境中？

这些问题并不能用 World3 模型来进行回答（本章中的任何内容都不是依赖于该模型的），而需要用全球数据（目前已有的数据）一个源一个源地、一个汇一个汇地来回答。⊖在本章中，我们将只提及一种源或汇与另一种源或汇诸多相互作用中的一部分（例如，种植更多的作物需要更多的能源，或者生产更多能源中产生的污染可能导致气候变化并影响农业收成）。

我们在这里讨论的极限只是全世界科学家迄今所知道的极限中的一些。我

⊖　关于地球最逼近的增长极限的最近、最透彻、最系统的回顾，见 Lester Brown, *Eco-Economy* (New York: W.W.Norton, 2001) 第 2 章和第 3 章。关于地球的宽泛的回顾和数据，见世界资源研究所，*World Resources 2000-2001: People and Ecosystems: The Fraying Web of Life* (Oxford:Elsevier Science Ltd., 2002), part 2, "Data Tables"。

们无法保证它们在实际中是最重要的。往后将会有许多意外发生，无论是否令人高兴。例如，令人高兴的是，我们在这里提及的技术在未来必定会提高；但另一方面，今天完全没有认识到的新问题也会变得显著起来。

我们将比较详尽地讨论全球物质必需品的现状与前景。我们的分析无法给你一个简单而明了的观点，即人类自身就是增长的极限。不过却可以帮助你形成自己的观点，关于极限的现实以及现有政策对其影响的观点。即便人类对极限的理解有再大的差距，我们认为本章所给出的证据也会说服你形成四个结论。

- 人类现在正以一种不可持续的速度在利用许多关键的资源并生产出垃圾。源正在衰竭，汇正被填满，甚至在一些情形中已经溢出。即使是在现有的流速下，大多数生产流从长期来看并不能维持；如果流速提高，则能够维持的时间更短。我们预期它们中的许多将在本世纪达到巅峰，然后开始下降。

- 这些生产能力增长的高速度并不是必需的。技术上、分配上和制度上的变化能够显著地降低这些速率并且维持甚至提高全世界人民的平均生活质量。

- 人类给自然环境造成的负担已经超过它的可持续水平，它无法再维持超过一两代人的时间。因此，已经有了许多对人类健康和经济的显著的负面影响。

- 原料的真实成本正在日益上升。

人类对于环境造成的负担这一概念极其复杂并且很难加以量化。当前最好的方法，也是我们在这里使用的方法，就是生态足迹的概念。这一概念被定义为人类对于自然的总体影响：资源提取、污染排放、能源使用、生态多样性的破坏、城市化以及物质增长的其他后果等所有效果的总和。这是一个很难衡量的概念，不过在过去的十年之中已经取得了长足的进展。这些进展会继续下去。

我们在前言中提及的一种有前途的方法，是将人类对于地球生态系统的所有提取都转化成用以无限维持"生态服务提供"所必需的相应数量的地球土地公顷数。地球上的土地公顷数量是有限的。因此这种方法就提供了对于人类是否超过了可获得资源供给问题的一个答案。按照这种测量生态足迹的方法，在进入新千年的时候，人类需要的土地数量已经超过 1.2 倍于地球可获得的土地数量。简言之，人类已经处在地球极限的 20% 以上了。幸运的是，有许多种方法来缓解这一压力，以便回到极限之下，促使人类的需要与希望更加具有可持续性。我们接下来将讨论这些方法。[⊖]

■ 可再生资源

食物、土地、土壤

　　大多数高质量的农业用地已经在使用之中，将剩余的森林、草地和湿地转化成可耕地所带来的环境成本已经得到广泛认同……大多数剩余的土壤都是相对贫瘠且脆弱的……对于全球土壤侵蚀的一种分析方法估计，在不同的区域，表层土如今正以 16~300 倍于其能够再生的速度流失着。

——世界资源研究所，1998

　　1950~2000 年，世界谷物产量增长超过了 3 倍，从大约每年 5.90 亿吨增长到每年超过 20 亿吨。1950~1975 年，谷物产量平均每年增长 3.3%，快于每年 1.9% 的人口增长率（见图 3-2）。然而在过去的几十年里，谷物生产的增长率已经放慢，它已经降低到人口增长率之下。人均谷物产量大约在 1985 年达到巅峰，从那以后就缓慢下降。[⊜]

　　不过，依然有足够的食物（至少在理论上）可充足地供应每个人的需要。大约在 2000 年前后，全世界生产的谷物总量可以让 80 亿人保持在生存的水平，如果这些谷物均匀地分配，不用于喂养动物，也不因害虫而受损或从收获到消费的过程中不让它腐烂的话。谷物大约构成了世界农业产出（以卡路里[⊕]来衡量）的一半。如果加上每年的茎块作物产出、蔬菜、水果、鱼以及源自于放牧而不是谷物喂养所获得的动物产品，那么它们将足够给进入新千年时的 60 亿人

　　⊖　关于有助于和加速向可持续性转变的道路在 Brown, Eco-Economy, 第 4~12 章中有系统的描述。

　　⊜　Lester R.Brown, "Feeding Nine Billion," from Lester R.Brown et al., *State of the World 1999* (New York:W.W.Norton, 1999), 118.

　　⊕　1 卡路里 =4.186 8 焦耳。

口提供多样化和健康的饮食。⊖

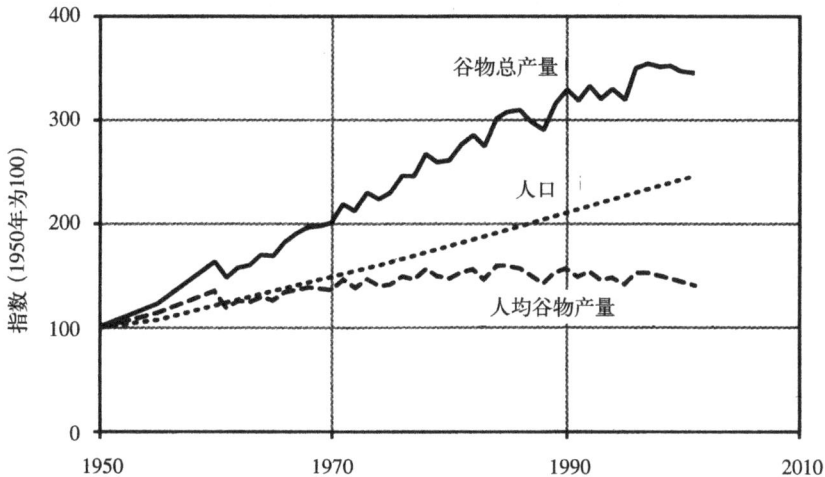

图 3-2　世界谷物生产

注：2000 年全世界农民生产的谷物是 1950 年产量的 3 倍多。然而，由于人口增长，人均产量
　　在 20 世纪 80 年代中期达到顶峰，之后就一直在缓慢下降。不过，世界人均谷物产量现
　　在依然要比 1950 年时高出 40%。
资料来源：联合国粮农组织（FAO）；美国人口咨询局（PRB）。

收获过后的实际损失依据谷物和地点的不同而不同，范围为 10%~40%。⊜
食物的分布远不是均匀的，大量的谷物被用于喂养动物，而不是供人食用。因
此，在理论上充足的同时，饥饿依然持续着。联合国粮农组织（FAO）估计，
约有 8.5 亿人所获得的粮食长期低于他们身体需要的数量。⊜

这些饥饿的人群主要是妇女和儿童。在发展中国家，每三个孩子中就有一
个营养不良。⑭在印度，大约 2 亿人长期处于饥饿状态；在非洲这一数字超过 2
亿，在孟加拉有 4 000 万，在阿富汗有 1 500 万。⑤每年大约有 900 万人死于饥

⊖　由我们计算的数据，假定每人每年维持生存需要消耗的粮食是 230 千克，也就是 506 磅。
⊜　世界资源研究所，《世界资源 1998-99》，第 155 页。
⊜　United Nations Food and Agriculture Organization, *The Sixth World Food Survey* (Rome:FAO, 1996).
⑭　P.Pinstrup-Anderson,R.Pandya-Lorch,and M.W. Rosengrant, *1997, The World Food
　　Situation:Recent Developments, Emerging Issues,and Long-Term Prospects* (Washington,
　　DC:International Food Policy Research Institute, 1997).
⑤　Lester R.Brown, Michael Renner,and Brian Halweil, *Vital Signs 1999* (New York:W.W.Norton,
　　1999),146.

饿或是相关疾病。也就是说，平均每天死亡 25 000 人。

到目前为止，饥饿人群的数量基本保持稳定，尽管人口已经增长。估计每年死于饥饿的数量已经缓慢减少。这是一个了不起的成就。在一个人口不断增长而极限的压力不断加大的世界里，饥饿并没有恶化。不过依然存在令人绝望的饥饿，长期营养不良的区域也在不断扩大。

饥饿的持续并不是因为地球的物质限制——无论如何都绝不是这样。更多的食物是可以获得的。例如，图 3-3 给出了几个国家和全球的谷物产量趋势。由于土壤和气候方面的差异，每一公顷土地并不能生产出像在最适宜土地上生产的最佳产量那么多的谷物。然而，凭借着已经广为人知并且广泛运用的技术，谷物产出在许多地方确实可以得到提高。

在对拉美、非洲和亚洲 117 个国家的土壤与气候进行了充分的研究之后，联合国粮农组织（FAO）认为，如果能够使用每公顷潜在可耕种的土地并获得技术上可能的最高产出的话，其中只有 19 个国家无法利用自己的土地来养育它们 2000 年时的人口。根据这一研究，如果所有的可耕地都用于粮食生产，没有因侵蚀而导致的损失，气候良好、管理完善以及不受限制地使用农业投入的话，所研究的 117 个国家将能够将其粮食产量扩大为现在的 16 倍。[⊖]

当然这些假设都是非常不现实的。给定实际的气候与耕作实践，给定用于非粮食生产的土地需求（诸如森林、牧场、人类居所、水域保护、生态多样性保护等），给定化肥和杀虫剂溢流，粮食生产的实际极限被认为应显著低于理论极限。实际上，正如我们看到的那样，人均谷物生产自 1985 年以来就一直在下降。

自第二次世界大战以来的实践见证了发展中国家农业生产和生产率的显著增长。尽管在许多耕种区域这种增长显然是可持续的，然而在其他地方它却源自于两个不可持续的过程：开垦低生产潜能或高危险性的土地，通过开采或破

⊖　G.M.Higgins et al., *Potential Population Supporting Capacities of Lands in the Developing World* (Rome:FAO, 1982). 这份技术性的研究在 Paul Harrison, *Land, Food, and People* (Rome: FAO, 1984) 的非技术性报告中得到概括。这个 16 倍数是基于非常乐观的假设，而且只适用于产量很低的发展中国家。FAO 并没有为工业化国家的土地做过相似的研究。

坏土壤资源基础的方式来强化生产。[⊖]

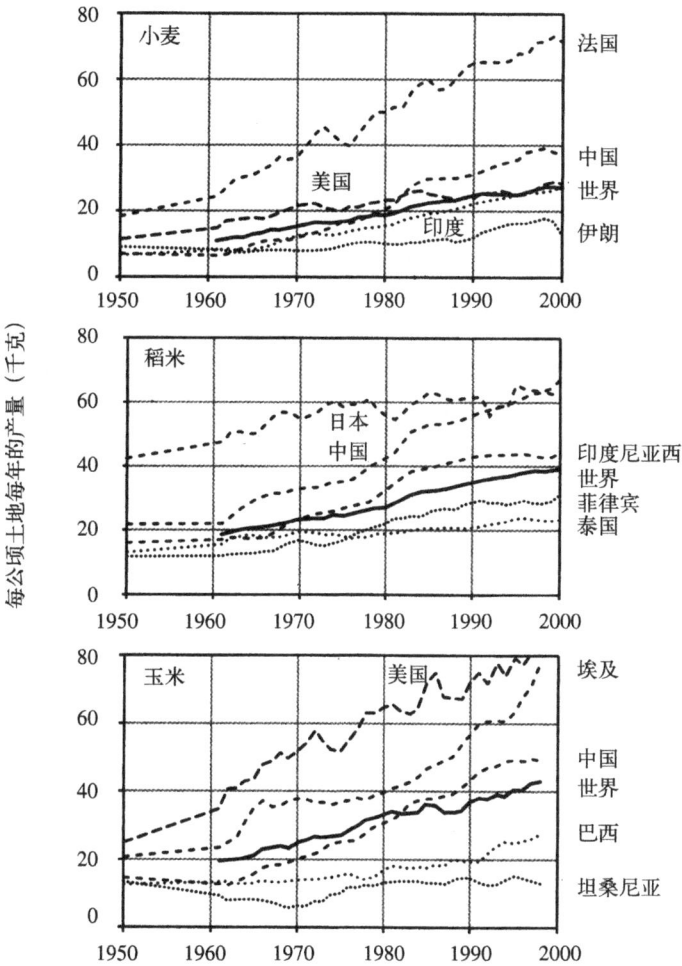

图 3-3 谷物产量

注：小麦、稻米和玉米的产量在已完成工业化的国家里产量较高。在一些正经历工业化的国家里，例如中国、埃及和印度尼西亚，产量正迅速上升。在其他一些工业化程度较低的国家，产量依然很低，有很大的提高空间。（为了平滑每年的气候变化，这些图中的产量已经以三年为基准加以平均。）

资料来源：联合国粮农组织（FAO）。

⊖ Sara J.Scherr, "Soil Degradation:A Threat to Developing-Country Food Security by 2020?" *IFPRI Discussion Paper 27* (Washington, DC: IFPRI, February 1999), 45.

最显著的极限是土地。[一]地球上潜在宜耕地的数量估计为 20 亿~40 亿公顷（50 亿~100 亿英亩），这取决于可耕种的定义。大约有 15 亿公顷的土地实际上一直都在种植，这一数字已经有三十多年几乎没有变化了。粮食产量的增长几乎完全来自于产出的增长，而不是来自于土地的净扩张。不过这并不意味着可耕作土地的区域是可持续的。新的农业用地正源源不断地被带入到生产中，而曾经富有生产力的土地正因侵蚀、盐碱化、城市化和沙漠化而丧失。由于最好的土地通常是最早开发的，因此先前的主要土地正在衰减，而更多的边际土地正被带入到生产之中。[二]

联合国环境规划署在 1986 年进行了估计，认为在过去的 1 000 年里，人们已经把大约 20 亿公顷的富饶农业用地转变成了垃圾场。[三]这一数字比现今耕种的土地总数还要多。大约有 1 亿公顷的灌溉土地因为盐碱化已经流失，另外 1.1 亿正经历着生产力的退化。腐殖质损失率正在加速，从工业化革命之前的每年 2 500 万吨到过去几个世纪的每年 3 亿吨，再到过去 50 年的每年 7.6 亿吨。[四]这种腐殖质的丧失不仅侵蚀了土壤肥力并且也增加了大气中二氧化碳的累积量。

第一个基于比较研究的全球土壤流失评估报告由数百位区域专家们完成并于 1994 年发表。该报告得出结论认为，现今使用的农业土地的 38%（5.62 亿公顷）已经退化（加上 21% 的永久牧场和 18% 的林地）。[五]退化的程度有轻有重。

[一]　源自于海洋的食物比源自于陆地上食物更加有限，对它的使用更是超越了可持续的极限。对于非土地食物，包括水产业、大桶培植等，它们作为主要食物来源的可能性很小，因为它们需要能源和资金，并且产生污染。并非根植于土壤并且主要靠太阳光的光合作用的食物只会比现在的食物体系更不可持续。转基因食品，至少在目前看来，它们主要是在发展抗虫性和抗除草剂性，以降低成本，而不是提高产量。

[二]　关于全球土地流失情况的优秀总结，见 Scherr, "Soil Degradation"。

[三]　United Nations Environment Program, "Farming Systems Principles for Improved Food Production and the Control of Soil Degradation in the Arid, Semi-Arid, and Humid Tropics," proceedings of an expert meeting cosponsored by the International Crops Research Institute for the Semi-Arid Tropics, Hyderabad, India, 1986.

[四]　B.G.Rosanov, V.Targulian, and D.S. Orlov, "Soils," *in The Earth as Transformed by Human Action: Global and Regional Changes in the Biosphere Over the Past 30 Years*, edited by B.L.Turner et al. (Cambridge: Cambridge University Press, 1990).See also Brown, Economy, 62-68.

[五]　L.R.Oldeman, "The Global Extent of Soil Degradation," *in Soil Resilience and Sustainable Land Use*, edited by D.J.Greenland and T. Szaboles(Wallingford, UK:Commonwealth Agricultural Bureau International, 1994).

我们无法获得有关将农业用地转变成公路和住宅用地的全球性数据，不过这种损失一定是相当可观的。据估计，雅加达市正以每年 20 000 公顷的速度不断地向耕地扩张。由于城市的发展，越南每年丧失 20 000 公顷的水稻田。泰国在 1989~1994 年已经将 34 000 公顷的农业用地转变成为高尔夫球场。1978~1992 年，中国损失了 650 万公顷宜耕地用于发展经济，不过在同期也把 380 万公顷的森林和牧场转成耕地。美国每年大约有 170 000 公顷的农地被用于铺路。⊖

由于这种发展，两种可再生资源正在退化。第一种是耕地土壤的质量（深度、腐殖质、肥沃程度）。在很长一段时间里这种损失在粮食产出方面也许是不明显的，因为土壤营养可以由化肥的营养来代替。⊖化肥可以掩盖土壤滥用的特征，但并不能永远如此。它们本身是农业系统的一种不可持续投入，带来土壤肥力特征的滞后，这是一种可能导致过度使用的结构特征。

第二种不可持续的使用源是土地本身。如果数以百万公顷计的土地正在退化和放弃而耕种面积大致保持稳定的话，那就意味着潜在宜耕地（大多数是林地，这一点我们在本章后面部分将会看到）面积正日渐缩减，而没有生产力的荒地面积正日益扩张。维持人类群体的粮食流正通过不断地移向新增土地的方式来加以生产，而留在后面的则是枯竭、盐碱化、被侵蚀或是被铺路的土壤。显然这种做法不可能一直持续下去。

如果人口日益以指数型增长而耕种土地面积则保持已经形成的大致面积的话，则人均耕地面积就会日益减少。事实上，这一数字已经从 1950 年的人均 0.6 公顷降低到 2000 年的人均 0.25 公顷。以较少的人均土地去养活日益增加的人群之所以可能，是因为土地产出在不断提高。1960 年平均每公顷土地稻米的产量为 2 吨，1995 年为 3.6 吨，而最高产量（在实验田中）是 10 吨。在美国，玉米产量持续提高，从 1967 年的平均每公顷 5 吨上升到 1997 年的 8 吨多，最好年份里最优秀农民的产量达到 20 吨。

⊖ 此段的数据来自于 Gary Gardner, "Shrinking Fields:Cropland Loss in a World of Eight Billion," *Worldwatch Paper 131* (Washington, DC: Worldwatch Institute, 1996)。

⊖ 世界资源研究所，《世界资源 1998-99》。估计 1945 ~ 1990 年的土地恶化导致粮食比如果没有恶化情况的发生减产了 17%。

这些数据对于未来土地稀缺的农业潜能有何意义？图 3-4 给出了在未来一个世纪里的数个土地模拟场景。该图说明了总耕种地、人口增长、平均产量和饮食标准之间的相互作用。

阴影区域表明可耕地总量从现有的 15 亿公顷到理论上限 40 亿公顷。在阴影区域顶端的土地将远不如底端土地那么富有生产力。当然总耕种土地数量将会下降，但在图 3-4 我们假设再没有土地的流失。在每个情形中我们都进一步假设全球人口将以联合国的中值预测增长。

显然，产量的增加将会变得越来越慢并且成本越来越高昂。一些美国农业专家在 1999 年的时候已经在担忧"产量高地"了。⊖土壤侵蚀、气候变化、昂贵的燃料、日益降低的地下水位和其他一些力量也会降低现有的产量水平，不过我们在图 3-4 中假设产量在 21 世纪保持稳定或是翻倍。

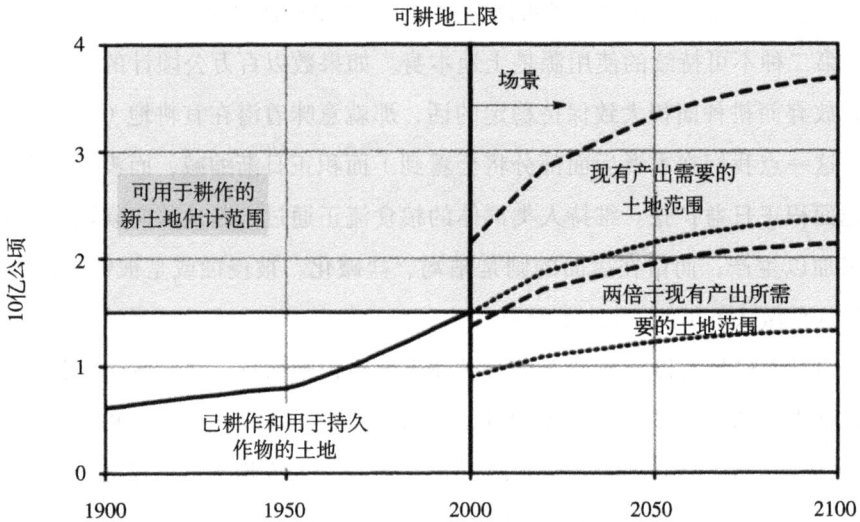

图 3-4   可能的农业用地展望

注：在 21 世纪可耕地有可能保持在 15 亿～40 亿公顷之间，标示于以上阴影区域。这里假设人口的增长遵循联合国的中值预测增长。2000 年之后的模拟场景给出了，以 2000 年典型西欧国家的营养水平作为全球平均营养水平，分别按现有的每公顷土地产量和现有产量的两倍计算，生产人类所需粮食所需要的土地数量。

资料来源：联合国；美国联邦储备委员会（FRB）；联合国粮农组织（FAO）；G. M. Higgins 等。

⊖   Cassman, Ruttan, and Loomis 的引言来自于 Charles C.Mann, "Crop Scientists Seek a New Revolution." *Science* 283 (January 15, 1999): 310。

这是一种令人惊讶的模式。总体而言是稳步提高，然而在顶端（最佳中的最佳部分）没有迹象表明在过去的 25 年间玉米的产量有任何变化。玉米的年平均产量以每公顷土地每年增加 90 公斤的速率增长，不过在玉米种植研究上的投资却是翻了四番。当每向前一步都变得越来越难时，那就是收益递减的征兆。

———肯尼斯·卡思曼（Kenneth S. Cassman），1999

我无法告诉自己一个令人信服的故事，即下个世纪后半期粮食产量的增长将来自何处。

———弗农·拉坦（Vernon Ruttan），1999

稻米的最高产量在过去的 30 年中一直没有变化。我们正在努力提高单位生物量，然而对此并没有一个简单的答案。

———罗伯特·卢米斯（Robert S. Loomis），1999

假设现有的产量水平可以维持，A 线预测了以西欧 2000 年的平均水准来供养人口所需要的土地公顷数量。B 线显示了 21 世纪世界人口维持现有这种的不充足的饮食所需要的土地。假设产量翻倍，C 线预测了以西欧 2000 年的平均水准来供养人口所需要的土地公顷数量。D 线显示了 21 世纪世界人口维持现有这种不充足的饮食所需要的土地。

从图 3-4 中可以看到，指数人口增长如何迅速地把世界从土地充裕状态带入土地稀缺状态。

不过图 3-4 也表明可能存在多少适应性的反应，这取决于资源基础、技术的弹性和人类的社会灵活性。如果再没有更多的土地流失，如果产量能够在世界范围内翻倍，如果退化的土地能够恢复，那么现有 60 亿人口中的每一位都将有足够的粮食，而且可以在 21 世纪中叶以前维持几乎 90 亿人口。然而如果侵蚀扩大，如果灌溉率不能够维持，如果开发或是恢复土地被证实成本太高，如果产量的另一个全球平均翻倍太困难或是存在环境障碍，如果人口增长并不是按联合国预测那样渐退，则粮食就会变得严重短缺，不仅仅是局部，而是全球性，并且是迅速地变化。这种稀缺可能看起来很意外，然而它只不过是指数趋势的延续。

农业资源基础的不可持续使用是许多因素的结果，包括了贫困和绝望、人类居所的扩展、过度放牧和过度开垦、无知、关注短期生产的经济报酬而不是长期管理，以及管理者对于生态学，特别是对于土壤生态系统的无知。

除了土壤与土地，粮食生产还有其他一些极限，这其中包括水（这个我们很快就会谈及）、能源、农业化学物质的源与汇。⊖在世界的一些地方，这些极限中的一些早已经被突破。土壤正在被侵蚀，灌溉正降低水位，农业用地的流失正在污染地表水和地下水。例如，全世界水体中有 61 个大的死水区——在这些区域里由于化肥污染和土壤侵蚀而导致营养流失，实际上已经杀死了所有的水生生物。其中有一些发生于全年，另一些只发生在夏季，春季上游农地的化肥残留由于土壤流失而被冲入下游水体。密西西比河的死水区覆盖了 21 000 平方公里（8 000 平方英里），相当于马萨诸塞州的面积。⊜受到如此巨大规模生态破坏的农业耕作是不可持续的，也是不必要的。

在许多地区土壤并没有被侵蚀，土地并未被弃荒，农业化学也没有污染土地和水域。保持和加强土壤的耕作方法——例如梯田耕种、等高耕作法、堆肥法、遮盖耕作法、多样化养殖法、轮休耕作法已经广为人知并使用了数个世纪。其他方法特别适用于热带地区，例如农林带状间作系统、农林业耕种法，这些正在试验站和农场里进行试验。⊜在所有类型的农场里，无论在温带还是热带地区，无需合成肥料和杀虫剂的广泛应用，高产出仍然可以可持续地获得。

请注意，前面一句说的是高产出。广为人知的一个事实是，"有机"农民们并不需要原始的农业方法或者说退回到 100 年以前的低效率农业方法。他们中的大多数使用了高产出的品种、节约劳动的机器以及施肥和虫害控制的复杂生态学方法。他们的产出趋于和使用化学物品的同行们的产出相等；他们的利润趋于更高。⊛如果致力于化学投入和基因改良的研究力量中的一小部分转向于

⊖　关于所有的因素和它们对将来的农业可能产生的影响的杰出综述，见 Rosamond
　　Naylor, "Energy and Resource Constraints on Intensive Agricultural Production," *Annual*
　　Reviews of Energy and Environment 21 (1996): 99-123.

⊜　Janet McConnaughey, "Scientists Seek Ways to Bring Marine Life Back to World 's 'Dead
　　Zones,'" *Los Angeles Times*, August 8, 1999.

⊜　例见 Michael J.Dover and Lee M. Talbot, *To Feed the Earth: Agro-Ecology for Sustainable*
　　Development (Washington, DC:WRI ,1987).

⊛　关于"有机""低投入"和"生态"农业的专著非常多，想要知道世界范围的事例，可访
　　问有机农业运动国际联合会的网站：www.ifoam.org/。

有机生产方法的话，那么有机耕作将会变得更加有效率。

与传统的、高度密集的农业方法相比，"有机"农业方法能够提高土壤肥力并减少残留对环境的影响。这些方法可以生产出与传统方法相同的作物产量。[一]

可持续的耕作不仅是可行的，而且在一些地区已经在实践。世界各地成百万规模的农民利用了生态农业技术，他们发现随着土壤退化的逆转，产量在持续提高。消费者，至少是富裕地区的消费者，越来越强烈地需要这种方法获得的食物，他们愿意为此多支付价钱。在美国和欧洲，有机食物市场在整个 20 世纪 90 年代都以每年 20~30 个百分点增长。到 1998 年，有机食物和有机饮料在世界主要市场销售额总计达到 130 亿美元。[二]

为什么我们没有提及基因改良作物的前景？因为有关这项技术的评估还没有形成——事实上有关这项技术的评估存在极大的争议。基因工程对于养活整个世界是否是必需的或者这种方式是否是可持续的，这一点还不清楚。人们并不是因为食物少而饥饿，人们之所以饥饿是因为他们无力购买食物。生产出更多高成本的食物对他们而言并没有什么帮助。此外，尽管基因工程可能会提高产量，但是依然有许多其他未认识到的机会去提高产量，而无需基因干预。基因干预既是高技术（因此对于普通农民而言难以获得），生态上也是冒进的。生物技术作物的冒进已经产生了生态的、农业的和消费者的问题。[三]

按现有的粮食产量，每一个人都可以获得足够的营养。可以生产出更多的食物，也可以以更小的污染代价、以更少的土地、使用更少的能源来生产这些食物——这使得数百万公顷的土地可以恢复到自然状态或是用于纤维、草料和能源的生产。这些原本可以按充分报答农民们养育世界的方式来进行。然而迄今为止实现这些结果的政治意愿还相当缺乏。今天的现实是，在世界的许多地方，土壤、土地和食物的营养源正在缩减，农业经济与农业社区也在缩减。在

[一] David Tilman, " The Greening of the Green Revolution," *Nature* 396 (November 19, 1998): 211; see also L.E.Drinkwater, P. Wagoner, and M.Sarrantonio, " Legume-Based Cropping Systems Have Reduced Carbon and Nitrogen Losses," *Nature* 396 (November 19, 1998):262.

[二] *FoodReview* No.24-1.(Washington, DC: Food and Rural Economics Division, US Department of Agriculture, July 2001)

[三] 参见 D.H.Meadows, " Poor Monsanto," in Whole *Earth Review*, Summer 1999, 104。

这些地方，以现有的方法，农业生产已经突破了许多种极限。除非有迅速的变化（完全可靠的变化）否则人类群体将不得不以更少数量的农民在日益缩减的农业资源基础上工作来养活自身。

水

在许多国家，无论是发展中国家还是发达国家，现有的水资源利用方式常常是不可持续的……世界面临着一系列日益严峻的当地和区域水资源数量与质量问题……水资源的约束和水质的退化正在日益削弱人类社会赖以建立的资源基础。

——联合国淡水资源综合评估委员会，1997

淡水并不是一种全球资源。它是一种区域资源，只在特殊的流域范围内可以获得，因此极限就有了许多种不同的形式。在一些流域里，极限是季节性的，依赖于旱季存水的能力。在其他一些地方，极限是由地下水的恢复率、雪水融化率或者森林土壤的存水能力决定的。由于水并不仅仅是一种源也是一种汇，它的利用也可能受上游或地下水层污染程度的限制。

水的天然区域性质并不妨碍人们对其做出全球性的声明——越来越反映出深谋远虑的声明。水是最不可能替代的和最基本的资源。它的极限约束了其他一些东西的产量——食物、矿产和林产品等，这些反过来又会进一步约束水的数量和质量。在世界越来越多的流域里，极限已经毫无争议地被突破了。在一些最贫困和最富裕的经济体里，由于环境影响、经济成本或是稀缺性等原因，人均水抽取量已经在下降。

图 3-5 只是说明性的，因为它是许多区域性流域的一个全球概览。然而，我们可以对每一个区域描绘出类似的图形，依据同样的一般特征——极限，大量能够拓展或是缩减极限的因素，以及正在逼近（在一些地方超越）极限。

图形的顶端是人类水资源利用的物理上限，即世界河流的年总径流量（包括了所有地下蓄水层的储量）。人类经济中所使用的几乎所有淡水投入都源自这种可再生资源。这是一个巨大的水体总量：每年 40 700 立方千米，足以每四个月灌满五个北美洲的大湖流域。事实上目前人类提取水的数量只是这一总量的

1/10：每年 4 430 立方千米。这看起来离极限还很遥远。[○]

　　然而实际上，并不是所有的淡水径流都可以利用。其中的大多数都是季节性的。每年多达 29 000 立方千米在洪流中流入海洋。那也就剩下了 11 000 立方千米的淡水可以算作全年的资源，即河床径流和地下径流的总和。

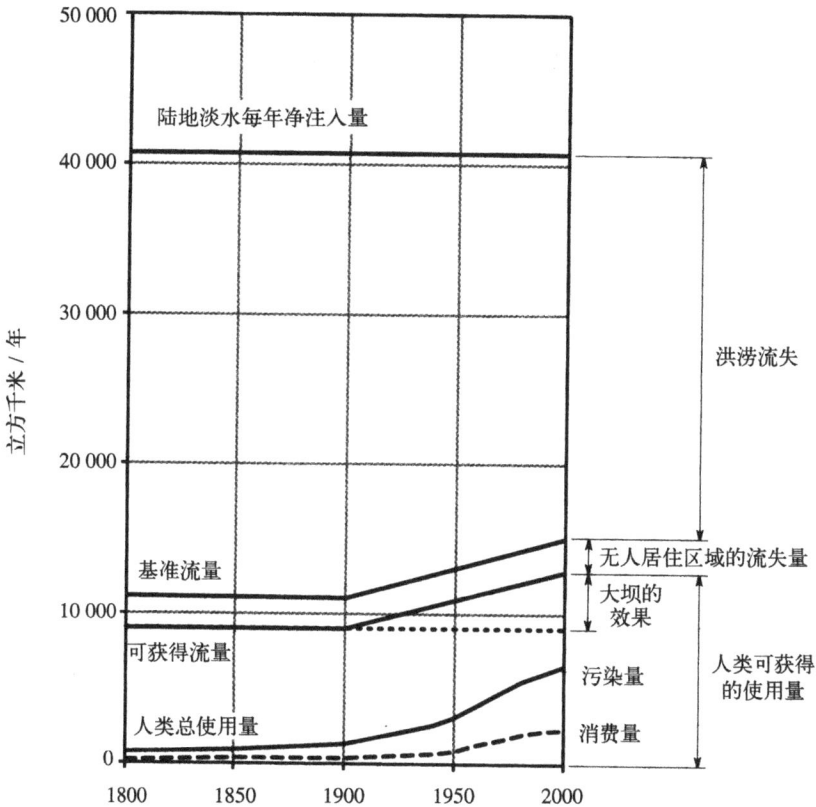

图 3-5　淡水资源

注：全球淡水供给与使用图示表明了可获得的水资源总量在消费与污染的方面如何迅速地增
　　长以及基础大坝建设如何稳定供给。
资料来源：P. Glick; S. L. Postel et al.; D. J. Bogue; UN.

　　图 3-5 表明，人类通过修建大坝以拦截洪水正在提高径流极限。到 20 世纪末，大坝已经以约每年 3 500 立方千米的速度提升了可用径流。[○]（当然，大坝

[○]　Sandra Postel,Gretchen C.Daily,and Paul R. Ehrlich, "Human Appropriation of Renewable
　　Fresh Water," *Science* 271 (February 9 1996):785-788. 图 3-5 的数字均来自于此出版物。
[○]　人造水库的总储水量大概是 5 500 立方千米，但是仅有一半多一点的水是可持续发展的水流。

沼泽地经常是主要的农业用地。而且它们能够发电。它们也增加了来自河床的蒸发，减少了净流失并改变了河滨生态系统和水生态系统。迟早它们会淤塞，变得无效率，因此它们并不是一种可持续流的源；在来自极限的反馈中，它们也产生了另一种非常长期的滞后——许多正面和负面效应。）

除了大坝外，还有其他一些方式用以提高水的极限，例如海水的脱盐化或长距离的水运输。这些变化对于某些地区而言是非常重要的，不过它们却是能源密集型的并且成本高昂。到目前为止，它们的总量太小以至于还无法在全球规模的图示上有所表现。⊖

并非所有的持续径流都发生在人类居住的地方。亚马逊流域占全球径流的15%，然而那里只居住着全球人口的 0.4%。北美大陆和欧亚大陆最北边的河流每年径流 1 800 立方千米，然而这些地方很少有人居住。不容易为人类获取的稳定径流加总起来每年大约有 2 100 立方千米。

11 000 立方千米的可持续水流，加上大坝增加的 2 500 立方千米，减去 2 100 立方千米不可获得的，每年就剩下 12 400 立方千米可获得的可持续水流。这也就是可以预见的人类可获取和利用的可再生淡水供给的上限。⊖

人类对水的消费性提取（抽取的水不再返回到河流，或是地下水蒸发，或是已经融入作物或产品之中）加起来每年有 2 290 立方千米。另外的 4 490 立方千米主要用于稀释和排放污染。这两类影响加总起来每年有 6 780 立方千米，刚好超过总可持续淡水径流量的一半。

这是不是意味着还有余地来使水的利用量翻倍？有可能会有另一个翻倍吗？

如果人均需求根本没有变化，而人口正如联合国目前预测的那样在 2050

⊖ 1996 年全球从咸水中提取淡水的能力是每年 6.5 立方千米，仅相当于人类用水量的 0.1%。从咸水中提取淡水非常耗资本也非常耗能源。提取能力占前十名的国家有七名位于海湾地区，那里淡水稀缺，而不可再生的石油天然气资源很廉价。Peter H. Gleick, *The World's Water 1998-99* (Washington, DC: Island Press, 1999), 30.

⊖ 极限可以也可能由于更多水库的修建而提高，但是大量的适合建大型水库的地方已经被开发出来了。现在反对修建水库的呼声也很高，因为它影响农田、人类的居住地和野生动物。参见世界大坝委员会的最终报告 *Dams and Development:A New Framework for Decision-Making* (London: Earthscan, 2000)（www.dams.org）

年增长至 90 亿，那么人类每年将会提取 10 200 立方千米的水，是全球可持续
淡水径流量的 82%。如果不仅仅人口增长，而且人均需求也增加的话，那么在
2100 年到来以前就会存在严重的全球淡水极限。纵观整个 20 世纪，淡水的提
取量增加的速度是人口增长速度的两倍。⊖不过随着稀缺性的日益加强，很有
可能人均消费将会稳定甚至下降。提取曲线目前已经开始显著减缓，在一些地
方甚至出现下降。世界范围内水的利用只是 30 年前基于外推指数曲线预测量的
一半。⊜

　　整个 20 世纪里，美国对于水的提取大约每隔 20 年就要翻倍，这一提取量
在 1980 年达到顶峰，从那以后降低了 10% 左右（见图 3-6）。这一下降的原因
是多方面的，所有原因都与这一问题相关，即当经济开始面临水资源极限的时
候会发生什么。工业用水下降了 40%，部分是由于重工业转向世界其他地区；
也因为对于水质的管制，它使得排放在经济上有吸引力或者法律上符合要求
（或者两者都如此）之前对于水的利用、循环和处理都更有效率。灌溉用水的下
降部分是由于效率的提高，也因为城市的拓展把水从农民那里把水抽走了（因
此也把土地从粮食生产中抽走了）。市政用水在增加，但仅仅随着人口的增长而
增加。人均消费在下降，特别是在该国的干旱地区，在这些地方，水价的提升
鼓励了更多节水装置的使用。⊝

　　美国人均用水量可能已经下降，然而它依然是在一个很高的水平，每年人
均 1 500 立方米。发展中国家的居民平均只用这一数量的 1/3；撒哈拉南部非洲
地区，这一数字仅为其 1/10。⊗ 10 亿人口依然难以获得安全的饮用水。人类群
体的半数没有基本的卫生设施。⊕他们对水的需求自然会而且也应该上升。不
幸的是，他们居住在世界最缺水的一些地方。

───────────────

　　⊖　世界资源研究所，《世界资源 1998-99》，第 188 页。

　　⊜　Gleick, Water, 第 14 页。

　　⊝　Gleick, Water, 第 1~2 页。

　　⊗　United Nations Development Program, *Human Development Report 1998* (New York: Oxford
　　　　University Press,1998), 210.

　　⊕　Gleick, Water, 第 2 页。

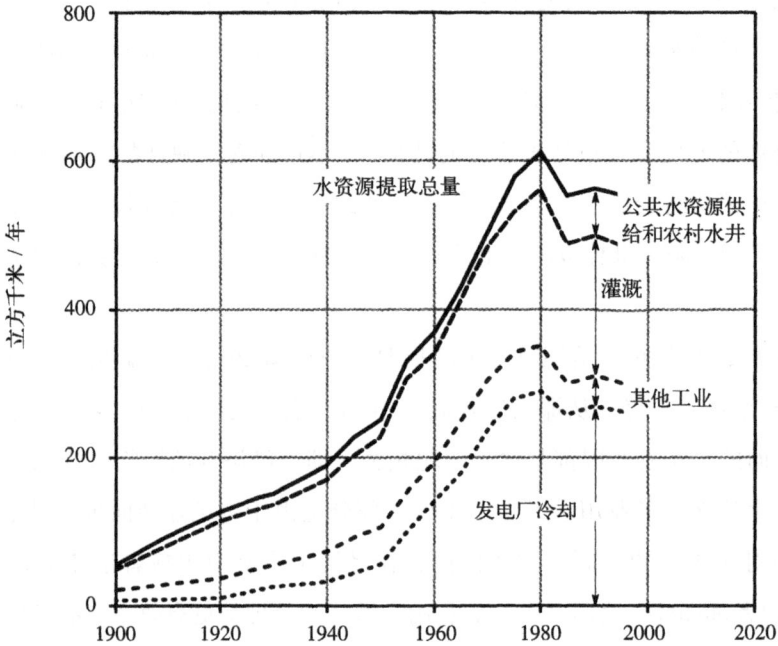

图 3-6   美国水资源利用

注：在美国，水的提取从 20 世纪初到 80 年代平均以每年 3% 的速度在增长。自那以后，水
    的提取略有下降并逐渐稳定。

资料来源：P. Gleick.

　　大约 1/3 的世界人口都居住在正经历中等至高强度水资源压力的国家，这
种压力部分地源于日益增长的人口和人类活动的日渐增长的需求。到 2025
年，多达 2/3 的世界人口都将生活在水资源的压力之下。水的短缺和污染正在
导致广泛的公共健康问题，限制了经济和农业的发展，破坏了范围广阔的生
态系统。它们可能使全球粮食供给处于危险境地，在世界的许多地区导致经
济的停滞不前。⊖

　　科罗拉多河、尼罗河、刚果河、印度河、湄南河、锡尔河和阿姆河由于灌
溉取水和城市用水而变更流向，以至于它们的河道在一年的部分时间甚至全年
都是干枯的。在印度的农业省旁遮普和哈里亚那，储水层正以每年半米的速度

　　⊖   UN Comprehensive Assessment of the Freshwater Resources of the World, 1997.

下降。灌溉区域占美国灌溉土地 1/5 的奥加拉拉地下蓄水层每年过度抽取 12 立方千米。这种消耗到目前为止已经导致 100 万公顷农用土地无法再继续灌溉。加利福尼亚州的中央峡谷种植着美国一半的水果和蔬菜，平均每年过度提取地下水源约 1 立方千米。整个北部非洲和中东地区，水正从沙漠储水层中提取，但它们却没有或者鲜有机会得到恢复。⊖

以比恢复储量更快的速率去提取地下水是不可持续的。依赖于提取水源的人类活动或者将降低至恢复率能够持续的水平，或者由于过度抽取破坏了储水层导致海水倒灌或是地层塌陷，则所有的活动都将停止。起初，对于水资源短缺的反应主要都是局部的。然而随着它们对越来越多的国家构成威胁，其后果就可以在国际范围内感受到。这种局面的第一个征兆可能是水价比谷物价格还高。

地下水的过度抽取正在加速。不可持续的地下水利用发生于南极洲以外的每个大洲。

——彼得·格雷克（Peter Gleick），《世界水问题》，1998~1999

水资源稀缺的国家经常通过改变灌溉水的用途来满足城市和工业日益增长的用水需求，并通过进口谷物的方式来弥补因此而导致的耕作损失。由于 1 吨谷物相当于 1 000 吨水，进口谷物就成了最有效的进口水的方式……尽管因水而引起的军事冲突总是可能的，未来对于水的竞争似乎更有可能发生于世界谷物市场……伊朗和埃及……现在进口的小麦比传统上世界最大的小麦进口国日本的进口量还多。在这两个国家中，进口供给占谷物总消费量的 40% 或者更多。无数其他缺水国家也进口大量的谷物。摩洛哥进口谷物数量约占其总量的一半。对阿尔及利亚和沙特阿拉伯而言，这一数字超过了 70%。也门进口谷物数量几乎占到其总量的 80%，而以色列则超过 90%……⊜

⊖　这些例子和其他一些例子可见 Sandra Postel. *Pillar of Sand: Can the Irrigation Miracle Last?* (New York:W.W.Norton, 1999)。

⊜　Lester R.Brown, "Water Deficits Growing in Many Countries," *Eco-Economy Update* (Washington, DC:Earth Policy Institute, August 6, 2002), 2-3.

一个国家突破用水极限的后果取决于该国是富裕还是贫困，它的邻国是否有富裕的水资源以及它与邻国的关系如何。富裕的国家可以进口谷物。富裕国家和有意愿的邻国，例如加利福尼亚南部，可以修建运河、管道和水泵来进口水。（尽管在这种情形下一些邻国正开始要回其水资源。）拥有大量石油储备的富裕国家，例如沙特阿拉伯，可以用矿物能源来淡化海水（当矿物燃料能持续时。）两者都不具备的富裕国家，例如以色列，可以凭借独创的技术来使每一滴水都实现最大效率的使用并将其经济转向对水需求最少的活动。一些国家可以利用军事力量来征用其邻国的水资源或是确保对于这些水资源的使用。不具备任何一种优势的国家必须推行严格的配给和管制方案，或者是经历饥荒和／或针对水资源的国际冲突。⊖

和粮食一样，有许多种方式来提高水资源的可持续性，不是通过生产更多，而是通过更有效率地更少使用水来实现。以下给出各种可能性的简单罗列，包括：⊜

- 把水质与用途关联起来。例如，冲刷马桶或浇灌草地使用来自排水管的废水，而不是使用饮用水。

- 采用滴流灌溉技术，这可以减少用水30%~70%，同时提高产量20%~90%。

- 安装低流速的水龙头、抽水马桶和洗衣机。美国居民平均每人每天使用0.3立方米的水，如果使用有效率的用水器具的话，可以削减至一半——而这些既是可以获得的也是能够支付的。

- 补漏。令人感到震惊的是，许多市政水管理部门花钱来增加水的供给，然而只需成本的一小部分，他们通过补漏就可以获得同样数量的水。美国城市因泄漏而损失的水平均约占其管道运水量的1/4。

- 种植适宜气候的绿植，例如不要在沙漠里种植紫苜蓿或玉米，采用无需浇

⊖　一些案例分析见 Malin Falkenmark, "Fresh Waters as a Factor in Strategic Policy and Action," in *Global Resources and International Conflict*, edited by Arthur H.Westing (Oxford: Oxford University Press, 1986)。

⊜　下面的事例和数据来自于 Postel, *Pillar*, 以及 Paul Hawken,Amory Lovins,and Hunter Lovins, *Natural Capital* (New York:Little, Brown,1999), chapter 11。

灌的本地植物来绿化环境。

- 循环用水。一些行业，特别是在缺水的加利福尼亚的一些行业，已经作为先驱，采用了有效率的、有效益的回收、净化和再使用水技术。
- 在城市区域收集雨水。蓄水池或从屋檐中收集雨水的系统可以存储和利用多达相当于一个主要大坝径流水量的水，而且是以一个极低的成本来实现。

将这些经验付诸实践的多种最佳方式中的一种就是停止对水的补贴。如果水价开始包含或部分包含运送这些水全部金融、社会和环境的成本，则更加明智的用水就会自动实现。在丹佛和纽约，人们都会发现，只需监测用水，水费的收取随着使用量的上升而增加，这样就可以将居民用水减少 30%~40%。

接着是气候变化（下面会有更多信息）。如果人类任其发展下去，那么它将改变水循环、洋流、降雨和径流模式、大坝和灌溉系统的功率，以及地球上任何地方其他形式的水的存储与传输形式。没有气候的可持续性，水资源的可持续性也是不可能的，而前者意味着能源的可持续性。人类正在面临一个巨大而相互联系的系统。

森林

林地的大规模损失已经成为一个明显的全球趋势……当前的趋势是朝着加速化发展，林地的损失、剩余原始森林的损失以及剩余森林群落内在质量的逐渐缩减……大多数剩余森林正在逐渐枯竭，所有森林都面临威胁。

——世界森林与可持续发展委员会，1999

森林本身就是资源，除了经济价值外，还有着许多重要的功能。森林调节气候、控制洪流以及存储水源以防干旱。它们缓冲了降雨的侵蚀作用，将土壤固定在斜坡上，使河流和海岸、灌溉通道和大坝水库免于淤积。它们成了许多生命物种的栖居场所。仅热带雨林而言，它们只覆盖了地球表面 7% 的面积，但人们相信它至少是 50% 的地球物种的家园。这些物种中的许多，从藤蔓植物到蘑菇再到药物、染料和食物的来源，都具有商业价值，如果离开了形成它们栖居所的掩体林木，它们就无法存活。

森林吸入并储存大量的碳，这有助于平衡大气中二氧化碳的存量，从而改善了温室效应和全球变暖效应。最后，但远不是最不重要的一点就是，未受破坏的森林是美丽的、令人向往的地方，可用于娱乐和人类灵魂的重建。

在人类农业社会到来之前，地球上曾经有 60 亿 ~70 亿公顷的森林。现在，如果我们将 2 亿公顷的种植森林也包括进来的话，只剩下了 39 亿公顷。世界自然森林损失的一半以上发生于 1950 年以来。1990~2000 年，自然森林的面积缩减了 1.6 亿公顷，约 4%。⊖大多数森林损失发生于热带；温带森林的破坏发生于远在 1990 年以前的欧洲和北美工业化时期。

森林的损失是不可持续性的一个明显标志——一种可再生资源存量正在缩减。不过经常发生的情形是，在明显的全球趋势下存在着复杂的地区差异。

我们需要区分森林资源的两种尺度——面积和质量。在未被破坏的树木年龄在数百年以上的森林，与重新萌芽并且明显在 50 年内不可能具备经济价值的林木而且有可能再不会有原始森林那样的生态多样性的森林这两者之间存在巨大的差异。不过，许多国家有关森林的数据并没有对两者加以区分。

森林质量远比森林面积更难衡量。最没有争议的质量数据实际上是与面积相关的。它们是有关从未被砍伐的森林（称为原始森林、原野森林或者天然老龄林）的剩余面积的数据。毫无疑问的是，这些有价值的森林正在被迅速地转化成低价值的森林。

只有 1/5（约 13 亿公顷）的地球原始森林面积依然保持着广阔区域相对未被破坏的自然森林状态。⊜这其中的一半是位于俄罗斯、加拿大和阿拉斯加北部的森林，剩余的大多数是位于亚马逊流域的热带雨林。大面积的森林受到来自木材需求、开矿、农业开垦和其他人类活动的威胁。只有大约 3 亿公顷的森林得到正式保护（其中的这类保护只是字面保障；在这些森林中的许多区域，木材和 / 或野生动物被系统性地偷窃）。

⊖ 关于世界森林的研究，不同的作者应用了非常不同的数据。这是因为，一方面存在各种由什么来构成森林的定义，另一方面，数据的提供者世界粮农组织（FAO）在它的 2000 年评估报告中改变了定义。在这部分，我们采用了 FAO 的新数据，取自于森林资源评估委员会（www.fao.org/forestry/index.jsp）。

⊜ Dirk Bryant, Daniel Nielsen, and Laura Tangley, *The Last Frontier Forests: Ecosystems and Economies on the Edge* (Washington, DC: WRI, 1997), 1, 9, 12.

美国（不包括阿拉斯加）已经丧失了其 95% 的原始森林覆盖。欧洲已经基本上没有留下原始森林（参见图 3-7）。被砍伐但重新生长（次生）温带森林的面积正在逐渐增加，不过许多已经在土壤营养、物种构成、林木大小、木材质量和生长速度等方面逐渐下降，它们并没有得到可持续的管理。

不到一半的剩余天然森林位于温带（16 亿公顷）；其余的部分位于热带（21 亿公顷）。1990~2000 年，温带的天然森林缓慢减少，大约 900 万公顷，相当于这 10 年损失森林的 0.6%。这种天然森林的半数被转化成管理密集的森林种植区域以提供纸张或是木材。此外，大约同样面积的森林得以重新种植。

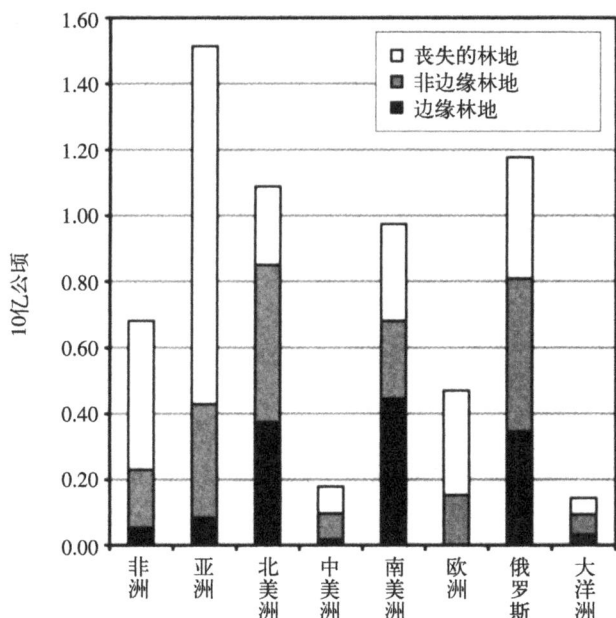

图 3-7　剩余的原野森林

注：只有一小部分原始地球森林区域在 1997 年时仍保持为原原本本的"原野"森林。
资料来源：WRI.

尽管温带森林区域基本上是稳定的，然而热带森林区域却正在急剧缩减。1990~2000 年，世界粮农组织（FAO）报告认为超过 1.5 亿公顷的世界剩余天然热带森林——相当于墨西哥国土的面积——被转化成其他用途。因此，在 20 世纪 90 年代的损失似乎每年大约 1 500 万公顷，或者说 10 年间每年损失 7%。

这是官方数据，没有人确切地知道热带森林正以多快的速度被清除。数据每年都在变化而且一直有争议。就其自身而言（即资源丧失率并不清楚这一事实）是过度开采的一个结构性原因。

对于热带森林破坏率的首次权威评估是由世界粮农组织（FAO）于1980年进行的，得出的数字是每年损失1 140万公顷。到20世纪80年代中期估计的损失率已经攀升至每年超过2 000万公顷。经过一些政策调整后，特别是在巴西，损失率到1990年已经明显下降至大约每年1 400万公顷。1999年世界粮农组织对森林年损失率进行了新的评估，几乎所有损失都发生在热带，这一损失率为每年1 130万公顷。此外，正如上面所指出的那样，在20世纪90年代末最终的估计是每年1 520万公顷。

这一数字只计算了把森林转成永久保留的其他形式土地使用（主要是农业用地和牧场，其次是公路和居住用地）。数据并未包括伐木林地（因为伐木林地依然被算成森林）。也没有包括林火损失，1997~1998年林火使巴西损失了200万公顷林地，印度尼西亚损失200万公顷林地，墨西哥和中美洲损失150万公顷林地（烧毁的土地依然归入森林）。如果我们加进被标为热带森林区域正在变得光秃秃的净损失率的话，总损失量每年肯定超过了1 500万公顷，接近于森林覆盖面积1%的量。

尽管数据并不确切，但我们依然可以利用大致的数字来得到天然热带森林可能命运的一种猜想，前提是如果现有系统并没有变化的话。图3-8以2 000年估计的21亿公顷热带森林总面积为基数。我们假设现有损失率为每年2 000万公顷，高于FAO的官方估计数字以考虑到林火、不可持续的砍伐和低报等因素。图形中的水平线表示如果现在10%的热带森林处于被保护状态（这大概是处在某种形式保护下的热带森林状况大致百分比⊖）的话，森林砍伐的极限。

如果清除率稳定在每年2 000万公顷的话，则未保护的原始森林将在95年内消失。这种可能性在图3-8中的直线中予以展示。它反映了导致森林破坏的

⊖　这个判断来自位于英国的联合国环境规划署的世界保持监测中心（www.unepwcmc.org/forest/world）。包括国际自然与自然资源保护联合会的保持目录 I~VI 的森林，它是一个全球平均数。在温带和北部受保护的部分大概与在热带的受保护森林比例相当。原始森林的覆盖率，也就是未受人类破坏的森林英亩数估计减少了一半。

力量在即将来临的世纪里既不加强也不削弱时的情形。

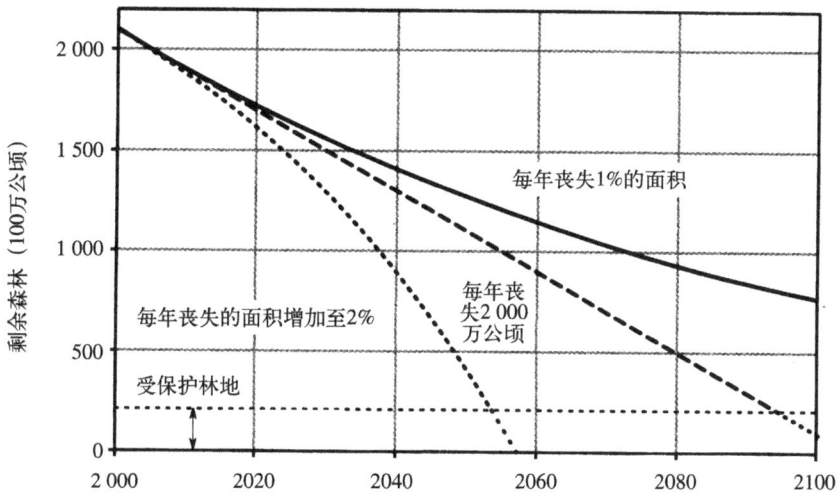

图 3-8　热带森林破坏的一些可能路径

注：热带森林未来损失的估计取决于有关人口、法律和经济趋势的假设。在本图形中展示了
　　三种场景。如果每年损失 2 000 万公顷森林，这也是 20 世纪 90 年代的典型数据，继续
　　以每年 2% 的速率增加，则未被保护的森林到 2054 年将会消失。如果损失率稳定在每年
　　2 000 万公顷的话，那么未被保护的森林到 2094 年将会消失。如果损失率是剩余未保护
　　森林的 1% 的话，那么森林将每隔 72 年缩减一半。

　　如果清除率以指数方式增长的话，例如热带国家人口增长率（大约每年
2%），那么未保护的原始森林将在大约 50 年内完全消失。这一曲线反映了一定
程度的人口增长与森林加工行业增长的综合迫使森林损失率以指数方式增长的
情形。

　　如果清除率保持在剩余森林（例如，每年 1% 的清除率）的一个固定百分
比的话，那么与上一年份相比较，砍伐就会渐渐减少，因为每年森林的数量都
在减少。如果这种情形一直持续，那么半数的热带森林面积将在 72 年以后消
失。这一曲线反映了每次砍伐都使得下次砍伐数量可能更少时的情形，也许是
因为最近的、最有价值的森林总是被首先砍伐掉。

　　实际的未来将很可能综合了所有这些可能性，随着人口和经济增长促使对
于森林产品和清除土地需求的上升，日益增加的偏僻性和质量的日渐下降将使
得木材生产越来越昂贵。与此同时，环境和政治的压力将有可能增强保护剩余

森林的压力并把林木生产转向高产出的林木种植。然而这些冲突趋势相互交织，一种结局似乎不可避免：现有主要来自于热带森林的产品流是不可持续的，这些森林是由自然来加以种植与管理的，对人类经济而言没有任何成本，它们有时间长成具有巨大尺寸和价值的林木。

　　热带的土壤、气候和生态系统非常不同于温带。热带森林具有更加丰富的物种，能够以更快的速度成长，不过却更加容易受损。假如土壤和生态系统没有严重退化的话，在经历一次彻底的清除或是焚烧之后是否能够恢复这一点并没有确切的答案。尽管在进行实验以寻找某种有选择的或是呈带状的砍伐方式以允许林木的再生，然而大多数现有的热带林木砍伐方式，特别是对于大多数有价值物种的砍伐，都是按不可再生资源来加以对待的。⊖

　　热带森林丧失的原因依国家不同而有差异。动机包括了跨国木材经营和追寻高销量的纸业公司；政府扩大出口以便偿还外债；牧场主和农民把森林转化成农业用地或放牧场；无地的人们争夺柴火或是地块以耕种粮食。这些活动的主角往往是相互配合的，政府邀请公司介入，公司开发木材，穷人沿着伐木道路寻找居住的场所。

　　无论在温带还是热带，都有一个不可持续的森林利用动力。在一个即将消失高质量木材的世界里，一棵老龄树木可以价值 1 万美元或者更多，而这又极具诱惑。公共拥有的森林资源让位于私人获利，砍伐许可证的秘密销售，错误的核算，砍伐品种、数量或区域的虚假证书，规则的马虎执行，私下交易，回扣——这些做法并不仅仅发生于热带地区。

　　委员会发现在林业部门最明显察觉到的问题——最普遍、最明目张胆但也是最少讨论的问题……就是腐败的存在。⊖

　　即使是腐败最少、最令人关注的热带国家，森林也在缩减，不过要知道以何种速率在缩减并不是一件容易的事情。在本书 1992 年的版本里，我们给出了一个小国家哥斯达黎加森林损失的地图。为了更新这一数字，我们与哥斯达黎

⊖　见 Nels Johnson and Bruce Cabarle, "Surviving the Cut : Natural Forest Management in the Humid Tropics" (Washington, DC:WRI,1993)。

⊖　WCFSD, *Our Forests*, 48.

加大学可持续发展研究中心联系过，只了解到早些年的数据必须随着更好测量技术的采用才能得到调整。

综合森林缩减的问题，主要是对于森林产品的需求正日益增加。1950~1996年，世界纸张消费增长了 6 倍。世界粮农组织的专家们预测需求将从 2.8 亿吨增加到 2010 年的 4 亿吨。⊖在美国，平均每人每年使用 330 千克的纸；在其他工业化国家，平均每人使用 160 千克的纸；在发展中国家，则只有 17 千克。尽管纸的循环正日益增长，然而对于用于纸浆的原始林木需求则以每年一两个百分点的速率持续上升。

各种用途（建筑木材、纸产品和燃料用材）对于木材的总消费正日益增加，尽管增长率日渐下降（见图 3-9）。20 世纪 90 年代增长率放慢的一个理由似乎是亚洲和俄罗斯经济的下降。因此对于圆木需求的平稳可能是一个暂时现象。如果世界每个人都消费同工业化国家今天人均消费的各种用途木材同样多数量圆木的话，那么总圆木消费量必然会翻倍。⊜

然而，也有减少木材需求的趋势，例如循环利用和更有效地利用森林产品。如果这些趋势加强，则世界就能够以源自森林生产量的一个更小比例更容易地满足木材的需求。例如：

- 纸张循环。在美国，大约一半的纸张都源于再生纸；在日本这一数字超过50%，在荷兰为 96%。世界范围内 41% 的纸张和纸条都得到循环利用。⊜如果世界能够效仿荷兰，那么纸张的循环使用率将会翻倍。
- 加工效率。现代锯木厂将它们所吸收伐木的 40%~50% 转化成适于销售的木材（剩余的转化成燃料、纸浆或是由粘在一起的木屑构成的复合木材）。缺乏效率的工厂，特别是在发展中国家，只利用了每根伐木的25%~30%。如果无效率的工厂能够更新设备，那么每砍下一棵树就可以生产出多达两倍数量的木材。⑲

⊖ FAO, Provisional Outlook for Global Forest Products Consumption,Production,and Trade to 2010 (Rome :FAO,1997).

⊜ Janet N.Abramovitz and Ashley T.Mattoon, "Reorienting the Forest Products Economy," in Brown et al., *State of the World* 1999,73.

⊜ Brown et al., *State of the World* 1999, 65.

⑲ Abramovitz and Mattoon, "Forest Products," 64.

- 燃烧效率。从森林里砍伐木材的一半以上都被装备很差并且经常效率极低的木材燃烧炉或者以敞开式燃烧的方式用于做饭、加热和小加工业（烧砖、酿酒、烤烟）。更高炉火效率或其他燃料能够以更少森林消耗、更少空气污染和更少用于收集燃料的劳动力来满足人类需求。
- 纸张使用效率。世界纸张和纸板的一半被用于包装和广告。美国居民平均每年要收到 550 封主动提供的邮件宣传品，其中的大多数未经阅读就被扔掉。尽管在电子时代，或者说正由于在电子时代，从 1965 年到 1995 年美国人均纸张消费翻了一番。邮件宣传品和过度包装可以根除；只能单面打印的激光打印机和传真机以及许多其他不经济的技术可以加以改进。
- 完全成本定价。政府对于伐木行业的直接和间接补贴应该取消，应该征收反映现存木材损失价值的伐木税，从而使林木产品的价格更加现实地反映它们的实际成本。

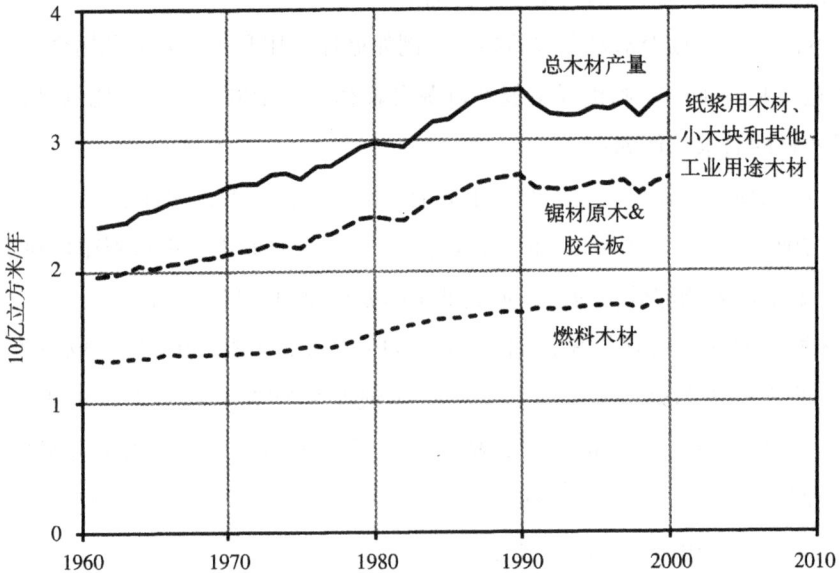

图 3-9   世界木材使用

注：木材的使用量依然在增长，尽管以一个更低的速率。大约半数从世界森林中砍伐的木材被用来作为燃料。
资料来源：世界粮农组织（FAO）。

　　工业化国家的这些技术进步很可能以至少两倍的因子将源自森林的木材生产流量降低——也可以在丢弃端降低浪费流量，同时在生活质量上几乎没有什么牺牲。

　　与此同时，源自于森林的有价值纤维能够以远小得多的破坏代价来加以生产。全部砍伐，特别是在陡坡上的全部砍伐方式能够以选择性砍伐或带状砍伐的方式来代替。沿着河流的未砍伐缓冲带将减少侵蚀，保护水生态系统免受阳光的破坏。一些枯树，无论是立着的还是倒下的，都可以留作生物的栖居地。

　　提倡"绿色认证"的运动正日益高涨，这种认证能够让消费者识别出那些精心砍伐和实行了森林管理的森林产品。到 2002 年年末，森林监管委员会已经认证了总量为 3 000 万公顷的森林为"可持续管理"。尽管很小，不过这一数字正迅速增加，表明了市场的力量——在本例中，就是消费者对于认证木材需求的力量。

　　高产出的森林种植可以扩展到已经被清除或者处于清除边缘的土地上。林木种植每公顷可以生产出令人惊诧数量的木材，为天然林缓解了伐木的压力。

　　举个例子，最高产出的热带雨林种植每公顷每年可以生产（姑且先这么说吧）出多达 100 立方米的木材。这一数字以 40 倍的因子超过了温带天然林的平均生长速率，后者每公顷每年产出 2.5 立方米木材。以一个高种植率来种植，那么只需要 3 400 万公顷（大约是马来西亚的国土面积）的林地就可以满足当今世界对于原纸浆、建筑木材和燃料木材的全部需求。如果产出率只有一半高，也就是每年每公顷产出 50 立方米的话，那么就需要 6 800 万公顷的土地来满足现今世界的需求。可持续地维持热带森林种植的巨大生产力必然需要一个更加"有机的"森林种植演化：综合或者轮种不同的物种，采用比当前使用的施肥和虫害控制方法更加自然、对环境造成破坏更少的方法。

　　许多方法可以将森林砍伐率降低至可持续的极限以下。没有一种必要的衡量是不可能的。它们中的每一种正在世界的某个地方实践着，然而却不是在作为一个整体的世界范围内。因而森林在继续缩减。

　　尽管公众对于全球森林破坏的影响的意识在近些年来已经得到增强，然而

这并没有明显地放慢森林被破坏的速度。⊖

物种与生态系统服务

生命地球指数是世界自然生态系统状态的一个指标。它……与森林、淡水和海洋物种的丰富程度相关。这一指数在1970~2000年总体下降了大约37%。

——世界自然基金会（WWF），2002

土壤、水和森林显然是人类为维持生命和经济进行生产必须依赖的源。另外一系列源，至少同等重要却远不明显，因为人类经济从未给它们以货币价值。它们是非商业化、非市场化的自然物种，它们形成了生态系统，它们提供着支撑功能，它们捕获、动员和循环所有生命必需的能源与物质。

针对这些生物源所做出的不可估量的日常贡献而出现的术语就是生态系统服务。这些服务包括：

• 净化空气与水源；

• 水的吸收与存储，减轻干旱和洪涝；

• 废物的分解、去毒和隔离；

• 土壤营养的再生，土壤结构的重建；

• 授粉；

• 虫害控制；

• 种子和养分的散布；

• 风和气温极限的调整，气候的局部稳定；

• 品种丰富的农业、医药和工业产品的提供；

• 完成以上所有任务的生物基因群与生物多样性的演进与维持；

• 得到超过30亿年时间考验的生存、适应、进化与多样性策略的经验；

• 美学、精神和智力的不对称提高。⊜

尽管这些服务的价值是难以衡量的，不过人们确实试图去衡量它。以货币

⊖ World Resources 1998-99:Environmental change and human health(Washington,DC,World Resources Institute,1998).

⊜ 这个清单来自于 Gretchen C.Daily,editor, *Nature's Services:Societal Dependence on Natural Ecosystems* (Washington,DC:Island Press,1997),3-4。

概念对自然服务进行估价的所有尝试都得出估计认为其价值在每年数万亿美元以上,远远超过人类经济每年产出的货币价值。[⊖]

上面所引用的世界自然基金会的指标数字意味着在过去的 30 年里,世界已经丧失了其生态系统服务的一个显著部分。然而,以数量概念去详述这些是相当困难的。最常用的方法,尽管并不是非常有意义的,就是试图计算物种的数量以及它们消失的速率。

令人感到意外的是,这是不可能进行的。在 10 倍因子范围内科学家们并不知道到底有多少物种: 这一数字被估计为是 300 万 ~3 000 万之间的某个数字。[⊜]只有大约 150 万种已经被命名和归类。它们通常是比较大而容易引人注意的物种: 绿色植物、哺乳动物、鸟类、鱼类和爬行类。科学对于无数的昆虫物种了解得极少,对于微生物而言就更是少之又少了。

由于无人知道存在多少物种,因此也就没有人确切地知道有多少物种正在消失。不过毫无疑问的是物种的数量在急剧下降。大多数生物学家们会毫不迟疑地说“大规模消失”正在进行中。[⊜]生态学家们认为自 6 500 万年前的白垩纪末恐龙灭绝事件以来还从未有过如此巨大的灭绝浪潮。

他们之所以得出这样的结论主要是根据栖居环境消失率得来的。例如:

- 马达加斯加是生物宝藏之地,其东部的森林里生活着 1.2 万种已知植物种类和 19 万个已知动物种类,它们中的至少 60% 是在地球上任何其他地方都找不到的。这一森林 90% 以上的面积已经被清除掉,主要用于农业。
- 西部厄瓜多尔曾经包括了 8 000~10 000 种植物种类,其中大约一半都是当地独有的。每种植物都支撑着 10~30 种动物种类。自 1960 年以来,几乎所有西部厄瓜多尔森林都已经被转变成香蕉种植园、油井和人类居所。

正如你所预料的那样,大多数灭绝发生于最多物种聚集的地方。这些主要

⊖ 见 Robert Costanza et al., " The Value of the World's Ecosystem Services and Natural Capital," *Nature* 387 (1997):253-260。Costanza 和他的同事保守地估计了自然服务的价值大约为每年 33 万亿美元,而当时的全球经济产品大概是每年 18 万亿美元。

⊜ Robert M.May, "How Many Species Inhabit the Earth?" *Scientific American*, October 1992,42.

⊜ Joby Warrick, " Mass Extinction Underway,Majority of Biologists Say," *Washington Post*, April 21, 1998, A4.

是热带森林、珊瑚礁和湿地。全世界至少 30% 的珊瑚礁都处于危急状态之下，1997 年世界范围内曾经核查过的珊瑚礁中，95% 都表明存在退化和物种消失的现象。[一]湿地甚至处于更危急的关头。它们都是生物活动密集的地方，包括为许多种鱼类提供食物的场所。只有 6% 的地球表面面积是湿地——或者曾经是湿地。大约一半的湿地已经因为挖掘、填充、排泄和筑渠而消失。这并没有包括因污染而退化的部分。

全球灭绝率的估计开始于栖居环境损失的度量，后者相当准确。接下来要假设在已经消失的栖居环境中可能会有多少物种；这些假设必然是不确切的。接着他们假设在栖居环境消失与物种消失之间存在某种关系。经验法则表明，即使 90% 的栖居环境都已经消失的话，50% 的物种将会保留下来。

这些计算受到相当多的质疑。[二]不过当我们把本章中的其他数据都放到一起时，它们的总体方向是清楚的。在已经得到相对详尽研究的大动物群中，科学家们现在估计世界 4 700 种哺乳动物中的 24%、25 000 种鱼类中的 30% 以及世界将近 10 000 种鸟类中的 12% 都处于灭绝的危险境地之中。[三]对于 270 000 种已知植物种类中的 34 000 种而言，情况也是如此。[四]现在估计的灭绝率是没有人类影响条件下的 1 000 倍。[五]

物种消失并不是衡量生物圈可持续性的一种令人满意的方式，因为没有人知道极限是什么。在整个系统崩溃以前有多少物种以及哪些物种会从生态系统中消失？已经做过的对比是假设乘一架飞机，然后把将飞机铆在一起的铆钉去掉（一个一个地去掉），看看在飞机停止飞行之前能够去掉多少铆钉。至少在飞机里的铆钉并不是每个都相互关联。在生态系统里，物种却是相互关联的。如果其中的一种消失，那么它将引发与它相关的其他物种的一长串反应。

[一]　Don Hinrichson，" Coral Reefs in Crisis," *Bioscience*, October 1997.

[二]　例 见 "Extinciton:Are Ecologists Crying Wolf?" *Science* 253 (August 16,1991) 第 736 页。同期的其他文章，同样表达了对生态学家的深切关注。

[三]　Species Survival Commission, 2000 IUCN Red List of Threatened Species(Gland, Switzerland:International Union for the Conservation of Nature, 2000),as quoted in Brown, "Water Deficits," 69.

[四]　Constance Holden， " Red Alert for Plants," *Science* 280 (April 17, 1998):385.

[五]　SSC,IUCN Red List,1.

考虑到地球物种以何种数量在缩减的衡量难度，世界自然基金会在生命地球指数中选择了衡量生物财富减少的一种不同方法。世界自然基金会没有去追踪物种数量的减少，而是追踪大量不同物种种群的规模。接着把这些趋势加以平均以获得"典型"物种种群规模随时间变化的一个数量估计。通过这种方法，世界自然基金会得出结论认为，自 1970 年以来，"平均"物种种群规模已经下降了超过 1/3。[一]换言之，动物、植物和鱼类的数量急剧下降。很显然，生态系统服务源正被不可持续地利用着。这一观点在 1992 年的一次呼吁——"世界科学家对人类的警告"中得到强烈的表达。它是由大约 1 700 位世界顶尖科学家们发起的，包括了在科学领域里获得诺贝尔奖的大多数人。

我们大规模地损害了世界相互依赖的生命网络——加上因森林破坏、物种消失和气候变化而导致的环境破坏，可能触发大范围的负面效应，包括关键生物系统不可预知的崩溃，而我们只是不完全地了解其相互作用和动态关系。在面对这些威胁时，对于这些效应程度的不确定并不能作为自满或耽误的理由。[二]

■ 不可再生资源

矿物燃料

我们对于世界范围内油田发现与生产的分析表明，在未来 10 年内，传统石油的供给将无法满足需求……全球（石油）发现在 20 世纪 60 年代早期达到顶峰，从那以后就一起稳定下降……世界只有这么多原油，而且工业已经发现了它储量的 90%。

——科林·坎贝尔（Colin J. Campell），

让·拉赫艾尔（Jean H. Laherrere），1998

[一]　WWF, *Living Planet Report* 2002.

[二]　"世界科学家对人类的警告"。1992 年 12 月份，由 1 600 多名科学家签署，包括 102 名诺贝尔得主，可以从位于美国马萨诸塞州，教堂大街 26 号的良知科学家联合会（Union of Concerned Scientists）获得。

目前而言，对于石油的供给很少有短期的担心……然而，世界石油资源是有限的，而全球生产终将会在达到顶峰之后就开始下降……更加保守的估计表明，全球生产在未来10年或20年内不会达到顶峰，而是在2010~2025年的某个时点上。

——《世界能源展望》，1997

乐观主义和悲观主义在石油生产顶峰的时间定位方面只是差了数十年而已。然而取得广泛一致性的一点就是石油是最有限的重要矿物燃料，它的全球生产将会在21世纪前半期的某个时点达到最大值。1950~2000年，人类经济年能源使用量以平均每年3.5%的速率在增长。通过战争、衰退、价格不稳定和技术变革，世界能源消费不平衡却无情地攀升着（见图3-10）。大多数的能源被用于工业化世界。西欧平均使用了5.5倍于非洲国家平均使用量的商业能源。[一]北美的平均使用量9倍于印度平均使用量。[二]不过那是商业能源，如果没有的话，许多其他能源就是必需的。

超过1/4的世界人口并没有接触过电，2/5的世界人口依然主要依赖于传统的植物材料来满足他们基本的能源需求。尽管没有电力供应的人口数量在未来10年内将下降，然而预计到2030年有14亿人口将仍然生活在没有电力的环境里。使用木材、作物秸秆和动物粪便来作为做饭与取暖燃料的人口数量实际上将会上升。[三]

大多数能源分析专家预计世界能源使用量将继续上升。国际能源机构在其出版的《世界能源展望2002》，即上面引文出处中，给出了"参考"情景，指

[一] 商业能源指的是那些在市场上出售的，并不包括那些由个人通过拣拾树木、动物粪便和其他东西以自用的能源。非商用能源来源大多数是可再生的，但并不必然是可持续获得的，估计占所有能源消耗量的7%。世界资源研究所，《世界资源1998-99》，第332页。

[二] U.S. Energy Information Administration, *International Energy Outlook 2003*, table A1, "World Total Energy Consumption by Region, Reference Case,1990-2025(Quadrillion BTU)," www.eia.doe.gov/oiaf/ieo/.

[三] International Energy Agency, *World Energy Outlook 2002* (Vienna:IEA,2002), www.worldenergyoutlook,org/weo/pubs/weo2002/weo2002.asp. 长期场景可以从世界能源委员会的 "Global Energy Scenarios to 2050 and Beyond." 1999,www.worldenergy,org/wec-geis/edc/ 中获得。

出从 2000 年到 2030 年全球主要能源消费将增加 2/3。即使是"其他"（更加生态化）情景也意味着在这 30 年期间世界能源消费的增长幅度将超过 50%。专门为丹麦能源机构而做的一项详细分析计算认为，为了给 93 亿的稠密人口（这很可能是 2050 年的世界人口数）提供他们所需的基本能源将需要 6 倍于 2000 年世界提供的终端能源数量的能源。⊖

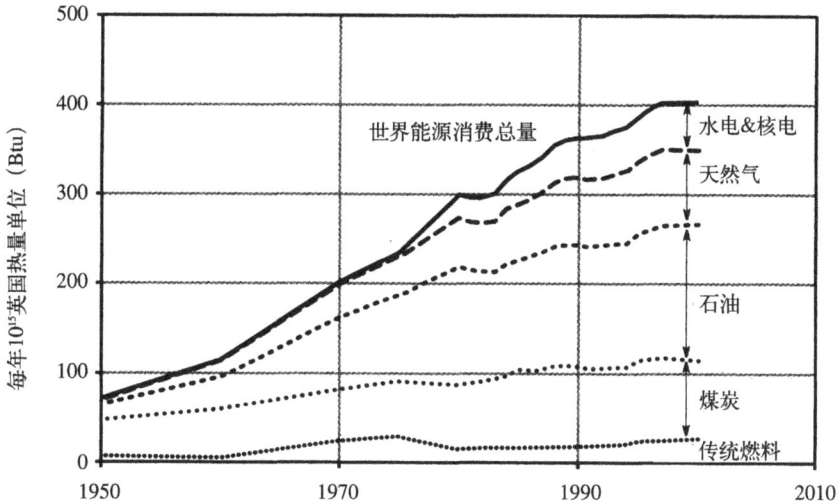

图 3-10　世界能源使用

注：1950~2000 年世界能源使用翻了一番。矿物燃料依然主导着基本能源供应：大约在 1920 年前后，煤炭所占份额达到顶峰，那时候它提供了所有消费燃料的 70% 以上；石油的份额在 20 世纪 80 年代早期达到顶峰，达到稍稍超过 40% 的水平。比煤炭和石油的污染都更少的天然气被预期在未来全球能源使用方面有更多作为。

资料来源：联合国；美国能源部。

在 2000 年，超过 80% 的商业能源使用量都来自于不可再生的矿物燃料：石油、天然气和煤炭。这些燃料的地下储量正在持续而无情地下降。为了确定就流的源这一方面而言（我们在稍后将会讨论汇那一方面）它是否是一个可持续性问题，我们需要问这些源正以多快的速度被消耗以及是否有可再生资源正在以足够快的速度被开发从而弥补这种下降。

关于这一问题存在着相当大的争议，甚至在关于这些天然不可再生的燃料

⊖　Bent Sørensen, "Long-Term Scenarios for Global Energy Demand and Supply," Energy & Environment Group, Roskilde University, January 1999.

事实上是否正在被消耗这一问题上。争议源自于对错误信号的关注。资源是与存在于地壳中某种物质总量相关的一个概念。储量是与已经发现或者推论认为存在并且在有关技术与价格的合理假设前提下可以利用的该物质数量相关的一个概念。资源必然随着使用而减少，但随着发现的进展、价格的上升和技术的进步，储量数字却有可能上升。一直以来的一种趋势是基于对储量的观察来做出对于资源的描述。

1970~2000 年，世界经济燃烧了 7 000 亿桶石油、870 亿吨煤炭和 1 800 万亿立方英尺⊖的天然气。然而，在同样的 30 年时间里，发现了新的石油、煤炭和天然气储量（旧的储量得以向上重新评估）。结果，已知储量对生产量⊜的比例（如果生产持续以现有速率进行，可利用资源已经利用的年数和将持续利用的年数）实际上却上升了，如表 3-1 所示。

表 3-1 石油、天然气和煤炭的年生产量、储量 / 产量（R/P）比率和资源生命预期

	1970 年 产量（每年）	1970 年 R/P（年）	2000 年 产量（每年）	2000 年 R/P（年）	资源生命 预期（年）
石油	170 亿桶	32	280 亿桶	37	50~80
天然气	38 万亿立方英尺	39	88 万亿立方英尺	65	160~310
煤炭	22 亿吨	2 300	50 亿吨	217	非常大

> 注：资源量的估计被定义为是"探明储量"和"传统上有待发现的资源储量"的加总。资源量除以 2000 年的生产量就等于该种资源的生命预期。1970 年煤的储量数字与 2000 年煤的储量数字无法比较，因为储量的定义不同。煤炭依然是最丰富的矿物燃料。
> 资料来源：美国矿产局；美国能源部。

尽管天然气（从 1970 年至 2000 年增长了约 120%）、石油（增长约 60%）和煤炭（增长约 145%）显著增长，储量 – 产量比例的提高却发生了。然而这种提高是否意味着在 2000 年地底下用于支撑人类经济的矿物燃料比 1970 年时要多呢？

不，绝非如此。经过 30 年的消耗，已经少了 7 000 亿桶石油、870 亿吨煤

⊖ 1 立方英尺 =0.028 3 立方米。

⊜ 生产是一个对将矿物燃料从地底下开采出来的过程有着误导作用的词。自然经过亿万年的时间生产了这些燃料。人类并没有生产它们，他们只是在提取、开采、收获、抽吸、挖掘、取走它们。然而，生产这个词被广泛使用，尤其是用在诸如储量 - 产量比这些术语中，所以我们只有用这个词。

炭和 1 800 万亿立方英尺的天然气。矿物燃料是不可再生资源。当它们燃烧时，它们就转化成二氧化碳、水蒸气、二氧化硫和大量的其他物质，这些物质并不会在对人类有意义的时间尺度内重新以矿物燃料的方式再次恢复。相反，它们是进入地球汇里的废弃物和污染物。

那些把过去 30 年的发现看成是矿物燃料没有临近极限的人们看到的只是能源系统的局部（见图 3-11）。

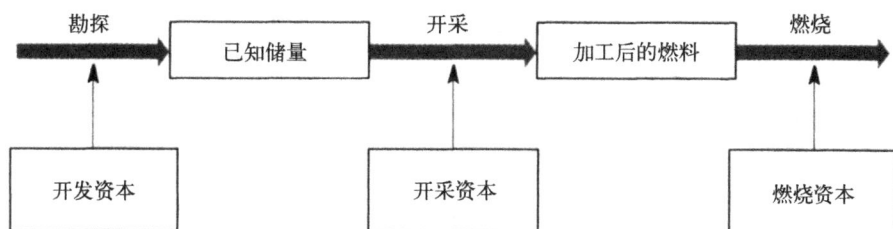

图 3-11　已知储量之于加工燃料

发现过程中使用了开发资本（钻探设备、飞机、卫星、测深和探测器的复杂阵列）去发现地球中的矿物燃料矿床，因此增加了已经被探明但尚未开采的已知储量。开采过程将这一存量挖出地面，使用了开采资本（采掘、抽吸、提炼和运输设备）并把它们运送到用于存储已加工燃料的地方。燃烧资本（熔炉、汽车、发电机）燃烧已加工燃料，产生有用的热量。[⊖]

只要发现的速率超过生产的速率，已知储量的存量就会上升。然而图 3-11 只是系统的局部。更加完全的图形应该包括矿物燃料的终极源与汇（见图 3-12）。

当生产减少了已知储量的存量时，人类投资于勘探以补充储量。然而每一次勘探都来源于地球上矿物燃料的终极存量，后者是不可能予以补充的。未探明储量可能很大，但它是有限的并且是不可再生的。

在流的另一端，燃烧产生污染，进入最终汇——地球的生物化学过程，它

⊖　当然开采、挖掘、抽吸、运输和提炼染矿物燃料的资本工厂也要燃烧燃料。如果没有其他的限制，对矿物燃料的使用的最终限制会达到这样一个点，即我们可能提取它所包含的所有能量。见 Charles A.S.Hall and Cutler J.Cleveland," Petroleum Drilling and Production in the United States: Yield per Effort and Net Energy Analysis," *Science* 211 (February 6,1981):576。

回收污染物，或将它们弱化成无害物质，或者因它们而污染或退化。在矿物燃料流的其他每个阶段也都会产生各种各样的污染，从勘探到开采、提炼、运输和存储。尽管在过去 10 年间生态效率方面有了显著的提高并且已经把经常性的排污行为减弱了许多，然而在美国，能源生产依然是地下水污染的一个主要来源。

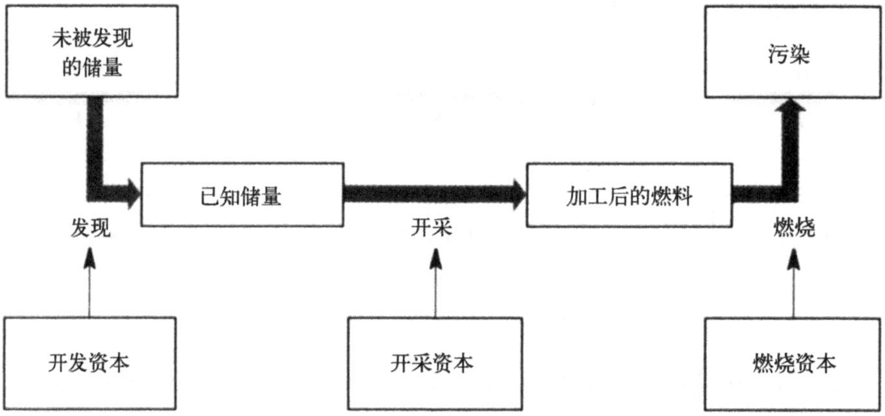

图 3-12　未被发现的储量之于污染

没有人真正知道在矿物燃料流的哪一端将会更成为极限，源还是汇。30 年前，在欧佩克提高石油价格的前夕，源这一端似乎是显然的瓶颈。如今焦点更多地集中于气候变化，因此汇这一端似乎理应限制。存在如此大量的煤炭以至于我们相信它的使用会受到大气二氧化碳的汇一端的限制。石油在两端都会受到限制。它的燃烧产生温室气体和其他污染，而且它显然将会成为在源这一端首先被消耗掉的矿物燃料。天然气现在被许多人认为是能够维持能源生产的源，直到大范围可持续能源来源的采用。然而，从传统上说，社会需要 50 年时间去实现从一种主要能源源向另一种源的转变。与此同时，世界可能会有福利损失：或者来自于气候变化，或者来自于矿物燃料使用的限制。

对于未探明石油和天然气储量的估计存在很大的差异而且永远都无法确定，不过我们在表 3-1 中包括了一系列估计。这些估计是以较宽泛的区间形式给出的，这是由于储量固有的不确定性。这些估计表明，以 2000 年的使用率而言，剩余石油资源（定义为当前和未探明储量的加总）能够持续 50~80 年，而天然气则能够持续 160~310 年，煤炭则更加丰富。获取资源的成本显然将会随着资源消耗而上升。政治成本也需要加进开采成本之中：在 2000 年，世界石油产量的 30% 都来自于中东。

石油枯竭将不会以完全停止，即油管突然干涸的方式出现。实际上，它将会以越来越低的勘探投资回报率的方式出现，剩余的储量越来越集中于少数国家，世界产量最终达到一个顶峰然后逐渐下降。美国提供了一个案例研究。其巨大的原油资源禀赋中的一大半已经消耗。其新油田的勘探在 20 世纪四五十年代达到顶峰，其国内石油产量在 1970 年前后达到峰值，其石油消费越来越多地由进口来满足（参见图 3-13）。

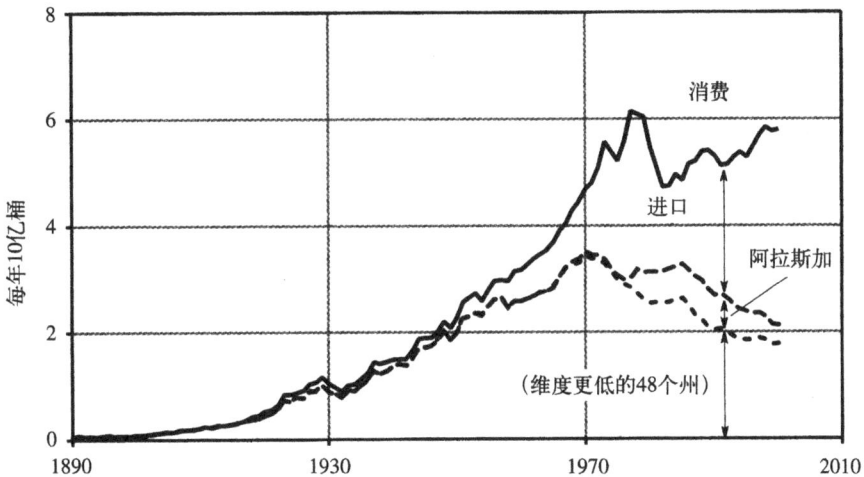

图 3-13　石油开采与消费

注：美国国内石油开采在 1970 年达到顶峰，自那以后南部 48 州的产量下降了 40%。即使是阿拉斯加的新发现也未能够挽回这种下降。

资料来源：美国石油研究所（API）；美国能源部能源信息管理局（EIA/DOE）。

这种情形在全球范围内即将发生。图 3-14 展示了全球石油生产的两个情景，这基于在表 3-1 中展示的类似资源假设之上。预计石油消费将绝不会在现今水平上增加太多，接着，在数十年之后，在 21 世纪剩余的时间内逐渐下降。这种场景得到这一事实的支持，即全球勘探率确实在 20 世纪 60 年代已经达到顶峰，而且越来越难以获取——导致目前正在开采的资源的成本越来越高昂的，不仅仅在阿拉斯加，而且在北冰洋的深海和遥远的西伯利亚也是如此。

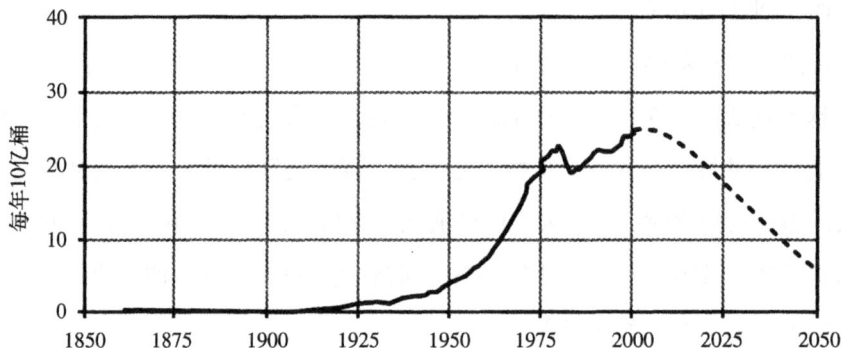

图 3-14　全球石油开采场景

注：世界石油开采至 2000 年由实线给出。地质学家 M. King Hubbert 的方法被用来估计最有
　　可能的未来开采情形。右边的虚线给出了可能的开采率，如果最终可勘探石油为 1.8 万亿
　　桶（曲线下面的区域）的话。
资料来源：K.S.Deffeyes.

　　天然气在许多方面显然是石油的替代品。在所有的矿物燃料中，每能源单位的天然气释放的污染最少，包括温室气体二氧化碳，因此人们显然有极大的兴趣迅速地用它来取代石油和煤炭。这将加快天然气资源的消耗，快得让那些没有充分理解指数型增长动态的人们感到惊讶。图 3-15 和图 3-16 表明了为什么会这样。

　　2000 年天然气的世界储量 – 产量比例为 65 年，这意味着如果现今储量持续以 2000 年的消费率来加以使用的话，它们将持续到 2065 年。两件事情将会发生以使得这一简单推理有误。其一是更多的储量将会被发现，其二是天然气的使用将会以超过 2000 年使用率的速率增长。

　　因此，最好是从估计剩余天然气资源（也就是，现今储量与未探明储量的总和）开始。为方便说明，假设最终的天然气资源最终能够以 2000 年使用率提供世界使用 260 年。这是表 3-1 中给出 160~310 年估计数的某个中间值。如果 2000 年使用率保持稳定，那么天然气资源将会直线下降，如图 3-15 中的对角线所示，它们将持续 260 年。但如果天然气消费继续以自 1970 年以来那样以大约每年2.8%的速率增长，那么260年的资源保有量将以指数形式迅速减少，如图3-15中最粗曲线所示。它将不是在2260年，而是在2075年枯竭；它将仅仅持续75年而不是260年。

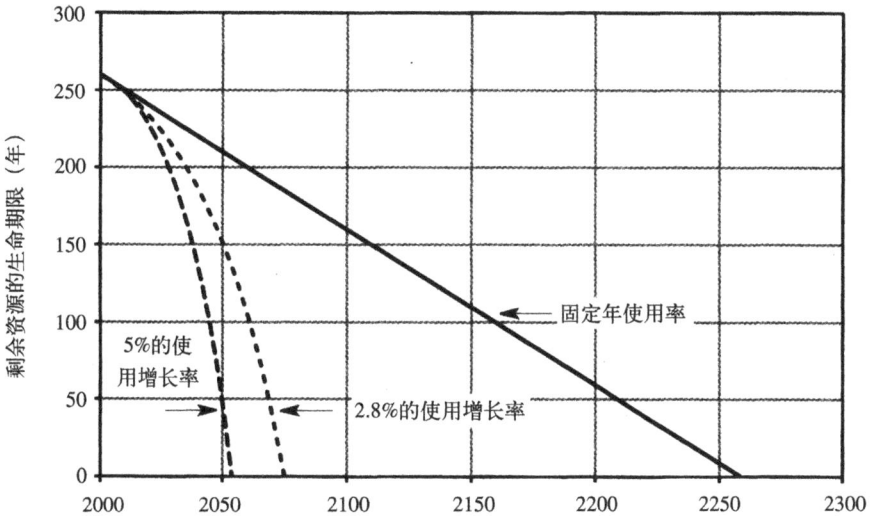

图 3-15   世界天然气消耗的一些可能路径

注：如果剩余天然气的"最终可勘探资源"能够以2000年的使用率供世界使用260年的话，那么这一消费率可以一直持续到2260年。然而石油的稀缺加上煤炭的环境污染问题可能在未来数十年内加速天然气的使用。如果天然气持续以它现今每年2.8%的速率增长，那么假定的资源基础将在2075年耗尽。如果以每年5%的速率增长，那么世界天然气资源将在2054年消失。

图 3-16   为了维持增长所需的天然气勘探

注：如果天然气消费持续以每年2.8%的速度增长，那么每隔25年就必须探明相当于此前所有探明储量的新天然气储量。

如果为了减少气候变化和减缓石油枯竭，世界号召天然气承担现今由煤炭和石油肩负的能源负荷，那么增长率就要快于每年2.8%。如果增长率为每年5%，那么"260年的供给"将会在54年内耗尽。

图3-16显示为了允许天然气消费以每年2.8%的稳定速率增长需要增加多少探明储量。通过指数型增长的数学算法，可以得出需要探明并开采的储量将每隔25年翻一番。

问题的关键不在于世界就要耗尽天然气资源。剩余的相当可观的资源从根本上说将作为走向更加可持续能源源泉的过渡燃料。问题的关键在于矿物燃料是如此令人吃惊的有限，特别是当以指数型增长方式来加以使用时，而且它们不应该被浪费。在人类历史的时间段里，矿物燃料时代将只是过眼云烟。

由于有对矿物燃料的可再生替代品，因而全球能源短缺并不是必然的。有两种可获得的能源选择从源泉、环境保护、技术可行性以及日益增长的经济性来看都是可持续的。其中之一，就是更高的效率，可以迅速得以实施。另外一种，即基于太阳能的可再生资源，将需要更长一点的时间付诸实践。一些人可能会认为原子能属于世界能源问题潜在解决方案。我们并不这么认为，因为它未解决废料的处理问题，也因为另外两种方案更加可行。它们更迅速、成本更低廉、更安全以及更容易在贫困国家推广。

能源效率意味着可以使用更少的能源来提供同样的终端服务——光、电和冷藏室、客运与货运、抽水、驱动发动机等。它意味着同样或者更好的物质生活质量，通常以更小的成本实现——不仅更少直接能源成本，而且更少污染、更少对于国内能源的提取、更少工程选址的冲突，以及对于许多国家而言，更少的外债和更低的军事成本去维护对外国资源的获取或控制。

节能技术，从更好的绝缘材料到更精确的发动机，正进步得如此迅速以至于对于完成给定任务所需能源的估计不得不每年都下调。节能型日光灯能够提供与白炽灯一样的光亮，但只需使用后者1/4的电量。把美国全部建筑里的超大窗户都绝缘化就可以节省下两倍于现在源自阿拉斯加石油的能量。至少10家汽车公司已经开发出使用1公升天然气就可以行驶30~60公里的车型，而最前沿技术正在开始触及每公升70公里的汽车。与一般观点相反

的是，这些高效汽车通过了各项安全检测，而且其中的一些制造成本并不比现有车型高。[⊖]

有关通过提高效率能够节约多少能源的计算取决于进行计算的人的技术与政治倾向。在这个区间的保守端，似乎可以确定的是凭借当前可获得的技术，以现有或者更低的成本，使用一半的能源量，美国经济可以做它现在做的任何事情，这将使得美国的效率水平高于目前西欧的水平[⊜]——这将使世界石油提取量减少 14%，煤炭减少 14%，天然气减少 15%。类似或者更大幅度的效率提升在东欧及在低工业化国家也是可行的。

乐观主义者认为那仅仅是开始。他们相信已经拥有世界上最节能设备的西欧和日本能够凭借已有的技术或者是 20 年内比较容易预见的技术以 2~4 倍的因子提高效率。如此大规模的效率提升将使得这一点成为可能，即基于太阳能的再生资源——光能、风力、水力和生物能满足世界大多数或者全部的能源需求。太阳每天倾注给地球的能量超过人类当前使用能量的 1 000 倍。[⊜]

在捕获太阳能方面的技术进步一直落后于提升效率方面的技术进步，不过它们却一直很稳定地进步着。太阳光电发电和风力发电的成本在过去 20 年间已经显著下降（见图 3-17）。1970 年，光电（PV）电力是以每瓦 120 美元的资本成本来产生的。到 2000 年这一成本已经下降到每瓦 3.5 美元。®在工业化程度较低的国家里，光电电力已经成为那些无力负担连接远程电网成本的村庄和灌溉项目成本最节约的选择。

就现有已经取得的成本控制而言，风能具有迅速增长的潜力。2002 年年末全球已经安装的风能发电装机容量超过 31 000 万亿瓦——其当量超过 30 座核电反应堆。这代表自 2001 年年末以来装机容量增长了 28%，自 1997 年年末以来的 5

⊖　这些信息和大部分数据来自 Amory Lovins 和 Rocky Mountain 研究所。关于在交通、工业和建筑方面的节能方案的详细信息，见 *Scientific American 263*, no.3 (September 1990)。

⊜　UNDP, *Human Development Indicators 2003*, http://hdr.undp.org/reports/global/2003/indicator/index.html.

⊜　现在人类总的能源使用量大概相当于 5 个万亿瓦的能量流。太阳到达地球表面的恒定的能量是 80 000 万亿瓦。

®　Lester Brown et al., *Vital Signs 2000* (New York:W.W.Norton,2000), 58. 这两个数据以 1998 年的美元计算。

年间增长了4倍。⊖如此巨大的变化鼓励了关于未来能源的各种各样猜想。

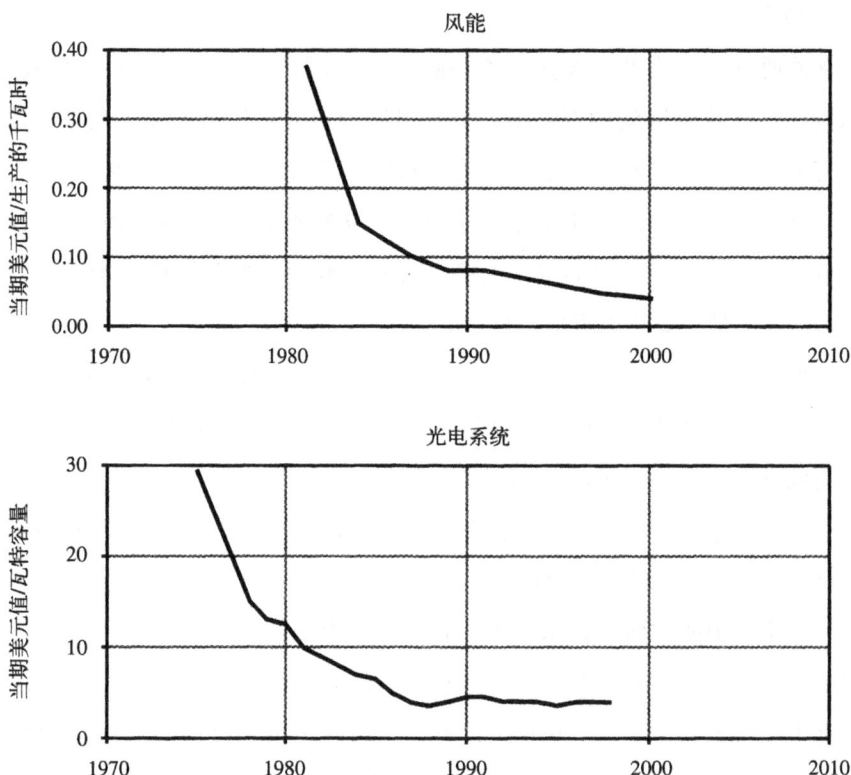

图 3-17　风力和光电系统的电力成本

注：1980~2000 年，风力和光电系统的发电成本急剧下降。风力发电现在正变得与使用矿物
　　燃料的发电厂一样具有竞争力。
资料来源：美国风能协会（AWEA）；美国能源部能源信息管理局（EIA/DOE）。

　　我相信我们正在度过传统石油公司的最后日子……当你停好车接着用它的
燃料电池来给你自己家里发电的时候，世界经济本身也变化了。整个国家的电
力网开始看起来更像是互联网而不是主机。事实上。如果美国公路上的所有汽
车都使用燃料电池的话，将会有5倍于当今装机容量的电力。⊜

⊖　American Wind Energy Association, " Record Growth for Global Wind Power in 2002"
　　(Washington, DC:AWEA,March 3, 2002),1.

⊜　Peter Bijur, Global Energy Address to the 17th Congress of the World Energy Council,
　　Houston,September 14,1998.

再生能源的源并不是对环境完全无害的，它们也不是没有极限的。风车需要土地和连通的公路。一些种类的太阳能电池包含了有毒物质。水电大坝冲毁田地并破坏自由流淌的河流。生物能只有当农业或林业耕种能生产生物群时才是可持续的。一些太阳能来源稀薄并且具有间歇性，因而需要较大的收集区域和复杂的存储机制，所有这些都需要物质资本和细致的管理。再生能源的源也是有比例限制的；它们可以永远流动，但只是以一个固定的速率。它们无法支撑无限大的人群，资本设备也以较高的速度增长。然而它们可以为未来可持续社会提供能源基础。它们是充裕的、广袤的和多样化的。与它们相关联的污染流与矿物能源和核能产生的污染相比要更低，危害也更少。

如果大多数可持续的、最少污染的能源能得以开发并高效率地加以利用，就足以满足人类需求而无需超越极限。这只需要政治意愿、一些技术进步和适度的社会变革。

由于（未探明的）天然气储量似乎相对充裕，看起来（在新千年到来之际）能源使用方面最受限制的约束在于汇这一方。由于能源使用过程中释放二氧化碳而导致的气候变化问题将在本章稍后部分讨论。

物质

提炼和获取基本天然资源经常要求移动或处理大量的物质，后者可能改变或是破坏环境，尽管它们没有经济价值。例如，为了获得金属矿藏、矿床或是煤层……需要移掉大量的覆盖物质或覆盖层。一般而言，原矿石必须经过处理或者提炼才能成为商品，于是留下大量的废弃物需要处置……所有这类物质流都是一国经济活动的组成部分……然而经济核算通常并不包括它们。于是相应的统计数字就低估了工业经济对于自然资源的依赖性。

——世界资源研究所，1997

全世界只有 8% 的人口拥有汽车。数以亿计的人口居住在狭窄的房子里或者根本就居无定所，更不用说冰箱或是电视机了。如果世界上将有更多的人口，

　最有希望的能量储存机制可能是来自水分子太阳能电解后的氢。氢也可能是将来解决汽车动力问题的答案。相关的评述，参见 Brown, Eco-Economy 第 5 章。

如果他们要有更好的住所、健康服务、教育、汽车、冰箱、电视，就需要更多的钢铁、混凝土、铜、铝、塑料和许多其他物质。

源自于地球的物质通过经济回到地球的流程可以以与矿物燃料流同样的方式加以描绘，只有一处例外。与矿物燃料不同，诸如金属和玻璃等物质并不需要在使用之后转化为燃烧气体。它们或者在某个地方以固体垃圾累积起来，或者被回收和循环利用，或者被分解、被研成粉末、被蒸发或其他方式散入土壤、水或空气中（见图3-18）。

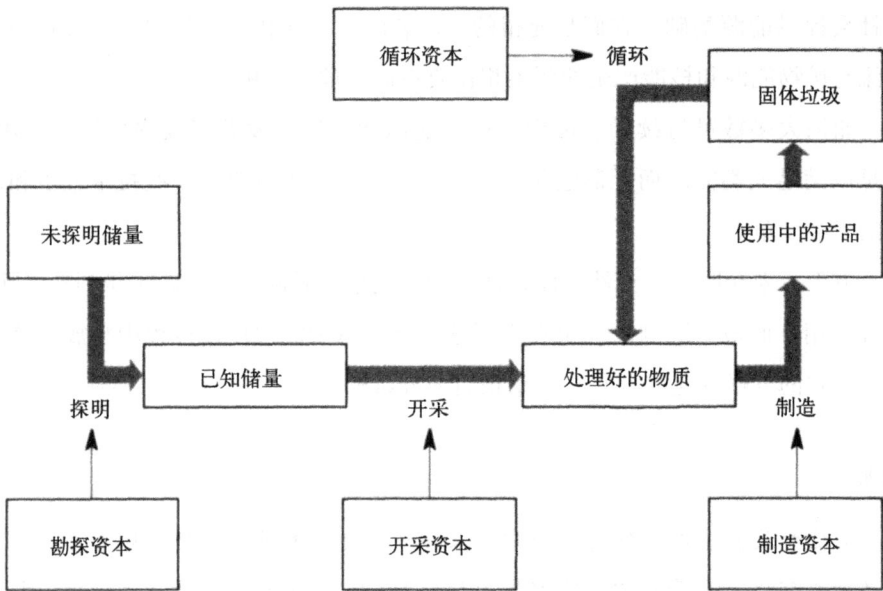

图3-18　未知储量之于循环

图3-19展示了1900~2000年全球五种重要金属的消费历史。消费数据表明在该期间金属的使用翻了4倍。

即使是供富人使用，每年铜、镍、锡和其他一些金属的使用量还是有限的。然而这一极限却比较高，至少如果美国生活方式具有代表性的话。就金属而言，在工业化国家里人们的平均使用率是非工业化世界里人们平均使用率的8~10倍。如果最终90亿人口都以20世纪末期美国的平均使用率为标准来消费物质的话，将要求全世界的钢铁产量增长5倍，铜的产量增长8倍，铝的产量增长9倍。

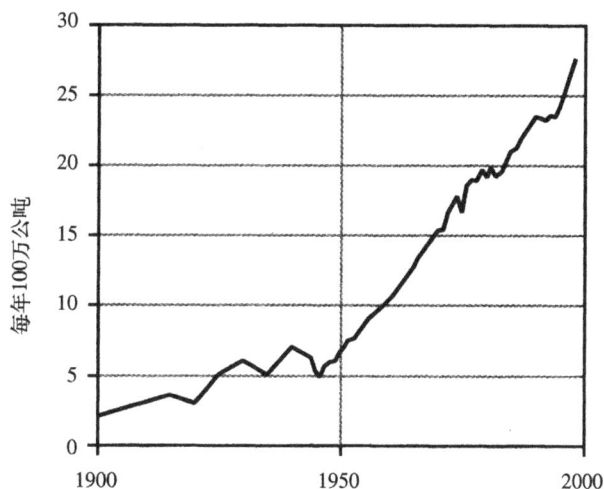

图 3-19　五种重要金属的全球消费

注：铜、铅、锌、锡和镍的消费在 20 世纪急剧增加。

资料来源：Klein Goldewijk 和 Battjes；美国矿产局；美国地质调查（USGS）；美国商品研究
　　　　　局（US.CRB）。

大多数人会有一种直觉，即这样的物质流既不可能也没必要。由于地球的源与汇的限制，它们是不可能的。从源到汇的路途中物质的处理、制作、搬运和使用都留下了污染的痕迹。它们也不是必需的，因为 20 世纪末富裕国家的人均物质生产量，与其食品、水、木材等的生产量一样，都是奢侈的。好的生活本应以对地球造成更少破坏的方式来支撑。

各种迹象表明世界正在吸取教训。图 3-20 展示了近代世界钢铁生产历史。20 世纪 70 年代中期发生了一些事情中断了一直以来平滑的指数型增长趋势。有数个理论去解释这一增长率的下降。所有这些理论都有一定的道理。

• 日益明显的"非物质化"趋势是由经济诱因和以更少物质做更多事情的技术可能性驱使的。

• 1973 年石油价格冲击及 1979 年的再次冲击使得能源密集的金属价格急剧上升，强化了在所有领域中节约能源与物质的诱因。

• 同样，更高的价格加上环境法和固体废物处置问题鼓励了物质的循环使用。

- 所有这些压力加速了技术革新。塑料、陶瓷和其他物质被用来取代金属。用金属制造的产品（汽车、软饮料铁罐和许多其他产品）都变得更轻了。

- 在20世纪80年代的经济停滞中重工业部门受冲击最大，因此基本金属需求在不成比例地减少。⊖

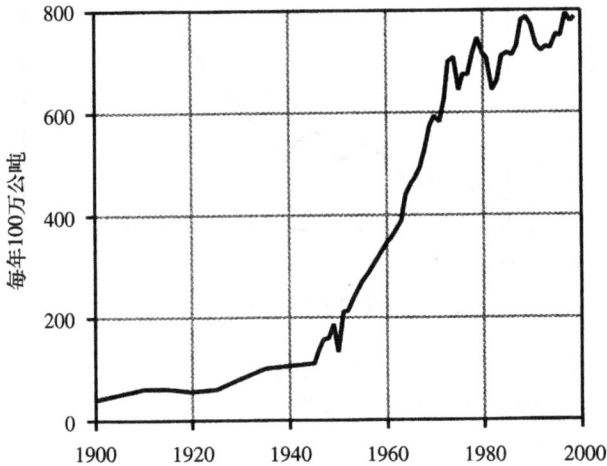

图 3-20   世界钢铁消费

注：钢铁消费呈现 S 形增长。
资料来源：Klein Goldewijk 和 Battjes；美国矿产局；美国地质调查（USGS）；美国商品研究
      局（US.CRB）。

尽管物质消费缓慢增长的经济原因可能是暂时的，然而技术变革将可能是持久的诱因，环境压力也将减少金属流量。有意思的是，金属价格在过去数十年里持续下降，表明供给超过了需求。⊜

由于物质源的稀缺，贫困社会总是回收并再使用物质。而富裕社会因为物质汇的稀缺也正在重新学习如何循环利用。在这个过程中，循环正从一种劳动密集型活动转向资本和能源密集型活动，后者利用了机械化的堆肥搅拌翻堆机、粉碎机和筛选系统、蒸煮器、矿泥混合器、饮料废瓶回收机（用于回收在瓶子

⊖   对这些可能性进行系统的分析，见 John E.Tilton, editor,*World Metal Demand* (Washington, DC:Resources for the Future,1990)。

⊜   Organization for Economic Cooperation and Development, *Sustainable Development: Critical Issues* (Paris:OECD,2001),278.

上残留的任何物质），并设立了针对工业或是居民生活的废物回收管理公司。

有远见的制造商在开发从茶壶到汽车等一系列产品时，考虑到了产品最终的分解与回收利用问题。例如，新的宝马车已经有了塑料车体，可以很容易地回收。塑料制品正在日益以树脂塑料而闻名，更少类型的成分混合在一起，从而使它们能够分解和再使用。

细微变化如果扩大几倍的话就会构成巨大的差异。1976 年铝质汽水瓶上的易拉罐开罐拉环的发明意味着拉环可以和瓶子一起，因而在回收过程中就可以回收，而不是被丢弃。在进入新千年的时候，美国每年大约使用 1 050 亿个铝罐，其中约有 55% 得到了回收。这意味着每年这些小拉环的回收节约了 16 000 吨铝和大约 2 亿千瓦小时的电力。[⊖]

分离和回收用过的物质是朝向可持续发展迈出的一步。它开始以物质在自然界相同的移动方式（在一个封闭的循环里）在人类经济系统中移动。在自然界，从一个过程出来的废物变成了另外一个过程的投入品。生态系统的所有部门，特别是土壤，其功能是将自然界的废物分解，将它们分离成有用的部分，然后将它们送回到生物体内。现代人类经济最终也会发展成为一个循环部门。[⊜]

不过循环垃圾只是处理了物质流的最末端和最少问题的一端。经验法则表明，物质流消费端的每 1 吨垃圾要求在产品加工制造阶段产生 5 吨垃圾，而在资源初始提炼（开采、抽取、搬运、种植）阶段产生 20 吨垃圾。[⊜]削减这些废物流的最佳方式是延长产品的使用寿命并从源头减少物质流。

通过更好的设计、再修理和再使用（例如，将杯子洗干净而不是用完扔弃）来延长产品使用寿命比循环更有效率，因为它并不需要粉碎、研磨、熔化、提纯和重新制造回收的物质。任何产品平均使用寿命的加倍延长将减少一半的能

⊖　来自于挪威的废物再生公司 Tomra ASA(www.tomra.no) 的 Aleksander Mortensen 的私人交流。2001 年世界基本的铝产量是 2.1 亿吨多。另外，2 200 多吨的铝的废品被恢复使用 (www.world-aluminum.org/iai/stats/index.asp)。关于易拉罐的信息来自 www.containerrecycling.org。

⊜　WRI. *Resource Flows:The Material Basis of Industrial Economies* (Washington, DC:WRI,1997) 有四个工业经济体的材料使用密集度的减少的总结。

⊜　各个国家的废品生产的总体情况参见 OECD, *Environmental Data :Compendium 1999* (Paris:OECD,1999)。

源消费、废弃物和污染以及用来制造该产品的所有物质的终极消耗。然而，要得出有关怎样最小化生态足迹的最终结论需要做充分的生命周期分析，而后者往往会给出令人惊讶的结论。

源的削减意味着寻找一种能够以更少物质执行同样任务的方式。它是能源效率的等同物，其可能的方式是相当多的。1970 年时一辆典型的美国车的重量在 3 吨以上，几乎全部都是金属。如今，普通车辆要轻得多，它的许多部件都是塑料的。计算机电路是在一块很小的硅片上运行的，而不是在笨重的铁磁芯片上。一个能放进你口袋的小闪存盘可以存储多达 20 万页书的信息。一根头发丝这么细的超纯玻璃线能够以更好的声音质量承载数百根铜线承载的电话信息。

自工业革命开始以来，高温、高压、刺眼的化学物质和强力成了制造过程的特征。与此不同，科学家们正开始理解如何利用分子机器和基因编程的智慧。纳米技术和生物技术的突破开始允许工业以自然的方式来进行化学反应，通过分子与分子之间的精细配合。

循环利用、更高的效率、产品生命时间的延长以及物质世界源的缩减，各种各样的可能性令人激动不已。然而，就全球规模而言，它们并没有缩减经济中流动的大量物质流。至多，它们只是降低了增长的速度。数十亿人口依然需要汽车和冰箱。相对于物质生产的源的极限，尽管大多数人更注意到汇的极限，然而物质需求的持续增长将最终受到源的限制。许多对人类社会最有用的物质很少以聚集的方式存在于地壳之中。它们的开采需要日益上升的成本——以能源、资本、环境影响和社会混乱来衡量的成本。

地质学家艾尔·库克（Earl Cook）证明了大多数可开采的矿床是如何不同寻常地聚集，又是如何的稀少。⊖自库克在大约三十年前完成了他的分析之后，技术已经有了显著的进步。然而他研究中的一般结论依然有效。一些矿藏，例如铁和铝，相当丰富。它们将不会受到源的限制，并且它们可以在许多地方开采。其他的一些，例如铅、锡、银和锌等，都是相当有限的。对于它们而言，枯竭是一种非常迫近的前景。

国际环境与发展研究所（IIED）最近关于全球矿业的一份研究所提供的资

⊖   Earl Cook, " Limits to Exploitation of Nonrenewable Resources," *Science* 20(February 1976).

源储量数据给人们提供了相对稀缺性的一些印象。表 3-2 给出了八种重要金属的数据。以 2% 的年增长率（对某些物质而言比较高而对其他物质而言比较低）总的来说并不是太坏的一种平均，当前储量能够支持的生产期限在 15~80 年。当然，技术将会改进而价格也将上升，厂商会开拓新的区域，发现新的可开采物质。因此这些储量的寿命估计是偏低的。那么有多低呢？关于地壳丰裕程度的估计表明其生产寿命为 500~1 000 年。实际可获得的生产期限性介于两者之间。资源能够进入到储备之中的数量取决于能源与资本成本，而厂商也不得不面对他们经营的社会与环境成本。

表 3-2　八种金属探明储量的生命预期

金属	年平均开采量 1997~1999 年 （100 万吨）	开采量的 年平均增长率 1975~1999 年 （%）	1999 年探 明储量 （10 亿吨）	2% 的开采 年增长率时 探明储量的 生命预期 （年）	资源 基础 （万亿吨）	2% 的开采 年增长率时 资源基础的 生命预期 （年）
铝	124	2.9	25	81	2 000 000	1070
铜	12	3.4	0.34	22	1 500	740
铁	560	0.5	74 000	65	1 400 000	890
铅	3.1	−0.5	0.064	17	290	610
镍	1.1	1.6	0.046	30	2.1	530
银	0.001 6	3.0	0.000 28	15	1.8	730
锡	0.21	−0.5	0.008	28	40.8	760
锌	0.8	1.9	0.19	20	2 200	780

注：本表说明在探明储量与资源基础之间存在巨大的差异。探明储量是当前已经知道并且在可获得的技术和当前价格条件下预期可以开采的储量。资源基础是被人们相信在地壳中存在的总量。人类将永远也无法开采全部的资源基础，然而价格的变动、技术和新发现将会明显增加探明储量。

资料来源：采掘、矿产与可持续发展组织（MMSD）。

国际环境与发展研究所（IIED）的研究指出了汇在限制我们使用矿产方面的潜在角色。

尽管矿产的开采和使用趋势以及资源基础的估计趋势已经降低了世界"即将用尽"矿产这一顾虑，然而环境和社会因素对于矿产可获得性的潜在限制正在受到越来越多的关注。矿产可获得性方面的限制包括：

- 能源的可获得性，或在较低等级的矿床中单位产出所用能源的增长对环境的影响；

- 矿产开采中水的可获得性，或在较低等级的矿床中用水量日益增加对环境的影响；

- 社会基于矿产开发以外的原因对使用土地方面的偏好，无论是生物多样性和原始野生保护还是文化价值，或者是农业与食品安全；

- 社区对于矿业影响的容忍度；

- 利用模式的变化；

- 对于矿产品或者矿业副产品（特别是金属）在空气、水、表土层或者绿地里堆放的生态极限。⊖

图 3-21 以铜为例展示了矿产消耗过程是如何逐渐削弱其矿床聚集度的。

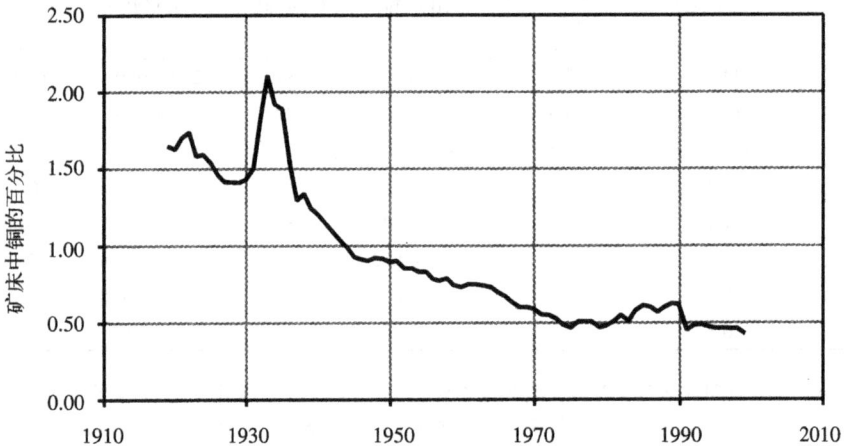

图 3-21　美国铜矿床开采质量的下降

注：在美国，等级介于 2%~2.5% 之间的铜矿床都早在 1910 年以前就开采了。从那以后，平
　　均等级就持续下降。20 世纪 30 年代的顶峰以及 80 年代的稍稍反弹都是由于经济衰退导
　　致的，那个时候处于边际位置的矿床都倒闭了，剩余经营的只是那些最富的矿床。
资料来源：美国矿产局；美国地质调查（USGS）。

图 3-22 展示了日益弱化的矿床聚集度的结果。随着矿床里可用金属数量的

⊖　International Institute for Environment and Development and World Business Council
for Sustainable Development, *Breaking New Ground:Mining, Minerals,and Sustainable
Development* (London: Earthscan, 2002),83.

减少，每吨矿产品必须挖开、运到地面和处理的岩石数量正以惊人的速度上升。随着蒙大拿州巴特市铜矿床的平均等级从 30% 下降到 0.5%，每生产一吨铜所产生的尾料从 3 吨上升到 200 吨。废料的这种上升曲线与生产每一吨最终物质所需能源的上升曲线是密切关联的。金属矿床的开采加速了矿物燃料消耗的速度，并且给地球的汇增加了更重的负担。

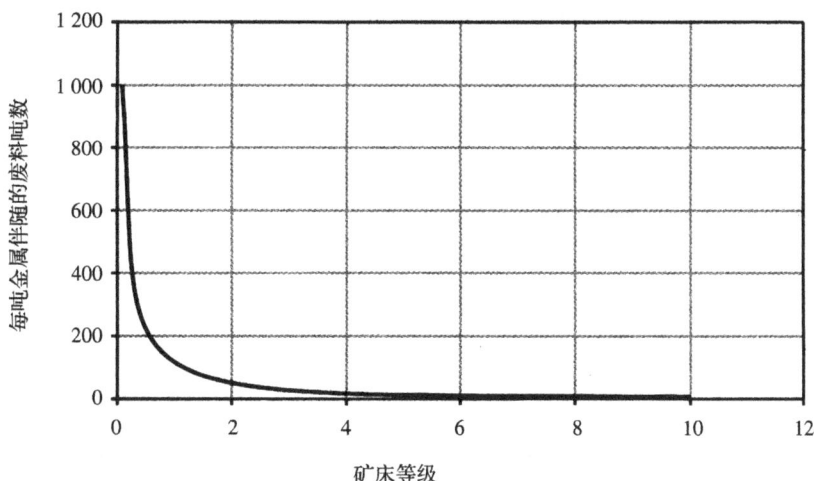

图 3-22　矿床的消耗极大地增加了开采过程中产生的废料

注：随着矿床的平均等级在开采过程中从 8% 或者更高下降到 3%，每吨金属成品生产过程所产生的废料数量几乎没有明显的增加。在 3% 以下时，每吨成品所产生的废料开始急剧上升。最终处理废料的成本将超过所生产金属的价值。

■ 污染物和废弃物的汇

在过去的数十年间，人类已经以一种新的自然力量出现。我们正在以更快的速度、以地球上有记录以来更大的空间规模、用新的方式去调整物质、化学和生物系统。人类在无意中着手对我们的地球进行一项伟大的试验。这一试验的结果是未知的，但对于地球上所有的生命都有着深远的意义。

——杰姆·拉布钱科（Jame Lubchenco），1998

1972 年斯德哥尔摩环境会议的时候，设有环境部或者环境机构的国家不超过 10 个。如今，很少有国家没有环境管理机构。大量的环境教育项目也同期出现，与此同时，数量庞大的特定兴趣团体正推动着各种不同的环境事业。这些相对较新的环境保护机构的记录交织在一起。但是，如果得出结论认为世界已经解决了其污染问题——或者在这方面根本就没有任何进展，都是错误的。

最大的成功在于对人类健康有害的特殊毒素已经被单列出来并加以禁止。例如，图 3-23 表明，禁止在汽油中使用铅已经就使得美国人血液中的含铅量有所下降。一些地方的其他特殊污染水平，例如芬兰的铯 -137 和波罗的海国家的 DDT 在最近的数十年间也都在下降。

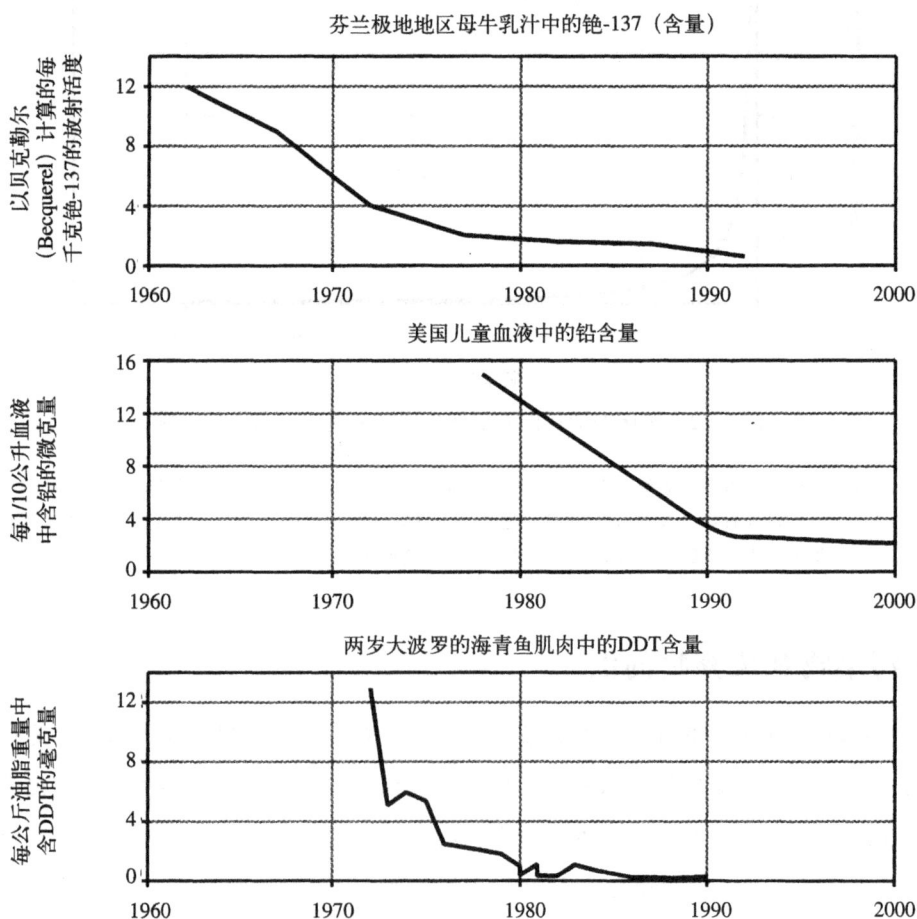

芬兰极地地区母牛乳汁中的铯-137（含量）

美国儿童血液中的铅含量

两岁大波罗的海青鱼肌肉中的DDT含量

图 3-23　人类健康与环境污染的降低

注：在一些地方，一些污染物的水平在过去数十年间一直在下降。最显著的提高来自于对诸如含铅汽油和杀虫剂中 DDT 等剧毒物质的彻底禁止，以及停止在大气层内进行核实验。
资料来源：瑞典环境研究所；北极监测与评估项目（AMAP）；美国环保署（EPA）。

　　在工业化国家，付出了坚决的努力和可观的费用之后，在减少最常见的空气污染和水污染方面，但并不是全部方面，已经取得了局部的成功。图 3-24 显示，通过洗刷烟囱和转向低硫燃料，七国集团[⊖]二氧化硫的排放量已经降低了几乎 40%。二氧化硫和二氧化氮污染物的洗刷在化学上是很困难的；尽管经济在不断增长，但主要由于能源效率的提高，它们的使用量已经大致保持稳定了20 年。

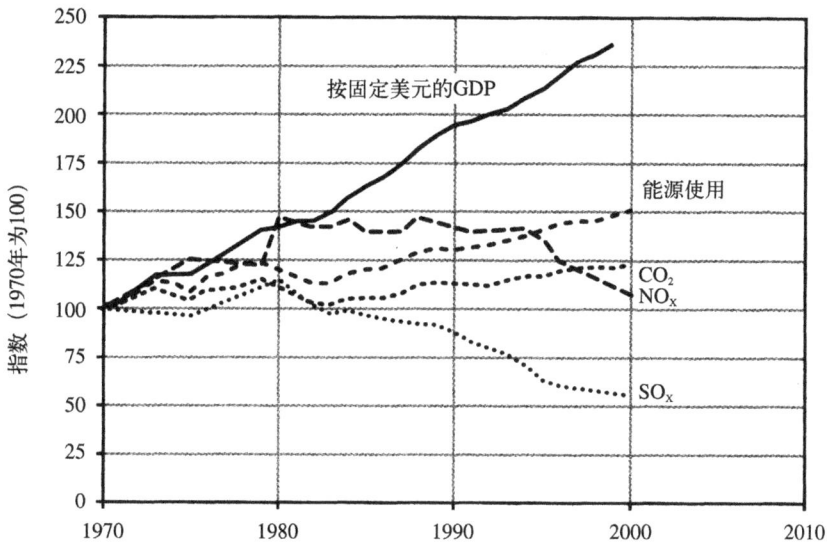

图 3-24　一些空气污染的排放趋势

注：工业化国家在提高能源效率和控制排放方面已经取得了显著的成效。尽管自 1970 年以来它们的经济（以 GDP 来衡量）已经翻番，然而它们的二氧化碳和氧化氮排放几乎保持稳定（主要是能源效率提高），它们的氧化硫排放已经下降了 40%（由于能源效率和积极的减排技术）。

资料来源：世界银行，经合组织（OECD），世界资源研究所（WRI）。

　　莱茵河污染的历史提供了对水污染控制的胜利与失望的最好说明。第二次世界大战之后，日益上升的污染水平逐渐剥夺了莱茵河中维持生命的氧分。氧分水平在 1970 年前后达到最低值，在这个水平上没有生命能够维持。但到1980 年氧气水平却显著提升，这主要是由于在废水处理系统方面的巨额投资。

　　⊖　包括美国、日本、英国、法国、德国、意大利和加拿大。

然而，有毒的重金属，例如汞和镉，却并没有被废水处理厂清理掉，它们的下降只是在沿岸各国就以更加严格的管制制止污染达成一致意见以后才开始。结果，到 2000 年，大部分重金属已经被从水中清理出来。然而它们依然渗透进底部的沉积物中，由于不可能以化学的方式分解，它们依然保持了较高的水平，特别是在莱茵河三角洲。氯化物的水平也持续保持较高。下游国家并没有找到针对氯化物的主要源头——阿尔萨斯的盐矿形成有效压力的方法，尽管它们最终会被关闭。源自农田化肥使用的氮污染水平也同样较高。由于其源头太分散而无法收集进某个废水处理系统，惟一能够降低污染的方法就是在整个莱茵河流域改变耕作方式。即便如此，仍然值得庆祝的是，1996 年在莱茵河上游巴登 – 巴登峡谷重新出现了第一条鲑鱼——它们已经消失了 60 年。⊖

类似地，其他工业化国家在改进主要河流和水道的水质方面也都进行了大量投资。通过对废水处理厂的数百亿美元投资，以前的污水坑现在已经提升到可以存活鲑鱼的水质。最著名的例子可能是泰晤士河。即使是在纽约港，水质自 1970 年以来也都变得更加清洁了（见图 3-25）。⊜事实上，更清洁的水意味着每单位活动的排放以比已经很快的人类活动水平增长还要快的速度被冲走。水道的生态足迹已经下降。在许多工业化国家里，空气质量的情形也是如此。通过严格的管制、投资于过滤技术以及改变清洁产品技术等多因素的综合，过去的数十年里，空气污染水平（例如，尘埃、二氧化硫、一氧化碳和铅等）在美国和在英国已经显著下降。即使是很难对付的污染物，例如大气层底部的二氧化氮和臭氧，也都已经减少。⊛注意，这种情况是在诸如发电、加热和客运与货运等活动都有相当大增长的条件下发生的。甚至在消除现代毒素方面也取得了进步，包括聚氯联二苯（PCB）、DDT 和其他杀虫剂。⊕在这里，这种成功更多是区域性的，总体的情况比较复杂，因为许多这种持久的、具有生物累积

⊖ 先前部分信息来自于 Urs Weber. "The Miracle of the Rhine," *UNESCO Courier* (June 2000)，以及来自于国际莱茵河保护委员会网站的数据库（www.iksr/org）

⊜ Bjørn Lomborg, *The Skeptical Environmentalist:Measuring the Real State of the World* (Cambridge:Cambridge University Press, 2001), 203.

⊜ 同上，第 167~176 页。

⊛ Bjørn Lomborg, *The Skeptical Environmentalist:Measuring the Real State of the World* (Cambridge:Cambridge University Press, 2001), 第 205 页。

性的物质是在全球范围内传输的，并在遥远人群的身体脂肪内累积。

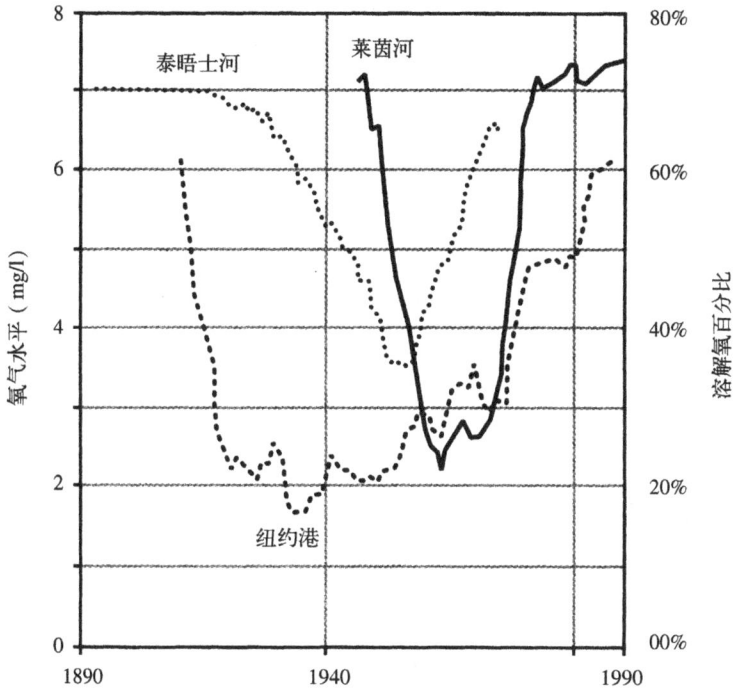

图 3-25　被污染水体中的氧分

注：有机污染会降低水体中维持生命的氧分水平。自 20 世纪六七十年代以来，在废水处理系
　　统方面的大规模投资已经使得莱茵河、泰晤士河和纽约港水体中的氧分含量得到提高。
资料来源：A. Goudie; P. Kristensen 和 H.Ole Hansen; 经合组织（OCED）；英国就业和生产率
　　部（DEP）。

这就是富裕国家花钱以减少污染的记录。世界上最严重的空气污染和水污
染现在被发现位于东欧和新兴工业化国家，在这些国家里花费上十亿美元来进
行降污努力简直是无法想象的。2001 年一场雾霾使得东南亚国家的天空变黑这
一事实引起了全世界的关注。

这就是最明显的污染物记录——人们能够直接体验到的污染物，因而也是
引起政治关注的污染物。可见的水和空气污染也日益被关注，并且是相当成功
地被关注——在当前世界的领先公司对于日益提高的生态效率关注的背景下。
然而这种关注需要持久性，以便平衡持续增长的人类活动。

　　至少到目前为止，最难以对付的污染物是核废料、危险废物以及威胁全球生物地球化学过程的废物，例如温室气体。它们在化学上最难以隔绝或解毒，在生理上也最难以为我们的感官侦测到，以及在经济和政治上最难以规制。

　　没有一个国家解决了核废料问题。从本质上说，这些废料对于所有形式的生命而言都是危险的，无论是其直接毒性还是诱发毒性。掌握在坏人的手里，它们就可能变成恐怖的工具。自然界并没有办法以无毒的方式消解它们。它们依据自己内部的时间表来分解，这个过程可以是数十年、数百年甚至数千年。作为核电生产的副产品，它们正稳定地累积着，放在核反应堆容器内储存于地下或者水池中，寄希望于有朝一日人类的技术创造性和制度创造性能够想出别的地方来安置它们。结果，就有了对于核能大规模使用的安全性的广泛质疑。

　　另一个重要的废料类别是人工合成化学物质。它们以前从未在这个星球上出现过，因而没有有机体已经进化到能从根本上将它们分解从而使它们无害化。超过65 000种工业物质目前正用于日常商业之中。但我们只能获得其中少数物质的毒性数据。每天都有新的化学物质进入市场，其中许多都没有经过充分的毒性检验。[○]世界每天产生数千吨的危险废料，它们中的大部分都在工业化国家。这些国家中的许多逐渐地有了对于这一问题的认识；已经开始努力恢复被数十年不负责任的化学堆放而毒害的土壤和地下水。

　　可是，有的污染已经成为地球整体的污染物。这些全球性污染物，无论它们是谁产生的，都会影响到每一个人。一个富有戏剧性效果的例子就是名为含氯氟烃的工业物质对于臭氧层的影响。臭氧的故事是一个吸引人的故事，因为它说明人类第一次明确面对一个全球极限问题。我们认为它是如此重要、如此富有希望，因而我们将在第5章里详细讲述它。

　　大多数科学家，以及现在许多经济学家，都相信人类必须解决的下一个全球极限问题就是温室效应，或者说全球气候变化。

　　地球气候系统已经变化，无论是全球性的还是区域性的，这些变化中的一些可以归因于人类活动。

　　○　WCED, *Our Common Future*, 224.

- 自 1860 年以来，地球已经变暖了 0.6±0.2 摄氏度，过去的 20 年成为上个世纪最暖和的时期。
- 对于北半球而言，20 世纪地表温度的上升可能比过去 1 000 年里任何一个世纪的上升幅度都要大。
- 降雨模式已经变化，在一些地区暴雨发生的数量上升。
- 自 1900 年以来，海平面已经上升了 10~20 厘米；大多数非南北极的冰川正在消融，夏天北冰洋冰雪的范围和厚度正在缩减。
- 人类活动提高了导致大气升温的温室气体的聚集度以及在某些地方能够使大气变冷的硫酸盐悬浮微粒的聚集度。
- 过去 50 年间大多数可观察到的变暖现象都可以归因于人类活动。⊖

数十年来，科学家们一直在测量来自矿物燃料燃烧而产生的二氧化碳在大气中的累积数量。在我们的第一本书中，我们已经概要给出了关于二氧化碳的数据。⊖二氧化碳截住热量因而提高了地球的温度，就像是一个只让太阳能进来而不让其出去的温室一样，人们知道这一点已经有上百年的时间了。过去的 30 年里，越来越明显的是，人类活动排放的其他温室气体也会在大气中以指数形式堆积：甲烷、一氧化二氮以及同样威胁着臭氧层的含氯氟烃（见图 3-26）。

全球气候变化并不容易被迅速检测到，因为每天之间或者每年之间的天气都会自然变化。气候是天气的长期平均；因此，它的测量也只能在长期中进行。然而，气候变暖的证据早在 10 年前就已经可察觉了，自那以后一直以一种令人担忧的速度累积着。去年是有记录以来最热的一年，这一点正在成为老生常谈，如果考虑到全球平均温度上升的速度的话，这并不会令人感到惊讶，如图 3-27 所示。

卫星监测表明在北半球冰雪的覆盖面积在缩小，北极冰盖正在变薄，在一艘俄罗斯破冰船上的西方旅行者最近很惊讶地发现，当他们到达北极时居然有

⊖ Robert T. Watson，气候变化政府间委员会主席，他于 2001 年 7 月 19 日向联合国气候变化大会第六次成员会议宣读了 IPCC 第三次评估报告（气候变化 2001）的关键结论。该报告在 www.ipcc.ch 中可以获得。

⊖ D.H.Meadows et al., *Limits to Growth* (New York:Universe Books,1972),79.

露天水域。1980~1998 年，共报道了 100 例 "珊瑚礁白化" 现象，即世界范围内的珊瑚礁变白而死，相比而言，在此前的 100 年里，同样的现象只有 3 例。白化是由于海洋温度的不寻常上升而迅速引发的珊瑚礁反应。⊖

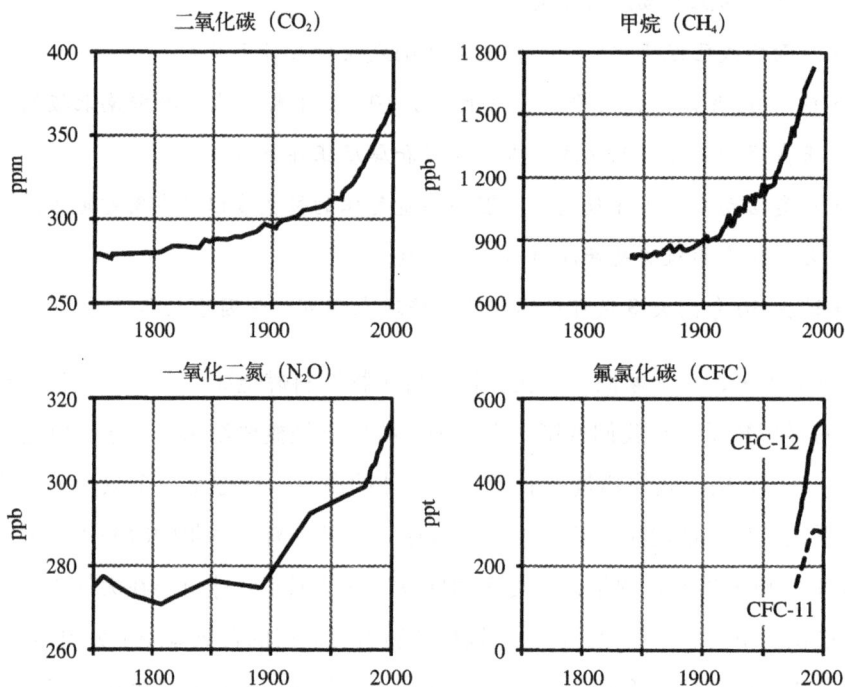

图 3-26　全球温室气体聚集

注：二氧化碳、甲烷、一氧化二氮以及含氯氟烃都减少了热量从地球向外层空间的散发，因此提升了地球温度。这些气体的大气聚集度自 19 世纪以来就一直在上升，氟氯化碳（CFC）除外，它是在 20 世纪中期首次合成的。

资料来源：二氧化碳信息分析中心（CDIAC）；联合国环境规划署（UNEP）。

即使是一些经济学家（以对 "环境保护论者的危言耸听" 持怀疑态度而出名的团体）也正在被说服相信在大气层中发生着一些不同寻常而又显著的事情，而它有可能是人类造成的。在 1997 年，至少由 2 000 名经济学家组成的团体，包括了诺贝尔奖得主，发表了一份声明：

有证据表明，人类对全球气候产生了可以察觉到的影响。作为经济学家，

⊖　WWF, *Living Planet Report 1999* (Gland, Switzerland:WWF,1999), 8.

我们相信，伴随全球气候变化而来的是明显的环境、经济、社会和地缘政治危机，因此采取预防措施是必要的。⊖

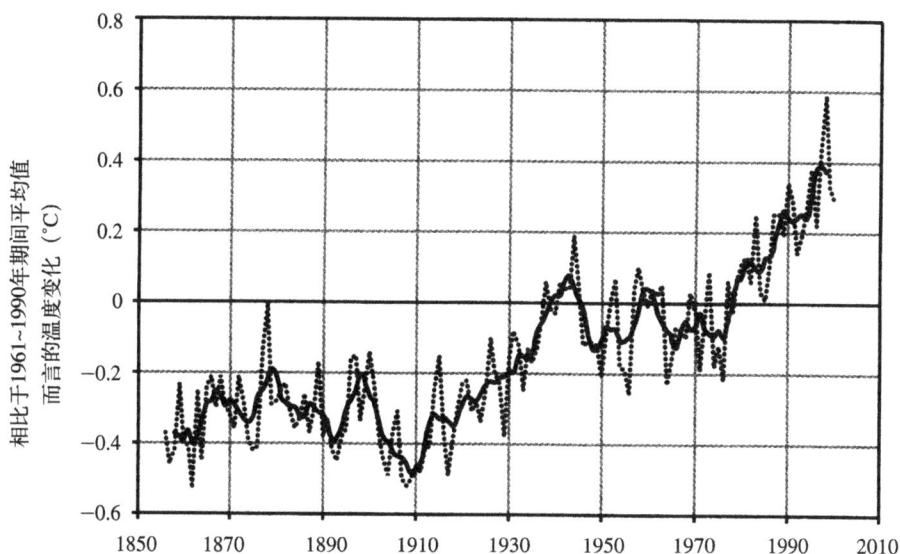

图 3-27　全球气温上升

注：过去数个世纪以来，全球平均气温已经上升了大约 0.6 摄氏度。虚线代表了年平均值，实
　　线则代表 5 年移动平均值。
资料来源：二氧化碳信息分析中心（CDIAC）。

经济学家们日益增强关注的一个原因可能是可以观察到的源自于气候相关灾害而导致的可测量经济损失的一种令人担忧的上升趋势，大约开始于 1985 年（见图 3-28）。

上述观察没有一个证明了目前这种气候变化是人类造成的。即使有的话，全球气候变化对于未来人类活动或者生态系统健康的影响也无法确切地给予预测。一些人已经发现不确定性会努力创造一种混乱状态，⊜因此重要的一点是要清楚地阐述我们确切知道什么。在这方面，我们依靠的是构成联合国政府间气候变化委员会的数百位科学家和研究人员，该委员会大约每隔 5 年发布一次

⊖　R.T.Watson et al., *Climate Change 2001:Synthesis Report,Intergovernmental Panel on Climate
　　Change* (Geneva, Switzerland:IPCC, 2001). 同样在 www.ipcc.ch 中可以获得许多说明。
⊜　关于气候和其他环境问题的怀疑者的比较生动的表述，见 Lomborg, *Environmentalist*。

他们经过深思熟虑的观点：[⊖]

- 可以肯定的是，人类活动，特别是矿物燃料燃烧和森林破坏，推动了温室气体在大气层的聚集。
- 可以肯定，二氧化碳（主要的温室气体）在大气层中的聚集是以指数方式增加的。二氧化碳聚集已经被监测了数十年。其历史聚集可以从南北极冰盖钻取冰层中存留的气泡来加以衡量。
- 温室气体拦截了原本会从地球中逃离而进入太空的热量。这是它们分子结构和分光镜吸收频率的一个众所周知的特性。
- 被拦截的热量将提升地球的温度，若非如此，地球的温度不会有此变化。
- 气候变暖将会不平衡地分布，在极点附近受到的影响比在赤道附近受到的影响要大一些。因为地球天气和气候在很大程度上是由两极与赤道之间温度的差异而导致的，风、雨和洋流将在力度和方向上有所转变。
- 地球变暖之后，海洋将会扩张而海平面将上升。如果气候变暖到足以把南北极的冰大规模融化的话，那么海平面将会显著上升，不过这需要较长的时间。

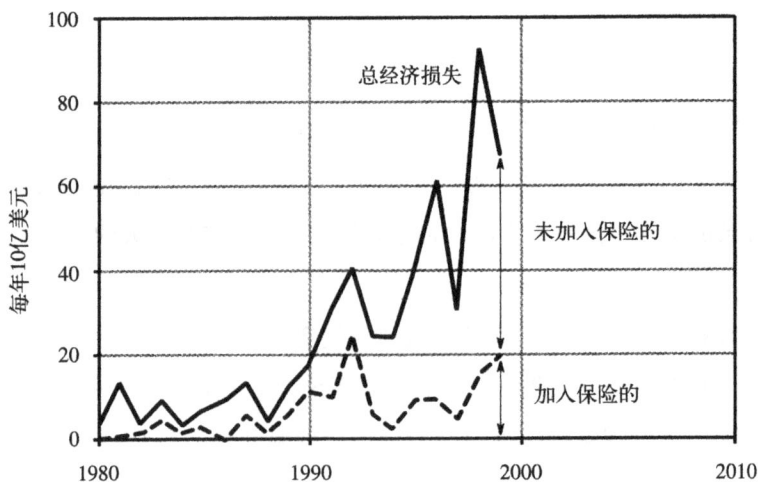

图 3-28　因气候相关的灾害而导致的世界范围内的经济损失

注：20 世纪最后 20 年的特征是因气候相关的灾害而导致经济损失日益增加。
资料来源：世界观察研究所。

⊖　参见英国诺里奇（norwich）东英格兰大学气候研究小组网站的丰富信息（www.cru.uea.ac.uk）。

　　有三个大的不确定性。第一个是，如果没有人类干预的话，全球气温会是什么样子。如果与温室气体增加无关的长期气候因素恰巧正在使地球变暖，那么温室气体将强化这些因素。第二个不确定性是，日益变暖的地球对于气温、风、气流、降雨、生态系统以及在地球每个特定地点上的人类经济将意味着什么。

　　第三个大的不确定性不得不说与反馈有关。地球上的碳流和能量流都极其复杂。可能会有自我校正机制，即负反馈过程，它们将稳定温室气体或者温度。其中的一种机制已经在运作之中。海洋正吸收人类排放的过剩二氧化碳中的大约一半。这一效应并没有强到足以阻止大气中二氧化碳聚集程度的上升，不过却足以减缓其上升。

　　也有可能存在破坏稳定的正向反馈圈，即随着气温的上升，它将使气温进一步上升。例如，随着气温上升削减了雪和冰的覆盖量，地球将反射更少的太阳热量，因此进一步使气温上升。融化了的冻土地带的土壤可能释放大量的冰冻甲烷，它是一种温室气体，这将导致进一步的变暖，更多的融化，因而更多甲烷的释放。

　　没有人知道由于温室气体增加而导致许多种可能的负反馈和正反馈将会如何相互作用，或者究竟是正反馈还是负反馈起主导作用。幸运的是，20 世纪 90 年代见证了这些问题的科学探索的大规模增长，计算机模拟正使得对可能的气候效应有更好的预测。⊖其结果，"2050 天气预报"足够令人担忧而吸引公共的关注。

　　问题并不在于未来气候是否会由于人类活动而进一步变化，而在于变化多少（幅度）、在哪些地方变化（区域模式）和何时变化（变化速度）。同样清楚的是，气候变化将在世界的许多地方负面地影响到社会经济部门，包括水资源、农业、林业、渔业和人类住所、生态系统（特别是珊瑚礁）以及人类健康（特别是媒传疾病）。事实上，政府间气候变化专门委员会（IPCC）第三次评估报告得出结论认为大多数人口都将受到气候变化的负面影响。⊖

　　科学家们确切地知道地球过去也有气温上升的现象，它们并没有迅速地或

⊖　例见 "Global Warming. Stormy Weather," *Time*, November 13, 2000,35-40, 它还提供了直到 2050 年的欧洲区域气候预报。

⊖　Watson et al., *Climate Change 2001*.

者有序地自我纠正或者平滑。事实上，它们一直处于混沌状态。图 3-29 展示了
地球气温和二氧化碳及甲烷这两种温室气体 16 万年的历史。⊖气温和温室气体
一起变化着，尽管并不清楚是谁引起了谁的变化。最有可能的是每一方都以一
系列复杂的反馈环导致另一方的变化。

　　然而，图 3-29 中最重要的信息在于当前大气中二氧化碳和甲烷的聚集程度
要远高于它们在 16 万年以前的情形。无论后果可能是什么，毫无疑问的是，人
类对于温室气体的排放正以比地球能够清空它们的速度快得多的速度突然地填
满了大气的汇。全球大气显著失衡，而且这种情形正以指数方式变得更糟糕。

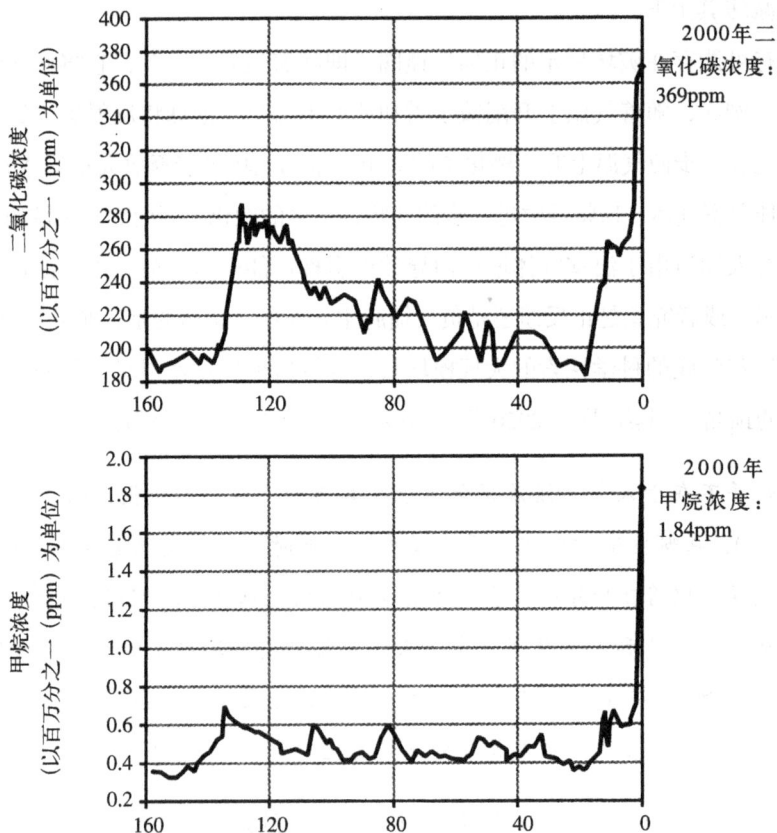

图 3-29　过去 16 万年的温室气体和全球气温

⊖　这些数据来自南极冰原深处的冰核。极地的冰积一层一层地积累了几千年，在每一层都
　有微小的气泡，保留从史前开始的记录。同位素分析能够追踪冰核层的年代并且提供以
　往年代温度的一些线索；对气泡的直接分析会提供二氧化碳和甲烷的浓度。

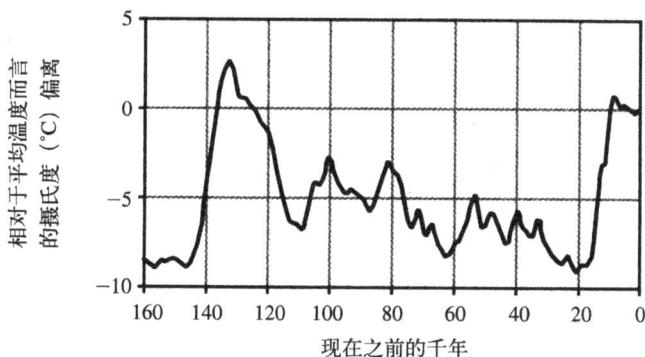

图 3-29 （续）

注：冰芯指标表明，地球上曾经有显著的气温变化（冰期和间冰期），大气中的二氧化碳和甲
烷的水平也随同全球气温的变化而变化。这些温室气体最近的聚集程度已经远远高于早
在人类出现以前时的聚集程度。
资料来源：二氧化碳信息分析中心（CDIAC）。

以人类时间尺度来衡量的话，由这种失衡而导致的运动过程可能缓慢地变动。可能需要数十年的时间来知道正在融化的冰、正在上升的海平面、正在变化的气流、正在转移的降雨、更大的风暴和正在迁移的昆虫或鸟类或哺乳动物所带来的后果。不过也有可能气候突然变化，通过我们尚无法理解的正反馈圈来实现。2002 年，美国国家科学院的一个委员会报告说：

最近的科学证据表明，重大而广泛的气候变化已经以令人惊讶的速度在发生着。例如，自上个冰期以来北极变暖的大约一半是在最近 10 年间发生的，与它相伴随的是覆盖全球大多数地方的显著气候变化……过去突然的变化依然没有得到充分的理解。⊖

无论这种变化是慢是快，我们知道的是它将需要数百年、也许数千年才会使消极影响逆转。

我们在本章中所讨论的人类活动对于环境的负面影响并不是必然的，它们都是可以避免的。日益强烈的是，污染不再被视为进步的象征，而是作为无效

⊖ Committee on Abrupt Climate Change, *Abrupt Climate Change-Inevitable Surprises* (Washington, DC:National Academy Press, 2002),1.

率和疏忽的象征。随着各行各业意识到这一点，它们正迅速地找寻办法来减少排放和资源使用，通过从头到尾重新考虑制造过程，从"末端管理"（从正在进行的生产过程中减少排放量）到"清洁生产"（为了最小化排放和资源使用而设计产品和生产过程）再到"工业生态学"（把从一个工厂的流出物当成另一个工厂的原料）。一个电路板制造商投资于离子交换柱以回收重金属废料，最终从回收金属中获得更高的收入、少得多的水费和更低的责任保险。一个制造公司减少了其空气污染排放量、水污染排放量、降低了对水的需求量、减少了固体废料生产并在经营成本上节省了数亿美元。一个化学厂商决定降低其二氧化碳的排放量以避免可预见的排污费，与此同时在能源成本上节省了大量的金钱。

许多这类工作（也许有些令人吃惊）已经被证明，即使是在短期，通过这些变化在公众关系方面所取得积极成效，也是有利可图的。毫无疑问，这些经济利益将对持续减少每单位消费的生态足迹具有很强的说服力。

如果任何产品在人类经济中所停留的平均寿命能被延长一倍，如果能循环利用的材料再多一倍，如果从一开始生产每一件产品所需要采集的材料减半，那将降低物质生产量至 1/8。[⊖]如果能源使用变得更有效率，如果再生能源得以使用，如果土地、木材、食物和水都以更少浪费的方式加以利用，并且森林得以恢复，那将会阻止温室气体和许多其他污染的上升。

■ 超越极限

粗略估计……表明现今对于自然资源和服务的占用早已超出了地球的长期承载能力……如果地球上的每一个人都享受与北美同样的生态标准，那么在目前技术水平下我们就需要三个地球来满足总的物质需求……为了可持续地适应未来 40 年人口和经济产出的预期增长，我们需要另外 6~12 个星球。

——马西斯·瓦科纳格尔（Mathis Wackernagel）

和威廉·里斯（William Rees），1996

⊖   这些可能的方法在 Ernst von Weizsäcker, Amory Lovins,and L. Hunter Lovins, *Factor Four: Doubling Wealth,Halving Resource Use* (London:Earthscan, 1997) 一书中做了更有深度的探究。

我们在本章中给出的证据，加上更多包含于世界数据库中的证据，再加上日常的报道，所有这些都表明，人类经济并不是在可持续地利用地球的存量和汇。土壤、森林、地表水、地下水、湿地、大气以及自然界的多样性正在退化。即便在可再生资源存量看上去还算稳定的区域，例如北美的森林或是欧洲的土壤，存量的质量、多样性或健康状态都处在问题之中。污染正在累积；它们的汇正在溢出。整个地球大气层中的化学成分以已经可以衡量的气候扰动的方式正在改变着。

■ 靠资本而不是收入来生活

如果一种或者数种资源存量正在下降而其他的保持稳定或是上升，人们也许会争辩说，通过用一种资源来替代另一种资源的方式（尽管这种代替也是有极限的），传统的增长依然可以持续。如果只是少数汇正被填充的话，人类可以用一种（例如海洋）去代替另一种（例如空气）。然而，由于许多汇都正被填充，许多存量也正在下降，人类的生态足迹已经超过了可持续水平，因此我们需要有一个更加根本性的改变。

我们清楚地看到，存在的极限并不是以世界总产出来衡量的人类经济活动水平的极限，而是人类活动的生态足迹。这些极限在短期并不是绝对的。超越极限并不意味着进入死胡同。最简单的类比是普通渔业，年捕捞率可以超过年再生率一段时间——实际上一直可以持续到鱼的存量被消耗掉。类似地，温室气体的排放也可以持续增长一段时间，即使当可持续极限被突破，一直到来自气候变化的负反馈迫使排放量下降。然而，下降是生产量过度之后将最终必然走向的方向，或者通过人类的选择，或者通过自然的极限。

许多人从局部上意识到人类足迹已经超越了当地极限。雅加达排放出的空气污染物比人的肺能够容忍的量还要多。菲律宾的森林几乎都消失了。海地的土壤已经严重损耗，一些地方只剩下裸露的岩石。纽芬兰的鳕鱼渔业已经关闭。巴黎人不得不在夏天忍受着更低的速度限制以减少他们冒烟的汽车所造成的污染。许多欧洲国家都见证了数千人早产而死，2003 年夏天的高温创造了新的记录。莱茵河里承载的化学物质含量许多年来如此之高，以至于从荷兰港挖掘出来的淤泥现在仍然必须以危险废料来加以对待。2001 年冬季到奥斯陆旅游的滑雪者发现几乎没有任何可用的雪。

在一些特殊问题情形下，例如腐蚀臭氧层的氟氯化碳，不仅已经有了对于过冲的认识，而且也有了坚决的国际努力去采取矫正行动。尽管总会受到同他们所代表的目光短浅和自私的纳税人同样自私、目光短浅的政府的坚决阻挠，限制温室气体排放的全球努力正艰难前行着。京都议定书的进程显然说明了从过冲返回时遇到的挑战。

关于过冲的一般问题依然很少被讨论，很少有急迫而必需的技术革新压力以使生产更有效率，而且几乎没有意愿去解决人口与资本增长的驱动力问题。对于过冲问题缺乏关注也许在 1987 年时还有理由。那时候即使是见多识广的团体，例如曾把世界发展趋势看得很严峻并声称"已经不可持续"的世界环境与发展委员会，都没有在政治上找到机会去说人类世界已经超越了极限，更不用说做出严肃的努力来解决怎么办的问题。有可能他们并不相信那是事实。不过现在，在进入新千年之际，再去否认过冲的现实和漠视后果的话就是不可原谅的了。

回避过冲问题的原因是可以理解的，是政治性的。有关降低速度的任何对话都不可避免地会走向关于分配的激烈争论——关于可获得资源以及关于当前现状责任的争论。一般而言，富人的生态足迹要远大于穷人的生态足迹。有一种说法，一个德国人的足迹要 10 倍于一个莫桑比克人的足迹，而一个俄罗斯人从地球上获取了和一个德国人同样多的资源，却不能从这些资源中获得哪怕是一种体面的生活水平。如果作为一个整体的世界正在超越其极限，那么应该由谁来就此做些什么事情呢？浪费的富人还是在数量上多得多的穷人？只要考虑到地球，答案就是以上所有人。

地球上大多数居民的持续贫困和少数居民的过度消费是环境恶化的两个主要原因。当前的进程是不可持续的，而推迟采取行动不再是一种选择了。⊖

⊖　UNEP, *Global Environmental Outlook 2000* (London: Earthscan, 1999).

环境主义者有时候用一个他们称为 IPAT 的公式来总结环境恶化的原因：

$$影响＝人口 \times 富裕程度 \times 技术$$

任何人口或国家对于地球的源和汇的影响（生态足迹）是与其人口（P）乘以其富裕程度（A）再乘以为了支撑这种富裕程度而使用特定技术所造成的破坏（T）这三者之乘积相关的。为了降低人类的生态足迹，每一个社会都应该在最有可能改进的地方加以改进，这一点似乎是合情合理的。南方国家最有余地在 P（人口）上改进，西方国家最有余地在 A（富裕程度）上改进，而东欧国家最有余地在 T（技术）上改进。

改进的总余地是令人惊讶的。如果我们更加精确地定义 IPAT 方程中的每一项，那么我们可以看到会有多少方式去降低生态足迹，以及会有多大的降低可能性（见表 3-3）。⊖

富裕程度是由较高的消费率决定的，例如，花费在看电视、驾车和在房间休息上的小时数。富裕的生态足迹是与这种消费相联系的物质、能源和排放而产生的影响或吞吐量。例如，如果一个人每天需要喝三次咖啡，那么依赖于使用的杯子是传统的瓷器杯还是塑料杯，其足迹就会有相当程度的不同。维护瓷器杯需要水和肥皂去清洗它们并需要用少量的杯子去替代每年破损的杯子。而另一方面，如果一个人使用并扔掉聚苯乙烯材质的杯子，那么维护流就包括了一年中使用的所有杯子以及生产它们和把它们运送到使用地点所使用的石油和化学物质。

在表 3-3 中，技术的影响被定义为形成和输送每一种物质流所需要的能源乘以每单位能源造成的环境影响。挖掘用以制造陶瓷杯子的黏土、煅烧黏土、把杯子送到居民手中、把水加热以清洗它们都需要能源。发现和抽取用以制造掉聚苯乙烯材质杯子的石油、运输石油、进行提炼、形成聚合体、塑造杯子、运送杯子以及把用过的杯子运到堆存处都需要能源。每一种能源都有其环境影响。生态足迹可以在技术上加以改变，凭借污染控制设备、凭借能源效率改变或者通过转换至另一种能源源泉。

⊖　我们采用的这个公式改编自 Amory Lovins 原创的公式。

表3-3　人口、富裕程度和技术的环境影响

人口 ×	富裕程度		技　术		= 环境影响
	$\dfrac{\text{资本存量}}{\text{人}}$ ×	$\dfrac{\text{物质吞吐量}}{\text{资本存量}}$ ×	$\dfrac{\text{能源}}{\text{物质吞吐量}}$ ×	$\dfrac{\text{环境影响}}{\text{能源}}$	
例子					
人口 ×	$\dfrac{\text{杯子}}{\text{人}}$ ×	$\dfrac{(\text{水}+\text{肥皂})}{(\text{杯子/年})}$ ×	$\dfrac{\text{千兆焦耳或千瓦时}}{\text{千克的水}+\text{肥皂}}$ ×	$\dfrac{(CO_2,NO_x,\text{土地使用})}{\text{千兆焦耳或千瓦时}}$	
适用工具					
计划生育	价值	生产寿命	最终使用效率	良性源泉	
女性识字	价格	物质选择	转化效率	等比缩放	
社会福利	完全成本	最低物质设计	分配效率	路径选择	
妇女地位	我们需要什么	循环、再利用	系统集成	技术减缓	
土地占有	什么是足够的	废料恢复	过程重新设计	弥补	
近似长期变化范围					
2 ×	?	3~10 ×	5~10 ×	$10^2 \sim 10^4$ ×	
重大变化的时间尺度					
50-100年	0~50年	0~20年	0~30年	0~50年	

表 3-3 中的任何因素变化都将改变生态足迹并把人类经济带入离地球极限更近或者更远的境地。减少人口或者每个人累积的物质存量都将有助于把人类世界保持在地球极限范围之内。能有同样效果的还有更高的生态效率，也就是对于能源或物质的更低消耗率（和更少的排放）每单位消费的排放。表中列出了一些工具，它们可能有助于降低方程中的每一个因子，也对每个因子的影响贡献度可能被削减的程度以及需要的时间跨度给出一些猜测。

显然，如果以这种方式的话，会有许多许多的选择。人类对于地球源和汇的影响可以以令人惊讶的程度得到降低。即使假设在每一个可能改变的区域只有微小的成绩，把它们放到一起的话，它们就可以把人类对于地球的影响以数百倍或者更多倍的因子降低。

如果有如此多的选择，那为什么我们不费点周折去追求它们中的一些呢？如果我们做了又会如何？如果人口、富裕程度和技术趋势开始逆转的话又会发生什么？它们彼此联系在一起的方式又将如何？如果技术变化降低了生态足迹，但那时人口和资本却进一步增长的话又会发生什么？如果生态足迹根本就没有任何降低的话又会如何？

正如我们在本章中已经看到的那样，这些问题都不单单是关于资源存量或污染汇方面的，而是关系到整个生态足迹与人口和资本的相互作用，以及人口和资本的相互作用的问题。为了解决这些问题，我们需要从一个静态的、单一因素、单一时间段的分析步入一个动态的、全系统的分析。

第 4 章

World3 模型：有限世界的增长动态

Limits to Growth

如果当前对人口增长的预测被证明是准确的，并且人类在地球上的活动模式保持不变的话，那么科学技术可能也无法防止不可逆转的环境退化以及世界上大多数人的持续贫困。

——伦敦皇家协会与美国国家科学院，1992

影响人口增长和工业增长的因素中包括了许多相互强化或相互冲突的因素。出生率下降的速度比预期的快，然而人口却依然在增加。许多人口正在变得更加富裕，他们需要更多的工业化产品，然而他们也希望更少的污染。用以维持工业增长所需要的能源与物质流正在耗尽不可再生资源存量以及恶化可再生资源。不过在开发探明新储量和更有效地使用物质方面，技术已经取得了稳步进展。每个社会都面临着资本短缺，要发现更多的资源、生产更多的能源、清洁污染、改进学校、健康医疗和其他社会服务都需要投资。然而这些投资必须与日益增长的对于更多消费产品的需求相竞争。

在未来的数十年里这些趋势将如何相互作用和演化呢？为了理解它们的含义，我们需要一个比我们的早期模型更加复杂的模型。第 4 章讲的是 World3 模型，也就是我们创建和使用的计算机模型。我们在这里将概括 World3 模型结构的主要特征并介绍该模型给我们提供的有关 21 世纪的一些重要见解。

■ World3 模型的目的与结构

当某人给出一个模型以作为谈论未来的基础时，确切了解有关未来会发生什么的普遍愿望可能导致误解和沮丧。自从 30 年前我们出版了本书的第 1 版以来，我们确实遇到过此类麻烦。这一问题在一本经典科幻小说中通过在一个名为瑟尔登（Seldon）的建模者和国王之间的对话得以说明：

"据我所知你相信预测未来是可能的。"

瑟尔登突然感觉到很疲倦。看起来对他理论的这种误解是注定要发生的。也许他不应该提交他的论文。

他说，"事实上，不全是这样。我所做的远比这要有限得多……我所做的……是想表明……有可能选择一个起点并做出合理假设来消除干扰。这将有可能用于预测未来，当然，不可能是全部细节，只是一个宽泛的轮廓；也不确切……"

一直在仔细倾听的国王说道，"这不就是说你还没有证明如何去预测未来吗？"⊖

在本书的剩余部分里，我们将经常使用 World3 模型来做一些模拟以帮助我们谈论有关未来"宽泛的轮廓"的部分。为了将对我们目标的混淆降到最低，我们先从几个定义和关于模型的严谨注释开始。

模型是对现实的简单表述。如果它能完全复制现实，那么它将不会有多大用处。举例来说，如果一张公路地图包含了所有景观的每一个特征，那么它对于司机而言就没有多大用处了——它关注的是道路，而省略了沿线建筑和植物的大多数特征。一个小的飞机模型对于研究定机翼在风洞中的动力学很有用处，但它无法给出在真实的飞机里有关乘客舒适程度的信息。一幅画可以传递某种情绪或某个景观上的物理布局信息，然而它无法回答有关它所描绘建筑的成本或是绝缘情况的任何问题。为了处理这些问题，就需要一种不同的图形模型——建筑结构蓝图。由于模型总是简化的，它们不可能完全有效；没有模型是完全正确的。

相反，建立模型的目的在于建立一个对于特定目标有用的模型，以回答一系列相关的问题。接着，人们必须时刻提醒自己模型是有局限性的并且要意识到它并不能够回答所有的问题。我们已经把我们的努力集中于使 World3 模型有用——针对有关地球长期物质增长的一系列仔细限定的问题而言。不幸的是，这意味着 World3 模型将不会给你所关注的大多数问题提供有用的答案。

模型可以采取许多种形式，通常的形式是智力的、文字的、图像的、数学的或者物理的。例如，本书中的许多言语都是文字模型。增长、人口、森林和水都只是符号，用简单的文字描述来代表非常复杂的现实。每一幅图、表、地

⊖ Isaac Asimov, *Prelude to Foundation* (New York: Doubleday, 1988), 10.

图和照片都是图像模型。它们之间的关系是通过文章中对象的出现和位置来表达的。World3 模型是一个数学模型，它所包含的关系是通过一系列的数学方程来表述的。在我们努力去理解增长与极限的时候并没有使用物理模型，尽管它们对于许多其他目标而言是很有用的，例如规划社区与设计产品。

心智模型是精神上的抽象。它们并不能被其他人直接接受，它们是非正式的。正式的模型是以一种其他人可以理解的方式存在的，有时候可以由其他人来操作。这两种模型可以完美地相互作用。利用正式模型，我们可以更多地了解现实以及有关其他人的智力模型。这样也丰富了我们自己的心智模型。随着理解的加深，我们能够创建更多有用的正式模型。这种反复过程我们已经进行了三十多年，而本书只是其中的一个结果。

为编写这本书，我们已经将文字、数据、图像和计算机模拟场景都有机地组织在一起。本书就是一个具有我们思维内容的模型，构建这个模型也改变了我们的认识。这些文字是对我们有关未来世纪里这个星球物质增长的当前思考与理解的最佳表征。不过本书只是关于这些想法的一个模型，它们本身，就像每个人的想法一样，只是"现实世界"的模型而已。

因此我们也遇到了困难。我们将谈论一个正式模型，一个基于计算机模拟的世界。为了使这个模型有用，我们将不得不把它与"现实世界"加以比较。我们所有人都对通常称为现实世界的实体有我们自己的心智模型。有关周围世界的心智模型是由客观证据和主观感受来获得的。它们使得人类成为极其成功的物种。它们也使人们有了许多的麻烦。不管这些心智模型有多强或是有多弱，它们与它们试图表述的巨大、复杂和不断变化的宇宙相比而言却是令人可笑的简单。

由于我们对于模型不可避免的依赖，为了提醒我们自己和你们，我们将把World3 模型的参照物——"现实世界"用引号标注起来。我们这里的"现实世界"或者"现实"仅仅是本书作者们共同的心智模型。现实这个词的含义绝不可能超出使用该词的人的心智模型。我们也无法逃避这个事实。我们只能说，通过对计算机模型的不断调试，我们的心智模型已经变得比过去更加严格、更加综合并且更加清晰。这就是我们计算机模型的优势：它们加入了一些方法、逻辑和基本算法，这些对于单纯的心智模型而言是难以实现的，而且它们为改进心智模型提供了非常有用的基础。

World3 模型是复杂的，然而其基本结构并不难理解。它追踪着一些存量，例如人口、工业资本、持久污染和耕地。在模型里，这些存量的变化是通过一些流量来体现的，例如出生和死亡（在人口情形里）；投资和折旧（在每个资本存量情形里）；污染产生和污染同化（在持久污染的情形里）以及土地流失、土地开发和用于城市和工业用途的土地占有（在宜耕地情形里）等。只有一小部分宜耕地用于耕作。耕种土地数量乘以平均土地产出就得到了总粮食产量。粮食产量除以人口就得到人均粮食量。如果人均粮食量降低到某个临界值的话，则死亡率就会开始上升。

如果逐个看的话，World3 模型的构成与关系都是很直观的。例如，World3 模型考虑了人口增长要素、污染累积量、资本项目的生命周期以及不同部门之间对投资的竞争。它特别关注导致一个事件发生变化所需要花费的时间、流的滞后以及物理过程的缓慢演变。它包含了许多许多的反馈圈。这些圈是因果关系的封闭循环，一个因素经常是它自己未来行为的局部原因。例如，人口的变化可能导致经济的变化。随着经济产出构成的改变，它将影响到出生率与死亡率。这些速度的变化又会进一步改变人口。反馈圈是使得 World3 模型呈现复杂动态的一个因素。

另一个因素是该模型的许多非线性关系。这类关系无法用直线来表示；它们导致相关变量在一定范围内不成比例地变化。假定 A 影响 B。在线性关系情形下，如果 A 的翻番导致 B 也翻番，那么你就会知道 A 减半也会导致 B 减半。A 增加 5 倍将导致 B 也增加 5 倍。线性关系趋于产生相对容易理解的行为。然而线性关系很少能在"现实世界"中找到。例如，在 World3 模型中我们必须分析人均粮食对于人类预期寿命的影响。两者之间的一种关系在图 4-1 中给出。如果营养不良的人得到更多食物的话，那么他们的预期寿命会显著增加。如果社会设法把人均每天的平均食物消费量从 2 000 增加到 4 000 植物热当量，那么就会发现他们的平均预期寿命可能会增加 50%，从 40 年增加到 60 年。然而如果把食物消费量再翻倍，到 8 000 热当量，就会发现预期寿命增加得并不多——也许只增加了 10 年。如果食物消费再进一步增加的话，可能实际上会降低预期寿命。

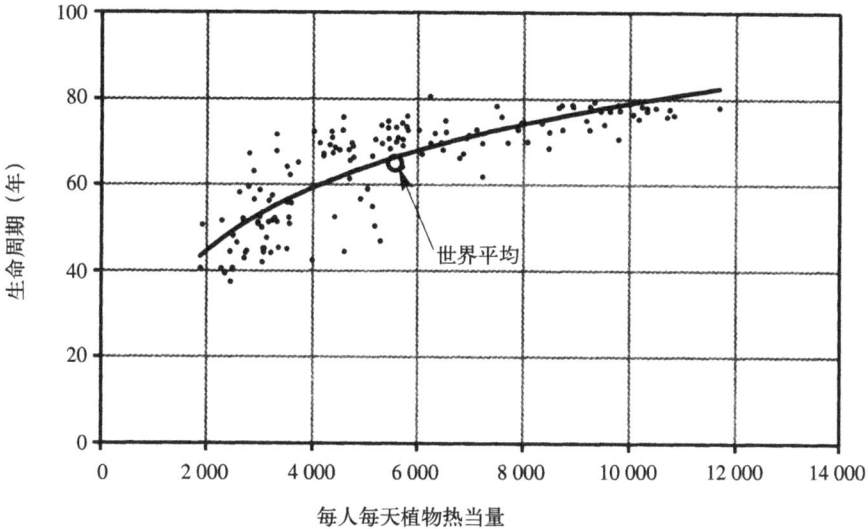

图 4-1　营养与预期寿命

注：人群的预期寿命是其所获得营养的非线性函数。图形中每一个点都代表着 1999 年一个国家的平均预期寿命和营养水平。营养水平以每人每日的植物热当量来表示，从动物中获取的热量乘以转换因子 7 来加以衡量（因为大约 7 卡路里的植物饲料才能生产出 1 卡路里的动物热量）。

资料来源：世界粮农组织（FAO）；联合国（UN）。

　　诸如此类的非线性关系贯穿于整个"现实世界"因而也贯穿于整个 World3 模型。图 4-2 给出了 World3 模型中使用的一种非线性关系的例子：把开发新农业用地的成本作为依然未使用的潜在宜耕地的函数。我们假设最初的农民进入最肥沃并且灌溉良好的平原开始以很低的成本进行耕作。如曲线最右边所示，在这里几乎百分之百的潜在宜耕地依然保持着未开垦的状态。然而随着越来越多的土地得到开垦用于农业（移向曲线的左边），剩下的只是较为干旱或是更加陡峭的地块，或者土壤较为贫瘠或者温度更不适宜的地块。解决这些问题的成本提升了土地的开发成本。与消费者总是购买成本最低的商品的经典经济学原理一致，World3 模型假定最后一批购买的耕作用土地事实上将花费巨额成本——成本非线性地飙升。

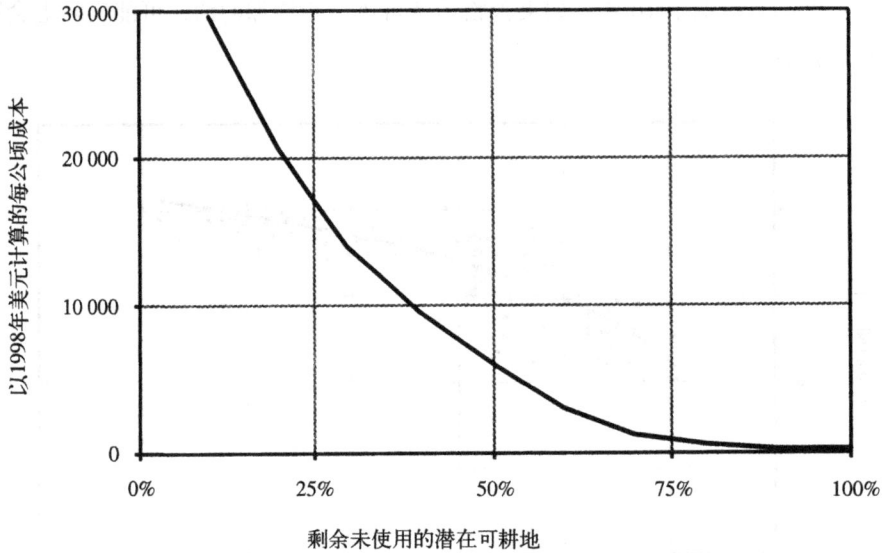

图 4-2 新农业用地的开发成本

注：World3 模型假定将新土地转入农业用途的成本随着宜耕地的减少而上升。

资料来源：D.L.Meadows et al.

　　一件事情推动着另一件事情并且产生某种效应。如果这种推动力再稍大一点，则会不成比例地产生更大效应，或者可能没有变化，或者有更大的变化，或者是反方向的变化。正是由于这些非线性，无论是在"现实世界"还是在 World3 模型中，有时候都会产生出令人吃惊的行为，这些我们将在本章的后面部分加以描述。

　　World3 模型中的延迟和非线性以及反馈循环都导致了复杂的动态，不过模型依然只是现实的极大简化。它并不区分世界不同的地理区域，也不分别代表富人和穷人。污染在模型中被高度简化。生产过程释放了数以千计的不同污染。它们可能在环境中以不同的速度移动，以许多不同的方式影响植物和动物种类。World3 模型用两类加总变量来描绘这些污染物的影响———一类代表了短期的空气污染，另一类则代表其他长期毒性物质。该模型区分了粮食、纤维等可再生资源和矿物燃料、矿产品等不可再生资源，而没有单独给出每一种粮食、每一种燃料和每一种矿物的产量。World3 模型省略了暴力的原因与结果，在该模型中没有明确表述军事资本与腐败。

这种简化的程度令一些人感到惊讶，他们原以为一个世界模型应该包含我们对于这个世界所了解的一切，特别是所有的区别——它们是如此的令人着迷，从每个学科的观点来看，又是如此的关键。然而，包括进这么多的区别却并不一定会使模型更好。它将使得模型更难以理解。尽管其相对简单，World3 模型却比大多数用于对地球长期未来进行判断的模型更加综合、更加复杂。

如果你试图理解一个社会系统的未来行为，那么你需要一个平衡的模型。如果创建的模型对一个部门描述得极其详尽而对另一个部门则是非常简单的假设，这样的话并没有多大的意义。例如，一些人口模型追踪了两代人并记录了大量国家或地区的许多年龄段数据，不过它们却简单地假设出生率和死亡率将遵循既定的路径并且彼此相互独立。⊖一些经济模型包括了数十个甚至于数百个经济部门，然而它们假定在投入与产出之间只是简单的线性关系；或者假设市场迅速使供给与需求平衡；或者假设人们做出决策是基于纯粹的经济优化和信息完全可知。

如果一个模型想要就一个系统的未来行为给出有用的见解，那么它应该明确地描绘出所有其重要变量的原因。一些模型有数百个方程用于描述对于某个变量或者某个部门的各种影响，而把其他的变量（例如能源使用）作为由模型以外的因素驱动的外生变量，这些因素事实上是源于历史数据或者是建模者的直觉。模型（就像是金属链条一样）可能受限于它们最薄弱的环节。我们已经尽我们最大努力来避免做简单化的假设、遗漏掉关键的因素或者把重要的变量建立在外生投入之上。

我们其实没有必要在这里详细说明这些。我们已经创建了包含 World3 模型和文档的 CD 光盘。你可以得到该光盘的副本，重新生成我们的所有模拟场景，对它们进行比较，进而评估我们对于它们蕴意的阐述。⊖

⊖　这种研究方法的一个实例来自于 Wolfgang Lutz, editor, *The Future Population of the World: What Can We Assume Today?* 一书的修订与更新版本。

⊖　CD 中有 World3 的 STELLA 的流程图，这是 Scenario1 的完整模型，也可以通过这个界面重现和检查书中 11 个场景的细节。要获取订购信息，可查看 www.chelseagreen.com。

World3 模型的建模目的

为了避免建立一大堆无法接受的假设，建模者们必须对自己有所约束。他们不能把所有自己知道的东西都加入到模型中去，而只能把与模型目标相关的东西加进来。建模的艺术，就像诗歌、建筑、工程或绘制地图一样，就在于包括必要内容以达到目标，而没有冗余。这说起来容易做起来难。

因此，理解一个模型并评判它的效果，重要的一点在于理解它的意图。我们开发 World3 模型是为了理解未来的一个宽泛片段的可能方式或者行为模式，在未来的世纪里，通过这些模式人类经济将与地球的承载能力相互作用。⊖当然，还有许多其他重要的长期全球问题需要问：何种政策能够最大化非洲的工业发展可能性？在一个存在许多文盲的地区里计划生育的最佳设计是什么？社会如何能够缩小一国之内及国际之间富人与穷人的差距？在解决国与国争端时作为主导方式的是冲突还是协商？回答这些问题所需要的因素和关系大部分在World3 模型中是没有的。其他的模型，包括其他计算机模型，可能有助于回答其中的一些问题。然而如果它们要成为有用的模型，那么这些模型必须考虑到我们对 World3 模型核心问题的回答，这个问题是：未来数十年里日益扩张的世界人口与物质经济将如何相互作用以适应地球有限的承载能力？

具体一点地说，承载能力就是极限。任何超出其承载能力和突破极限的人口增长都将是不可持续的。如果有任何人口在承载能力之上，则它将恶化它所依赖系统的支撑能力。如果环境的再生是可能的，那么这种恶化是暂时的；如果再生是不可能的，或者它需要数百年才能够完成，则这种恶化实际上将成为持久的。

⊖ 承载能力概念的界定最初是适应相对简单的人口资源系统。举个例子，它用来谈论一块草地能供养而又不会使土地恶化的牛的数量。用到人类人口上，承载能力这个词就比较复杂了，现在还没有被普遍接受的定义。它比较复杂是因为，人们从环境中获取各种不同的资源；人们制造各种废物；人类对环境的作用受各种各样技术、制度和生活方式的影响。关于一个系统为了可持续发展而要坚持的最少的时间，现在有不同的说法。对于如何将其他物种的需求考虑进去，人们也有不同意见。无论如何，承载能力是一个动态的概念。它总是随着天气、技术进步、消费模式、气候以及其他因素的变化而变化。我们比较宽泛地使用这个词，来指定在普遍的环境下，也就是在地球上可以存在很多年而又不至于恶化地球的总体生产力的人口数量。见 Joel E. Cohen, *How Many People Can the Earth Support?* (New York: W. W. Norton, 1995)。

一个增长的社会可以以四种普通方式来运用其承载能力（见图4-3）。⊖首先，它能够以不中断的方式增长，只要它的极限还很远或者它的增长比人口的增长更快。其次，它可以在承载能力之下平滑地实现某种均衡，以一种被生态学家称为逻辑斯蒂，或者 S 形，或者 C 形增长的行为来实现，如图4-3b 所示。这两种选择对地球社会都已经不再有效了，因为它已经处于其可持续极限之上。

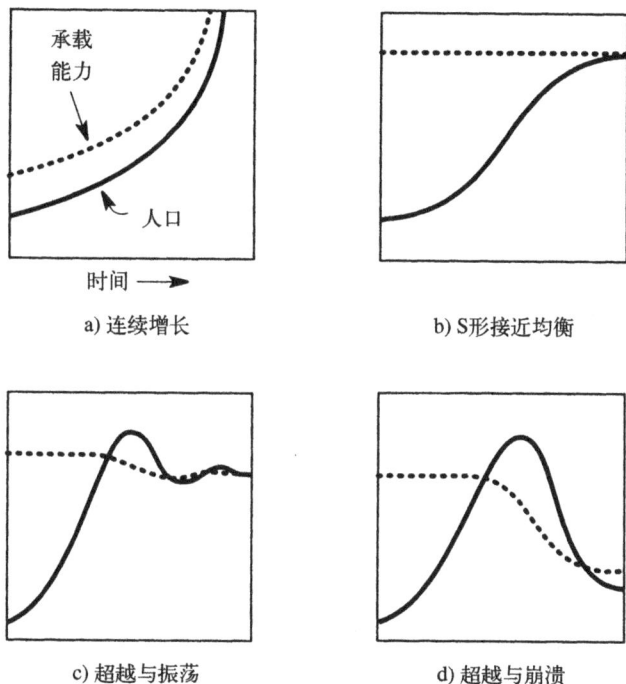

a) 连续增长　　　　　　　　　　b) S形接近均衡

c) 超越与振荡　　　　　　　　　d) 超越与崩溃

图 4-3　人口对于其承载能力的可能处理模式

注：World3 模型面对的中心问题是：这些行为模式中的哪一种最有可能作为人类人口与经济达到地球承载能力的结果？

对于增长社会的第三种可能性就是超越其承载能力而没有大规模和持久的破坏。在这种情形下，生态足迹在达到平衡之前将围绕着极限振荡。这种行为，如图4-3c 所示，被称为阻尼振荡。第四种可能性是超越极限，并且对资源基础

⊖　其他的作者发现这种分类法在思考人类未来时比较有用。例见 William R. Caton, *Overshoot: The Ecological Basis of Revolutionary Change* (Chicago: University of Illinois Press, 1982), 251-254。

形成严重而持久的破坏。如果这种情形发生的话，那么人口与经济将会被迫迅速下降以达到一个新的平衡，而迅速降低的承载能力则处于一个更低的水平。我们用超越和崩溃来表示这种选择，如图 4-3d 所示。

广泛而令人信服的证据表明，全球社会现在已经处于其承载能力之上。何种政策将增加平稳转回到地球极限之下的机会——如图 4-3c 那样而不是如 4-3d 那样地转变？

"全球社会"的概念融入了人口规模及其消费的规模与构成这两种影响。为了表达这一观念，我们使用了由马西斯·瓦科纳格尔及其同事们定义的"生态足迹"这一术语。[⊖]正如我们已经指出的那样，人类的生态足迹是人类给地球带来的总负担。它包括了农业、矿业、捕鱼、森林砍伐、污染排放、土地开发和生物多样性缩减的影响。生态足迹通常随着人口的增长而增长，因为当消费增长时它也就增长。不过它也可以降低，当合适的技术得以利用来减少每单位人类活动的影响时。

驱使我们开发 World3 模型的原因可以用另一种方式来表达。既然全球人口的生态足迹目前已经在地球承载能力之上，那么当前的政策会不会把我们引向一个相对和平、有序的振荡，而不至于导致人口与经济的强制性剧烈下降？或者国际社会会不会经历崩溃？如果很可能崩溃，它将会何时发生？何种政策现在可以实施以便减缓这种下降的步伐、规模以及社会和生态成本？

这些问题都是一些宽泛的行为可能性，并非准确的未来状况。回答这些问题需要一种不同于做精确预测时所需的模型。例如，如果你把一个球垂直向上抛入空中，你有足够的知识来描述它的一般行为会是什么。它将以递减的速度上升，接着逆转方向然后下降得越来越快，直到落地。你知道它将不会永远持续上升，也不会开始绕地球转，也不会在着地之前弹跳三次。

如果你想准确预测球会上升到多高或者精确地预测在什么地方和在什么时候它会着地，那么你需要有关球的许多特征信息、纬度、风力和初始抛力的信

⊖ M. Wackernagel et al., "Ecological Footprints of Nations : How Much Nature Do They Use? How Much Nature Do They Have?" (Xalapa, Mexico: Centro de Estudios para la Sustentabilidad [Center for Sustainability Studies], March 10, 1997).

息以及物理学定律。类似地，如果你试图要预测 2026 年的世界人口规模，或者预测世界石油生产何时达到顶峰，或者准确地知道 2070 年的土壤侵蚀率，那么我们将需要一个比 World3 模型复杂得多的模型。

据我们所知，没有人曾经构建过这样的一个模型，我们也相信没有人会最终成功构建出来这样一个模型。这仅仅是因为对数十年以后的世界人口、资本和环境进行准确的"点预测"是不可能的。没有人有足够的知识去这么做，也有充足的理由相信他们将永远不会这么做。地球社会系统是如此令人恐惧而又令人惊叹的复杂，它的许多关键参数仍未能够测量，其中的一些很可能是无法测量的。人类对于复杂生态循环的理解是相当有限的。此外，人类观察、适应与学习、选择和变换他们目标的能力使得这个系统内生地不可预测。

因此，当我们正式构建我们的世界模型的时候，它的目标就不是进行点预测，而是去理解该系统的宽泛未来和行为趋势。我们的目标在于告知和影响人类的选择。为了实现这些目标，我们并不需要精确地预测未来。我们只需要确定将会增加系统行为可持续性和减弱未来崩溃严重性的政策。把对于灾害的预测告诉那些聪明而有能力行动的读者，从理论上讲，将通过引导避免灾难的行动而击败预测或者宣告预测的无效。基于所有这些原因，我们选择了聚焦于模式而不是个体数量。凭借我们构建的 World3 模型，我们希望它是一个自我击败的预言。

为了实现我们的目标，我们在 World3 模型放入了可能用来理解抛球（或者日益增长的经济与人口）行为趋势的各种信息，而不是描述某个特定球的特定抛掷的准确轨迹所需要的各种信息。

我们考虑了在数十年时间内将逐渐产生的变化。因此我们把我们对污染的忧虑主要聚焦于持久性的物质——那些将在环境中保持许多年的物质。我们把持久污染表述为农业和工业产生的能够影响人类和作物健康的长久存在的化学复合物和金属的集合。我们考虑到了污染找到合适的地方以能够造成可测量的损害之前的时滞，因为我们知道杀虫剂进入地下水需要的时间，或者氯氟烃分子上升并对臭氧层造成破坏需要的时间，或者汞进入河流并在鱼肉里累积需要的时间。我们表述了这样一个事实，即自然过程可以在一定时间内阻止大多数污染物的损害；我们也表述了另外一个事实，即这些自然清污过程本身可能会受到损害。有关持久污染物的广为人知的动态特征被包括在 World3 模型中，然而模型并不区分 PCB、CFC、DDT、重金属和放射废物的独特性质。

在 World3 模型中我们使用了我们能够找到的最好数字，不过我们承认我们的许多估计有很大的不确定性。当对于重要数字存在怀疑时，建模者会大范围地检验各种可能性。他们期望看到在不确定范围之内的任何估计是否会导致显著不同的结论。例如，我们从地质学家的数据中做出了我们能够做出的最好判断——关于依然保留于地下的不可再生资源的数量。接着我们一分为二，对这些数字加以质疑，看看它对于我们模型系统行为会有何种不同的影响，假如地质学家们是错误的，或者假如我们对他们的数据理解有误的话。

由于我们知道在模型中存在的不确定性和简化（以及其他一些我们认为模型必须包括的因素，尽管我们还没有了解它们），我们并不信任模型产生的有关人口、污染、资本或者粮食生产的精确数字路径。然而，我们认为 World3 模型中的主要相互联系是人类社会重要因果机制的良好表述。这些相互联系，而不是精确的数字，决定了模型的一般行为。因此，我们将给出未来直至 2100 年的 11 个不同模拟场景，我们相信这些场景包含了关于是否以及在何种条件下未来人口、工业、污染和相关因素将会增长还是保持稳定、是振荡还是崩溃的重要的启示和原则。

World3 模型的结构

什么是主要的相互联系？主要的相互联系涉及我们在第 2 章中所描述的人口与资本的反馈圈。这些反馈圈在图 4-4 中予以复制。它们表明，如果正的出生和投资反馈圈占主导的话，那么人口和资本就会有指数型增长的趋势；如果负的死亡和折旧反馈圈居于主导的话，那么就会有下降的趋势；如果这些反馈圈是平衡的，那么就会有保持稳定的趋势。

在我们所有的反馈图中（例如图 4-4）箭头只是表明一个变量通过物质或者信息流影响到另一个变量。你可以用你自己的顺序划出每一个反馈圈并阐述我们的假设。例如，"随着工业资本的增长，它将影响工业产出；工业产出的变化

导致投资变化，随着投资变化，它将影响到工业资本存量"。影响的性质和程度
并没有在图中给出，虽然它们当然必须在构成 World3 模型的数学方程中精确地
给出。影响流的方向，无论是顺时针还是逆时针，根本没有分别，其意义在于
是反馈圈的构成部分。

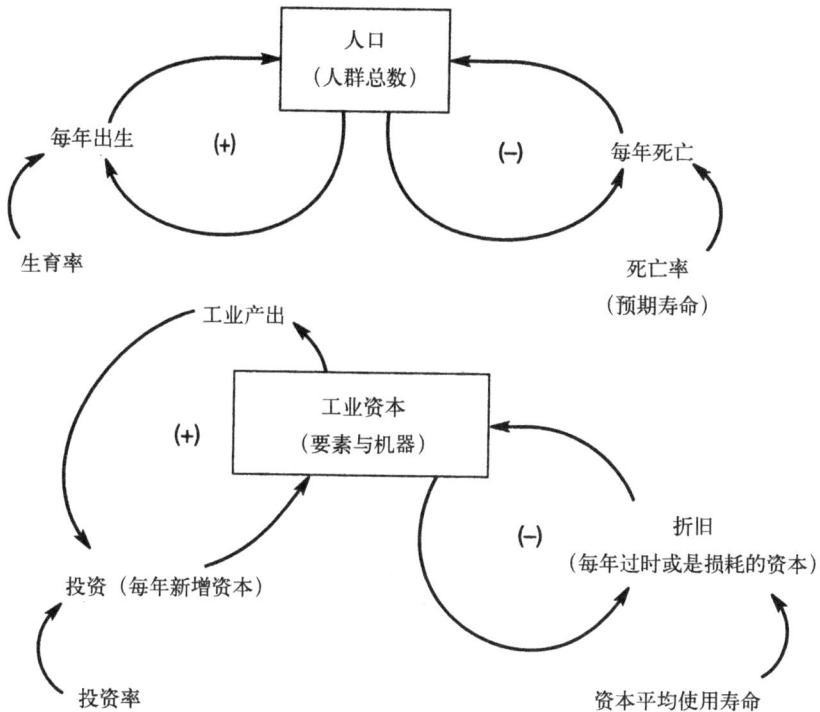

图 4-4　主导人口与资本增长的反馈圈

注：World3 模型中的核心反馈圈主导着人口和工业资本的增长。两个正的反馈圈（包括出生
　　和投资）导致了人口与资本的指数型增长。两个负的反馈圈（包括死亡和折旧）趋于抑
　　制这种指数型增长。许多反馈圈的相对力量取决于系统中的许多其他因素。

　　图示中的方框表示的是存量。这些可能是物质数量的重要积累，例如人口、
工厂或污染。或者它们代表了无形的积累，例如知识、渴望或者技术能力。一
个系统中的存量趋于缓慢变化，因为它们对应于生命时间相对较长的事物或者
信息。在每一时刻，存量的规模都代表了流入存量的速度减去流出存量的速度
在所有过去历史中的净效应。适当的工厂、人口数量、污染数量、地下剩余的

不可再生资源数量、开发土地的面积——所有这些以及其他一些都是 World3 模型中的重要存量。它们决定了模型系统在每一个模拟时点上的极限与可能性。

图示中的反馈圈标以（＋），表示它们是正的反馈圈——自我加强的循环，即能够产生指数型增长或者指数型下降的环。如果它们被标以（－），则表示它们是负的反馈圈——目标搜寻环，即变化的逆方面或者试图把系统拉回到平衡或者均衡状态。

World3 模型中人口与资本相互影响的一些方式在图 4-5 中给出。工业资本

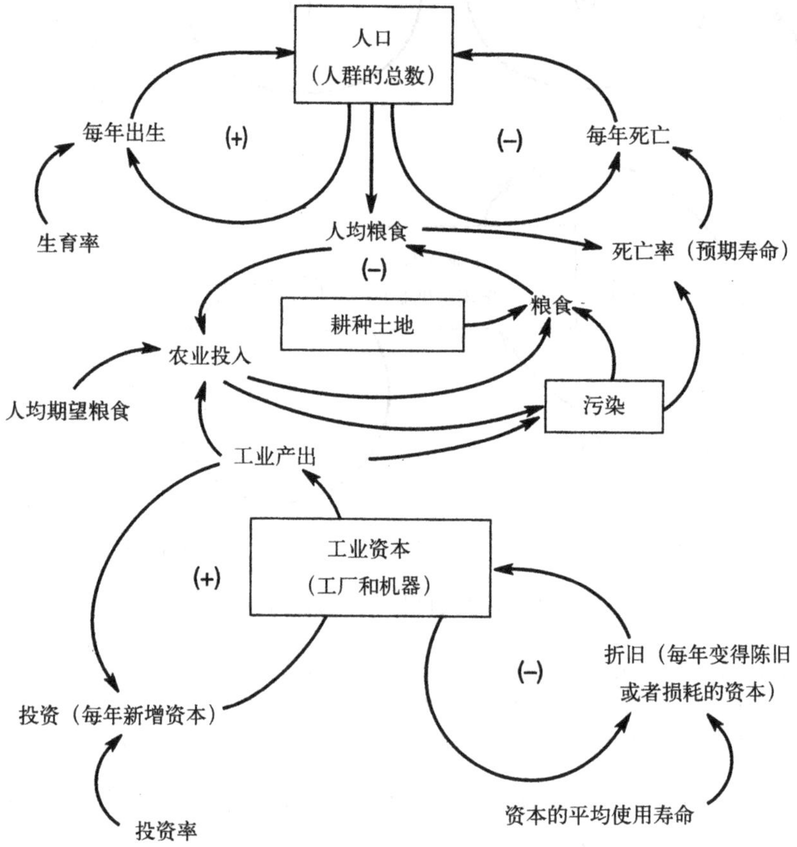

图 4-5　人口、资本、农业和污染的反馈圈

注：人口与工业资本之间的一些相互联系是通过农业资本、耕种土地和污染来实现的。每个箭头都代表某种因果关系，它可能是立即起作用的，也可能是具有滞后作用的，可能是大的也可能是小的，可能是正面的也可能是负面的，取决于每个模型模拟时包括的假设。

生产工业产出，后者包括了许多类的产品，包括那些作为农业投入的产品，例如化肥、杀虫剂和灌溉水泵。如果人均粮食水平降到人均期望水平以下的话，那么农业投入将会增长。后者是市场需求加上非市场的粮食提供计划的一个测度，它会随着社会工业化水平的变化而变化。农业投入和已耕种土地面积有助于决定粮食产量。粮食也受到污染的影响，污染来于工业和农业活动。人均粮食和污染都影响到人口的死亡率。

　　图 4-6 显示了 World3 模型中人口、工业资本、服务资本和不可再生资源之间的主要联系。一些工业产出采取了服务资本的形式——房屋、学校、医院、银行以及它们包括的设备。这些产出投资于服务部门，提高了服务资本的水平。源自于服务资本的产出除以人口就得到人均服务水平。健康服务降低了人口的死亡率。教育和计划生育服务降低了生育率从而降低了出生率。提高人均工业产出也降低了生育率，这种影响来自于就业模式的变化（有滞后）。随着工业化，社会经历了养育子女成本的上升和大家庭收益减少的过程。因此期望的家庭规模缩小，这也降低了生育率。

　　每一单位工业产出都需要消耗不可再生资源。模型中的技术进步将会在其他情形不变的条件下逐渐降低每单位工业产出所需的资源数量。不过模型并不允许工业不使用任何原料而生产出物质产品。随着不可再生资源的递减，资源资本的效率也在下降——每一单位的资本将会把越来越少的资源应用于工业部门。随着资源的消耗，剩余储量的质量被假定为是下降的。储量被假设为需要从越来越深的位置上去发现，需要在它们现在的位置上越来越深入地挖掘。这也意味着需要更多的资本和能源用于从地球内挖掘、提炼和运输一吨铜或是一桶油。短期来看，这些趋势可能被技术进步所抵消。长期来看，它们将会减弱物质增长能力。

　　剩余资源与获取它们所需要的资本数量之间的关系是高度非线性的。曲线的一般形状在图 4-7 中给出。该图表明了在各种不同等级的矿中开采和提炼铁和铝所需要的能源。能源也是资本（在挖掘过程中实际使用的资本数量是很难度量的），不过为执行某项任务而需要的能源数量给出了计算所需资本的重要线索。随着矿床等级的下降，每吨最终资源的开采需要先挖出越来越多的岩石；

岩石必须粉碎成更加细小的颗粒，必须对它加以更加精确的归类以整理出它的构成矿种，更大规模的尾矿堆需要加以处理。所有这些都需要机器。如果在资源生产部门内需要更多的能源与资本，那么经济中用于其他用途的投资也就更少了——在其他情况不变的条件下。

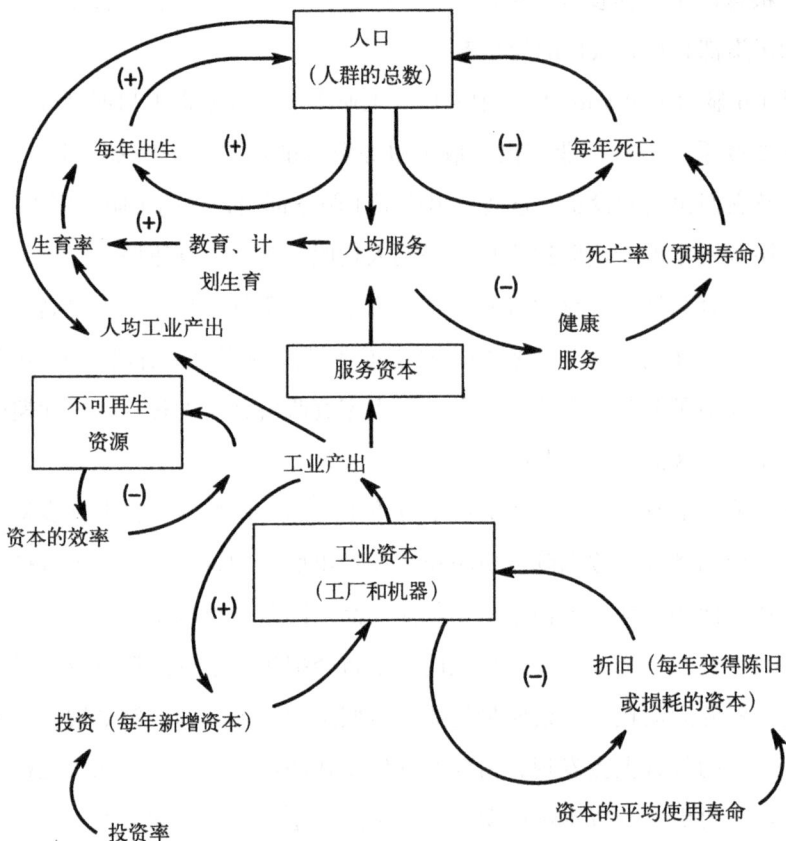

图4-6 人口、资本、服务和资源的反馈圈

注：人口和工业资本也受服务资本水平（如健康护理和教育）及不可再生资源的影响。

我们用一张图表描述了World3模型中的所有相互关系，也描述了模型中的所有假设。这张图表被复制在World3模型光盘上，该光盘对11个模拟场景中的每一个都有更加详细的信息。

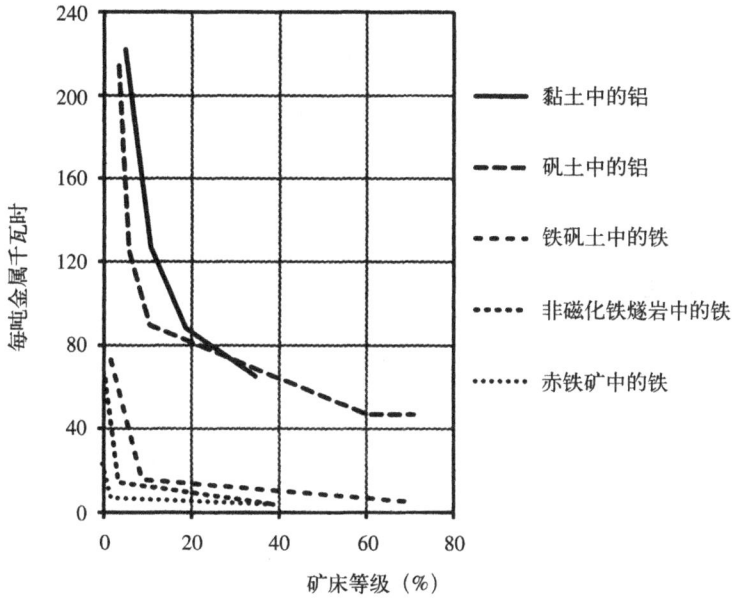

图 4-7　在矿床中生产纯金属需要的能源

注：随着其含金属成分的下降，矿床需要越来越大数量的能源来用于提纯。

资料来源：N.J.Page and S. C. Creasey.

不过，要理解模型是如何运转和理解它的模拟场景，并不一定要理解所有这些联系中的每一个。这里只要求理解模型中最重要的特征：

- 增长过程；
- 极限；
- 时滞；
- 侵蚀过程。

我们在第 2 章中已经描述了人口与资本的增长过程。在第 3 章我们给出了有关"真实世界"里环境极限的更多信息。下一步，我们将按它们在 World3 模型中出现的方式来描述极限。接着，我们将描述在我们的计算机模型中包含的时滞和侵蚀过程。

在以下的整个讨论过程中，你需要保持头脑清醒的一个重要问题是，是否以及在何种条件下，在我们讨论的计算机模型和你通过自己的心智模型所知道的"真实"人口与经济之间有重叠或者分歧的地方。当存在分歧时，你将面对建模者们一直面对的各种问题。你的模型和 World3 模型这两个模型哪一个看起来对于思考未来更有帮助？如果计算机模型看起来更有用，那么它的哪些特征需要在你的心智模型中加入进去？这样你对于全球问题的表述会更有用，你的行为将更有效。

■ 极限与无极限

指数型增长的经济消耗了资源、排放废物并把用于可再生资源生产的土地予以转化。随着它在一个有限的环境内运转着，日益扩张的经济将会开始产生压力。这些压力远在社会达到根本无法再进一步增长的顶点之前就已经开始增长。作为对压力的反应，环境开始给经济传递信号，这些信号是多种形式的。越来越多的能源需要用于从日益下降的水层里提取水，开发一公顷新农业用地需要的投资开始上升，源自于我们曾经认为无害的废物排放所造成的损害突然变得明显起来，在污染的侵袭下，地球自然系统自愈的速度越来越慢。实际成本的上升并不一定立即通过上升的货币价格表现出来，因为市场价格可以通过法令或贴补而降低，也会以其他的方式加以扭曲。无论它们是否通过上升的市场价格来强化，这些信号和压力都是负反馈圈的重要组成部分。它们试图把经济维持在环境系统的框架之内并与之相称。也就是说，它们试图阻止正日益给地球的源和汇施压的生态足迹的增长。

World3 模型只是包括了与地球的源与汇相关的一些极限（"现实世界"包括了更多的极限）。所有这些都可以通过技术、行动、目标变换和模拟世界范围内的选择来加以提升或者降低。在标准或者当前的 World3 模型版本里，以下这些是源和汇的极限：

- 耕地是用于各种形式农业生产的土地。我们假设其最大可能值为 32 亿公顷。耕地通过土地开发方面的投资而增加。如图 4-2 所示，新土地开发的成本假设在最可能获得和最有利于耕作土地最先开发之后随之上升。通过侵蚀和转而支持城市化和工业化，土地的用途被从耕作方面转移。通过投资于水土保持，侵蚀可以减少。

- 土地肥力是土壤支持植物生长的内在能力——营养成分、土壤深度、保水能力、气候和土壤结构的综合。我们假设在 1900 年时土地初始肥力足以在无需添加化肥的条件下每年每公顷生产出 600 公斤的谷物或等量产出。土地肥力随污染而下降，污染部分来自于工农业投入。假设肥力降低的土地在休耕 20 年之后恢复其一半的肥力，或者当投资被用于恢复肥力（例如施肥、种植豆类或者复合作物）的时候，肥力恢复的速度会相当可观。

- 每单位土地的可获得产出取决于土地肥力、空气污染、诸如化肥等工业投入的密集度和技术的水平。工业投入增加了产出，不过它们的收益是递减的——每增加一公斤的化肥比前一公斤化肥产生的产出增加更少。我们假设最初工业投入的应用可以按至多 7.4 倍增加自然土地的肥力（注意这是 740%，并且它适用于所有的土地，并非仅仅是最有生产率的田地！）——我们可以通过把它提得更高来检验这一数字的不确定性。

- 不可再生资源包括矿物、金属和矿物燃料。我们特意把模型模拟的开始时间设定为 1900 年，那时候这些资源的供给等于 1900 年开采率的 7 000 倍以上。[⊖]寻找和开采不可再生资源所需的投资假设在最丰富最方便的储量首先开采之后会随之增加。

- 地球吸收污染的能力是 World3 模型中描述的另外一个极限。这代表了把长期存在的、有毒的物质加以隔绝或转化使它们不再造成危害的各种不同过程的净效应。我们在这里考虑的是诸如有机氯杀虫剂、温室气体和放射性废物等物质。我们把这一极限表述为环境的同化半衰期——把现有污染的一半变得无害的自然过程所需的时间。当然，一些有毒物质，例如钚的一种同位素，半衰期几乎是无限的。不过我们在这里使用了非常乐观的数字。我们假设在 1970 年半衰期是一年。如果持续的污染上升至 1970 年水平的 250 倍的话，那么半衰期将上升至 10 年。从数量上说，即使是对于个别污染而言，这也是所有极限中的最不被理解的极限。因此有关这一极限的大小对于复合性持久污染物而言存在巨大的不确定性。

幸运的是，我们有关持久污染物消失的假设在模型中并不是非常重要的，

⊖　只有在场景 0 和场景 1 中，我们假定不可再生资源最初的禀赋是这个数量的一半。

因为这些物质对 World3 模型中其他部分参数的影响并不显著。我们假设如果累积污染物上升至 2000 年的 5 倍，则它将以不到 2% 的比例缩短人类的预期寿命。在我们的 11 个模拟场景中，持久污染很少上升至它 2000 年水平的 5 倍。在极端情形里，如果它确实如此，那么它将每年降低土地肥力 10% 或者更多。然而这种降低可以通过保持对土地的投资来加以抵消。我们在模型中检验了其他的估计以观察它们的结果将会如何。

在"现实世界"里会有许多其他的极限，包括管理和社会的极限。其中一些在 World3 模型的数字中蕴含着，因为我们模型的系数来自于过去 100 年中世界的"实际"历史。但是在 World3 模型中没有战争，没有工人罢工，没有腐败，没有吸毒，没有犯罪，没有恐怖主义。它所模拟的人口会尽其最大努力去解决已察觉到的问题，而不会受到政治权力斗争、种族歧视或者腐败的影响。由于它缺乏许多社会极限，World3 模型对于未来的描绘的确是一幅过于乐观的图景。

如果我们的判断有误的话会发生什么？例如，对于地下剩余的有待发现的不可再生资源的数量判断有误的话。如果实际的数量只是我们假设的一半，或者两倍或者十倍的话，那又会如何？如果地球吸收污染而不会对人类造成危害的"真实"能力并不是 1990 年排放率的 10 倍，而是 50 倍或者 500 倍（或者 0.5 倍）的话，又会如何？如果降低（或者增加）每单位工业产出的污染排放的技术得以发明的话又会如何？

计算机模型就是回答这类问题的一种工具。它可以迅速而廉价地进行检验。所有这些"如果……会如何"的问题都是可以检验的。例如，可以把 World3 模型的数字极限设定得如天文数字般高或者以指数的方式增长。我们已经这么尝试过。通过某种潜能无限、具有即时影响、没有成本、没有差错的技术，当所有的物质极限都有效地从模型系统中移除之后，模拟的人类经济会得以极大的增长。图 4-8 中的场景 0 展示了将会发生什么。

世界状态

生活的物质水平

人类福利与足迹

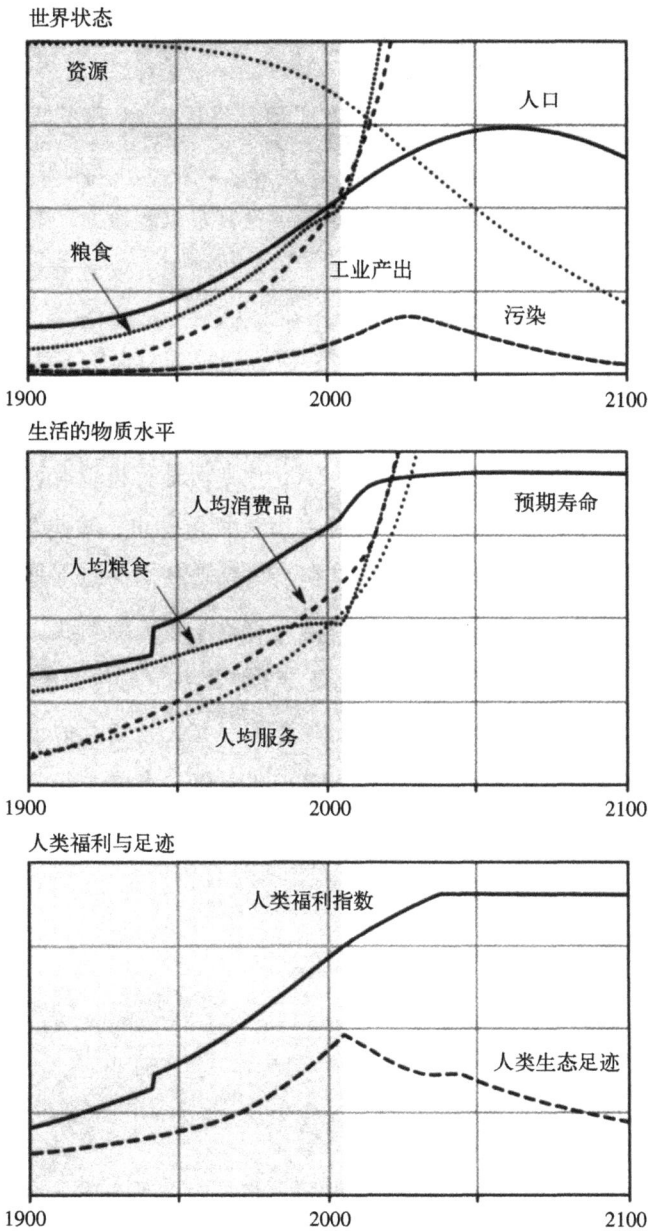

图 4-8　场景 0：无限输入则无限输出

注：如果 World3 模型系统中所有的物质极限都移除，那么人口将会在接近于 90 亿以后在人口转型过程中缓慢下降。经济持续增长至 2080 年，它将生产出 30 倍于 2000 年工业产出水平的产量，同时每年使用同样数量的不可再生资源并仅产生出 1/8 的污染。

专栏 4-1

如何解读 world3 场景

在本书的第 4 章、第 6 章和第 7 章里我们将展示 11 种不同的"计算机结果",即 World3 模型产生的模拟场景。每一次模拟都采用了同样的 World3 模型结构,不过在每一个场景里我们都改变了一些数字以检验对"真实世界"参数的不同估计,或者加进对于技术发展更加乐观的预测,或者看看如果世界选择了不同的政策、道德规范或目标时会发生什么。

当我们做出一些改变以希望在新一轮模拟中检验其变化结果时,我们会发出指令让 World3 模型重新计算它的两百多个方程之间的相互关系,因为它们在整个过程中是相互影响的。在对 1900~2100 年期间进行模拟时,计算机会对每一个变量每 6 个月计算一个新值。在每一个模拟场景中,该模型都要产生出 8 万多个的数字。在这里没有理由再去复制所有这些信息。孤立地看,几个单独的数字几乎没有任何意义。因此,我们对此进行了极大的简化,这样既是为了让我们自己更好地理解模型的结果,也是为了把这些信息传递给读者。

我们通过把诸如人口、污染和自然资源等一些关键变量的值以时间曲线的方式加以描绘来实现简化。在本书中,我们将对每一个模拟场景都提供三条这样的曲线。每一个场景的格式都是一样的。顶端左边的图形,称为"世界的状态",将会展示如下全球范围的总量信息:

• 人口;

• 粮食生产;

• 工业产出;

• 污染相对水平;

• 剩余不可再生资源。

中间的图形,称为"生活的物质标准",将展示以下全球平均值:

• 人均粮食生产;

• 人均服务;

• 平均预期寿命;

• 人均消费物品。

底部的图形，称为"人类福利与足迹"，将展示以下两个全球性指标：

• 人类生态足迹；

• 人类福利指数。

所有纵轴刻度都从零开始。为了便于比较，我们确保对所有模拟结果而言每个变量的纵轴刻度都是一样的。然而，我们省略了这些变量的纵轴数值，因为它们在模拟时间内每一个点的精确值并不是十分有意义。此外，需要注意的是，同一图形中的变量是以不同的单位和比例来加以描绘的。例如，人均粮食的尺度是每年每人 0~1 000 千克谷物当量，而预期寿命的尺度则是 0~90 岁。

既然数值并不是十分有意义，那么我们就应该关注从一个场景到另一个场景曲线的形状是如何变化的。然而，请注意，在那些描绘崩溃的场景里我们并没有对曲线在达到顶峰并开始下降之后的行为赋予任何意义。每一个场景都最多描绘至 2100 年。但是我们并没有描述所有模型元素在某个显著因素已经开始崩溃之后的行为。很显然，"真实世界"里人口或者工业的崩溃将会改变许多重要关系，从而使得我们在模型中已经建立的假设都失去意义。

每次我们产生出一个模拟场景时，计算机都会创建出一份详尽的数据表，它给出了 1900~2100 年每隔 6 个月每个模型变量的数值。这些表格给我们提供了极为庞大、非常详尽的数据。例如，我们从场景 0 的数据表中可以看到，全球人口在模拟年份 2065.0 年时达到其最大值 8 879 186 000。在这个场景里持久污染指数从 2000 年的 3.150 530 达到了 2026.5 年的最大值 6.830 552——它在这段时期内增长了 2.168 0 倍。然而大多数数字并没有包括很有意义的信息。我们的 World3 模型所产生出来的未来数字或者数据并不能以 5 位数的精度来得以保证。记住，我们感兴趣于宽泛的未来。我们把关注的焦点集中于一些关键变量，只提出一些关键问题。哪些变量在未来世纪里会停止增长？它们会增长或下降得多快？产生这种行为的主要因素都有哪些？在某个模拟场景中融入的假设是否导致了某个变量增长得更快或者更慢，达到的顶点更高或者更低？哪些政策改变可能会产生更加理想的结果？

当我们以逐个模拟场景的方式把这些问题的答案传递给你时，我们将通过两个规则来简化计算结果。任何最大值或者最小值的时间选择将只以最接近的

10 年年末（我们将从 5.0 年至下一个 10 年进行四舍五入）来加以标示，例如，并不是 2016、2032.5 或者 2035 年，而是 2020、2030 或者 2040 年。特定参数的每一个值和两个数值之间的每一个比例都将只以最接近的显著数字来加以标示。因此，我们将采用这个规则来向读者报告以上关于场景 0 的信息，"全球人口将在模拟年 2070 年达到最大值 90 亿。在这个场景里的持久污染指数从 2000 年的 3 到模型年 2030 年达到其最大值 7——这段时期内它增长了两倍"。这些规则有时候看上去会有一些细小的不一致。无需受它们的干扰，它们是由于四舍五入的误差造成的，它们对于我们要从模型中得出的核心启示没有任何影响。

图 4-8 中的计算机模拟（场景 0）是在我们根据以下假设改变数值后由 World3 模型产生的。

- 只要社会努力去提高其资源效率，生产一单位工业产出所需要的不可再生资源数量就以每年 5% 的速度以指数方式无限下降，那么每隔 15 年将下降 50%。
- 每单位工业产出造成的污染数量每年以 5% 的速度以指数方式无限下降，如果合意的话。
- 只要社会努力增加粮食生产的话，每单位工业投入产生的农业收益每年以 5% 的速度以指数方式无限上升，那么每 15 年将翻一番。
- 所有技术进步在整个世界经济中都是有效的，并且没有额外的资本成本；一旦社会决定需要某种技术时，其实施将只有两年的滞后（而不是初始模型中的 20 年）。
- 人类住所占用农业用地的速度为 World3 模型中正常假设的 1/4，并且人类并没有因为过于拥挤而对他们的预期寿命造成负面影响。
- 农业产出不再显著地受污染的影响而减少。

在这次模拟中，人口降低了其增长速度，在近于 90 亿的水平上稳定，之后开始逐渐下降，这是因为全世界人口已经足够富裕从而开始经历人口转型。平均预期寿命在世界范围内稳定于接近 80 岁。平均农业产出到 2080 年时提高到相当于 2000 年产出值的 6 倍。工业产出迅速上升到图形的顶峰，但是由于严重的劳动力短缺，它最终停留在一个非常高的水平上，因为这时候管理和运营的工业资本是 2000 年的 40 倍之多，然而人口却只是 1.5 倍。（我们甚至可以去掉这一限制，假设劳动力利用资本的能力以指数形式增长。）

模拟到 2080 年时，与 2000 年相比，全球经济生产出 30 倍的工业产出和 6 倍的粮食。为了取得这些成就，在 21 世纪的前 80 年时间里，全球经济积累的工业资本量几乎是它在整个 20 世纪所积累的资本量的 40 倍。在资本扩张的过程中，图 4-8 中描绘的世界比 2000 年降低了其不可再生资源的使用并减少了污染的排放，降低和减少的系数为 8 倍。人类福利从 2000 年到 2080 年上升了 25%，生态足迹则减少了 40%。到模拟的末期，也就是 2100 年，（生态）足迹安全地恢复到可持续水平以下。

一些人相信这种场景，期望这样并为此着迷。我们知道在一些特定国家或者经济部门或工业过程中令人惊讶的效率提升的故事。我们在第 3 章里也提到过这些故事中的一些。我们希望并相信进一步的效率提升是可能的，甚至会有多达 100 倍的提升。然而，第 3 章中给出的数据表明，整个世界经济要迅速取得这样的成就并非易事。如果没有其他什么东西妨碍如此迅速的变化，那么资本项目的使用寿命（对全球经济中的车队进行替代或者样式翻新、建立储备和安装机器所需要的时间）和现有资本快速生产新资本的能力，使得这种"非物质化"的场景对我们而言是难以想象的。实现这种无限增长场景可能遇到的困难将会在"现实生活"中被许多政治 – 官僚制约所放大，从而阻碍了价格系统发出所需技术能够有利可图的信号。

我们在这里介绍这一轮模拟并不是想向你展示"现实世界"的一个可信未来，而是通过它告诉你们有关 World3 模型的一些情况以及有关建模的一些信息。

证据表明，World3 模型在其结构中已经内建有对人口的自我限制和制约，但对资本却没有自我限制约束。模型中以这样一种方式构建以至于当人均工业产出增加到足够的水平时，全球人口数量最终将会趋于稳定并开始下降。然而，我们在"现实世界"里很少看到富人或者富国无法变得更富的现象。因此，World3 模型中内建了这样的假设，即资本拥有者将会无限地追求财富收益，而消费者将总是希望增加他们的消费。这些假设可以并且将在第 7 章给出的政策模拟中做出改变。

图 4-8 也印证了一个著名的建模原则：胡乱输入则胡乱输出，或者简称 GIGO。如果你把不现实的假设放到你的模型中来，那么你将会得到不现实的结果。计算机将告诉你有关你的假设的逻辑结果，但它并不会告诉你你的假设是否正确。如果你假设经济能够增加资本积累 40 倍，物质极限不再适用，技术变革可以在两年内无成本地在全球资本工厂内发生，那么 World3 模型将给你一个实际上是无限的经济增长，同时生态足迹则不断减少。对于这一轮计算机模拟和其他每一轮模拟，最重要的问题是你是否相信其初始假设。

我们并不相信图 4-8 背后的假设。我们认为这一场景描绘的是一种不可能的技术乌托邦的场景。因此我们把这一轮模拟标题为无限输入则无限输出，或者简称 IFI-IFO。在我们认为更加"现实"的假设条件下，模型开始表明持续增长的系统行为遇到了来自物质极限的抵制。

■ 极限与时滞

一个持续增长的物质实体，只有它得到准确的、及时的信号告知在哪些方面它需要尊重其极限，并且只有当它迅速而准确地对这些信号做出反应时，它才会放慢步伐，然后在一个平稳地适应极限的条件下停止（见图 4-9b）。

想象一下，假如你正在驾驶一辆小汽车，而你看见你正前上方的交通信号灯变成红色。正常来说，你可以很平稳地在红灯前把车停住，因为你有迅速而准确的视觉信号告诉你灯在何处，因为你的大脑对信号反应迅速，因为在你决定踩刹车时你的脚移动得够快，也因为汽车以一种你在不断实践中理解的方式立即让车闸做出响应。

如果你那边的挡风玻璃有雾气而你不得不请乘客告诉你信号灯在什么位置的时候，沟通带来的短暂时滞可能会导致你越过红灯（除非你降低速度以适应这种时滞）。如果乘客说谎，或者你否定了你听到的信息，或者车闸需要两分钟才能生效，或者路面变得很滑，从而使汽车意外地又向前行驶了几百米才停住，那你就闯红灯了。

如果反馈信号被延迟或者扭曲，如果这些信号被忽略或者被否认，如果在适应过程中出现错误，如果系统只能在一定时滞之后才会做出反应，那么一个系统无法进入一种与其极限相协调的准确而有序的平衡状态。如果符合这些条件中的任何一条的话，那么日益增长的实体在校正自己时会太迟而可能会有过冲的情况发生（图 4-9c 和图 4-9d）。

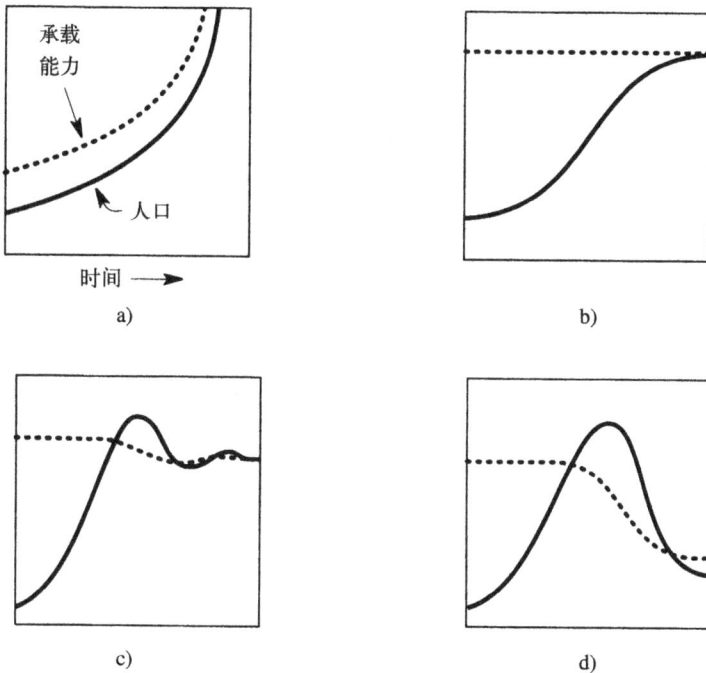

图 4-9　World3 模型四种可能行为模式的结构性原因

a) 持续增长的结果（如果物质极限非常遥远，或者物质极限自身也以指数方式增长）　b) S 形增长结果（如果源自物质极限对于经济的信号是即时的、准确的并迅速得到响应，或者人口或者经济极限自身会受到约束而无需注意来自外部极限的信号）　c) 过冲及振荡的结果（如果信号或者反馈有时滞，以及极限是不可超越的，或者能够在被超越之后迅速恢复刚性）　d) 过冲并崩溃的结果（如果信号或者反馈有时滞并且极限是可超越的，当被突破之后就不可逆转地削弱了）

我们已经描述了 World3 模型中的一些信息和反应时滞。其中一点就是在污染释放进入空气的时间与它对人类健康或者人类粮食供给造成可观测到的损害的时间之间的时滞。一个例子是，在含氯氟烃分子释放进入地球表面使得臭氧层退化之前会有 10~15 年的滞后。政策的滞后同样重要。当一个问题被初次注意到而产生的争论，到当所有重要的争论参与者们都达成一致意见并接受一个共同的行动计划，这两者之间通常会有数年的时滞。这些时滞在下一章里予以描述。

对这些时滞的一个有说服力的例子是聚氯联二苯（PCB）对环境的浸透。自 1929 年以来，工业已经产生了大约两百亿吨稳定的、油滑的、不可燃烧的物质，这种物质被称为聚氯联二苯。[一]它们主要用于在电容器和变压器中散热，但也作为液压机液体、润滑剂、抗热物质以及颜料、清漆、墨水、无碳复印纸和杀虫剂成分。40 年来，这些物质的使用者们把它们丢弃于垃圾堆、路边、下水道及水体之中，而没有考虑过它们对于环境的后果。后来在 1966 年的一次具有里程碑意义的研究中，原本只是为检测环境中的 DDT，但丹麦研究人员索伦·詹森（Soren Jensen）的报告指出除了 DDT 以外，他还发现了大量的 PCB 成分。[二]从那以后，其他研究人员也发现 PCB 成分几乎存在于所有的地球生态系统之中。

PCB 几乎存在于地球生态系统的每一个部分中。水气是大气 PCB 的一个主要来源……PCB 残留成分也同样在河流、湖泊和海洋沉积物中被检测到……一项对于大湖地区生态系统的全面研究清楚地表明了 PCB 在食物链中的选择性生物聚集。

——加拿大环境署，1991

DDT 和 PCB 是在北极海洋哺乳动物中以系统方式监测到的仅有的两种有机氯……因纽特的妇女乳汁中 PCB 含量在所有曾经报告过的检测中是最高的……对鱼和海洋哺乳动物的经常食用很可能是 PCB 摄入的主要渠道……这些结果表明，像 PCB 这样的毒性物质可能在破坏免疫力和因纽特儿童较高的感染率方面起到了一定的作用。

——E. 德万（E. Dewailly），1989

（在荷兰沿海的瓦登海地区）食用具有较高含量 PCB 成分食物的海豹生育

[一] 有 209 种这样的化学物质，都是通过添加不同位置的氯原子到被称为二联苯分子的两个联合苯环上制造出来的。它们是人造的，在自然界中没有。

[二] Sören Jensen, *New Scientist* 32 (1966): 612.

成功率显著下降……（这表明）普通海豹的生育失败与食用该污染区域的鱼类有着密切关系……这些发现印证了对貂进行的试验，该试验表明 PCB 破坏了生育率。

——P. J. H. 赖纳斯（P. J. H. Reijnders），1986

大多数 PCB 相对不溶于水，却溶于油脂，并且它们在环境中具有相当长的生命周期。它们在空气中迅速移动，而通过土壤、溪流或湖泊的沉积物时缓慢移动，直到它们被某种形式的生命摄入，在那里它们累积于脂肪组织，并且随着它们向食物链的顶端移动，它们的积聚程度也在提高。人们发现它们在肉食鱼类、海鸟以及哺乳动物、人类脂肪和人类乳液中具有最高的聚集度。

PCB 对于人类和其他动物的健康的影响仅仅正在被缓慢地揭示出来。这其中的故事很难讲清楚，因为 PCB 是 209 种密切联系的复合物的综合，每一种都可能产生不同的影响。无论如何，越来越明显的是，一些 PCB 充当了内分泌失调剂。它们模仿了一些荷尔蒙的行为，例如雌性激素，阻止了其他成分的作用，例如甲状腺激素。在鸟类、鲸、北极熊、人类以及任何具有内分泌系统的动物身上的影响，就是干扰了掌管新陈代谢和行为的精密信号。特别是在发育的胚胎之中，即使是内分泌干扰的微弱集中都可能带来灾难。它们可以直接杀死正在发育中的组织，或者损害其神经系统、智力或性功能。⊖

正因为它们迁移缓慢、持续时间非常长、并且在食物链中的累积水平相当高，PCB 已经被称为"生物定时炸弹"。尽管自 20 世纪 70 年代以来 PCB 的制造和使用都已经在许多国家被禁止，⊖然而巨大的存量依然存在着。在所有已经生产出来的 PCB 总量中，许多依然在使用或者存储于废弃的电子设备之中。在制定有危险废物法律的国家里，这些旧 PCB 中的一些正在被填埋或处置，通过有控制的焚烧来进行，这样就可以破坏它们的分子结构从而破坏它们的生物活性。1989 年，人们估计所有曾生产出来的 PCB 中有 30% 已经释放进入到空气中。其中只有 1% 进入到海洋。另外 29% 未计算在内的 PCB 分散于土壤、河

⊖　有关于内分泌破坏物的流行和综合的描述，见 Theo Colborn, Dianne Dumanoski, and John p.Myers, *Our Stolen Future* (New York: Dutton)1966，书里还有几百个与这个主题有关的日益增长的参考文献。

⊖　苏联到 1990 年才停止生产 PCB。

流和湖泊中，在这些地方，它将持续数十年缓慢地移动进入生灵体内。[○]

图 4-10 展示了污染时滞的另外一个例子，即化学物质通过土壤进入到地下水的缓慢传输。从 20 世纪 60 年代一直到 90 年代——也就是土壤消毒剂 1,2-二氯丙烯（DCPe）最终禁止的年代，在荷兰它被频繁地用于马铃薯和花球的种植。它包含了具有污染性的 1,2- 二氯丙烷（DCPa）成分。据科学家们目前所知，后者在地下水中具有无限生命时间。临界点计算估计认为已经在土壤中的二氯丙烷（DCPa）将会流入地下水，而且只有在 2010 年以后才会表现出明显的浓度。因此，人们预计它将污染地下水至少一个世纪，其浓度高达欧洲饮用水标准的 50 倍。

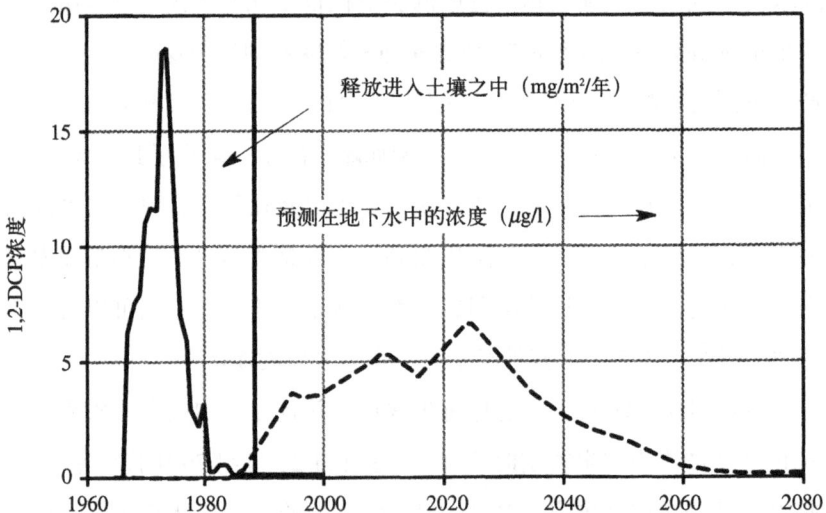

图 4-10　1, 2-DCP（二氯丙物）缓慢浸透入地下水的过程

注：在 20 世纪 70 年代，土壤消毒剂 DCP 在荷兰使用很频繁，接着它被限制使用，最终于 1990 年禁止使用。结果是，农业土壤上层的 DCP 浓度迅速下降。然而，1991 年时的一项测算表明，地下水中的 DCP 浓度在 2020 年之前都不会达到其峰值，并且 21 世纪之后在水中依然会有显著数量的这种化学物质。

资料来源：N.L. van der Noot.

[○] J. M. Marquenie and P. J. H. Reijnders, "Global Impact of PCBs with Special Reference to the Arctic," Proceedings of the 8th International Congress of Comite Arctique Internationale, Oslo, September 18-22, 1989 (Lillestrom, Norway: NILU).

这个问题并不是荷兰独有的。在美国，DCP 的农业使用于 1977 年被禁止。然而，华盛顿州杀虫剂监控项目于 1988~1995 年在 11 个研究区域的 243 个监控点监控地下水时，发现了以对人类健康造成伤害的浓度存在的化学物质。⊖

World3 模型中另外一个部门存在时滞是由于人口年龄结构导致的。近些年有着较高出生率历史的人口包含了远多于老年人的年轻人。因此，即使生育率下降，随着年轻人达到生育年龄，人口将继续保持增长数十年。尽管每个家庭的孩子数量减少，但家庭数量却增加了。由于这种"人口动力"，如果整个世界人口的生育率到 2010 年时达到更替水平（大约平均每个家庭拥有两个孩子）时，人口将持续增长直到 2060 年，并且将稳定于大约 80 亿的规模。

在"现实世界"系统里还有许多其他的时滞。不可再生资源在它们枯竭并造成严重经济后果之前可能会持续减少数十年。工资资本并不会在一夜之间建成。一旦它用于运营，则它会有数十年的使用寿命。炼油厂无法轻易或者迅速地转变成拖拉机厂或者医院。甚至于使它变成更有效率、更少污染的炼油厂也需要一段时间。

World3 模型在它的反馈机制上也有许多时滞，包括以上提及的那些。在这里，我们假设在污染的释放与它对系统形成可观察到的影响之前会有时滞。我们假设夫妇们充分信赖并调整他们关于家庭规模的决定以适应变化着的婴儿死亡率之前大致会有一代的时滞。在 World3 模型里，作为对食品或服务短缺的反应，投资被重新配置、新资本工厂建成并投入运营，在正常情况下也需要花费数十年的时间。土地肥力的再生或者污染的吸收也需要时间。

最简单和最无争议的物理时滞已经足以否定平滑的 S 形曲线作为世界经济系统的可能行为方式。由于来自自然极限信号的时滞，过冲是不可避免的——如果没有自我强化的极限的话。然而，这种过冲，从理论上说，可能导致振荡或者崩溃。

⊖　A. Larson, "Pesticides in Washington State's Ground Water, A Summary Report 1988-1995," Report 96-308, Washington State Pesticide Monitoring Program, January 1996.

■ 过冲与振荡

如果源自于极限对增长实体的警告信号被延误，或者如果反应滞后，并且如果环境在超载的时候并未被侵蚀，那么日益增长的实体将突破其极限一段时间，然后做出相应的校正，回到正常范围之内，接着又一次突破极限，在一系列的振荡过程中，通常会逐渐减弱回归到极限范围之内的某个均衡水平之上（见图 4-9c ）。

过冲与振荡只可能发生于环境在超载时遭受了不显著的破坏或者能够足够迅速地修复自身从而能够在低负载时期完全恢复。

可再生资源，例如、土壤、鱼类和可再汲取的地下水，都是可侵蚀的，然而它们也有自我再生能力。只要对于营养源、繁殖群或者储水层的破坏不是非常严重或者持续时间非常长从而导致毁灭性的后果，它们就能够从过度使用中恢复过来。如果有足够的时间、土壤、种子和适宜的气候，那么森林可以恢复原来的样子。鱼群也可以再生，如果它们的环境与食物供给并没有被破坏掉的话。特别是如果农民们积极帮助的话，土壤也可以再生。如果环境的自我吸收机制并未被严重干扰的话，许多种形式的污染积累都能够被削弱。

因此，过冲与振荡显然是世界系统的一种可能行为模式。它已经在一些局部地域和资源身上得到印证。例如，新英格兰有过数次有据可查的时期，在这些时期内建立的锯木厂数量超过了该区域森林的可持续产量供给。每次这种情形发生时，商业木材树群最终被耗竭，工厂不得不关闭，于是该行业等待数十年直到森林成长回原来的样子后，锯木厂的过度建立过程又可以开始。挪威沿海渔业已经至少经历了一次鱼类耗竭的循环，直到政府买断并让渔船休渔，从而使鱼类种群可以再生。

度过过冲和振荡的下降阶段并不是令人愉快的时期。对于依赖于某个滥用资源的行业而言，它可能意味着艰苦时期；对于暴露于高度污染水平的空气之下的人口而言，意味着糟糕的健康状况。最好是避免振荡，然而它们对于系统而言并不是最终致命的。

如果过冲导致的破坏无法逆转的话，就很可能演变成灾难。没有办法可以挽回灭绝的物种。在每一次使用矿物燃料的过程中，它们都被永久地破坏了。一些污染，例如放射性物质，任何自然机制都无法使它们变得无害。地质数据表明，如果气候显著改变，气温和降水模式可能在对人类社会有意义的时间段内将不再可能恢复到正常模式。即使是可再生资源和污染吸收过程也可能由于持续或者系统的滥用而被永久地毁坏。当热带雨林以各种快于其再生长速度的方式被砍伐时，当海水以盐水渗透到淡水储水层时，当土壤被冲刷而只留下基岩时，当土壤的酸性被改变得足够多以至于刷去了它所储藏的重金属时，那么地球的承载能力就会永久地或是至少在对人类而言具有永久意义的一段时期内被削弱。

因此，过冲与振荡模式并不是随着人类接近增长极限而可能发生的惟一模式。另外还有一种可能性。

■ 过冲与崩溃

如果来自于极限的信号或者反馈被延误，并且如果环境在超载时被不可逆转地侵蚀的话，那么日益增长的经济将会超越其承载能力，从而降低其资源基础，并走向崩溃（见图 4-9d）。

过冲与崩溃的结果是永久枯竭的环境以及远比环境未超载情形下低得多的物质生活水准。

过冲与振荡和过冲与崩溃这两者之间的差异就在于系统中侵蚀反馈圈的存在。这些是最坏的正反馈圈。正常情况下，它们处于休眠状态，然而当形势变坏时，它们以越来越快的速度把系统向下引导从而使它变得更坏。

例如，全世界的草原上都有着吃草类动物在共同进化，例如水牛、羚羊、骆驼或者袋鼠。当草被吃光时，剩余的茎和根会从土壤中吸收更多的水和营养并供给更多的草。食草类动物的数量是由肉食类动物的数量、季节迁移和疾病决定的。生态系统并不一定会被侵蚀。但如果肉食类动物减少、迁移受到阻碍或者草地过度放牧的话，那么食草类动物的过量生长会把草吃尽到连草根都不留。这样的话，就会有迅速的侵蚀。

绿色植物越少，对土壤而言其覆盖物就越少。随着覆盖物的减少，土壤开始被风吹走或者被雨水冲刷走。土壤越少，则能够生长的绿色植物也就越少。绿色植物的丧失使得更多的土壤被侵蚀掉。诸如此类……于是土地肥力呈螺旋式下降直到牧区变成沙漠。

在 World3 模型中有许多侵蚀反馈圈。例如：

- 如果人们变得更加饥饿，那么他们会加大对土地的利用强度。这在短期内会生产出更多的食物，其代价是土壤维护的长期投资。土壤肥力的降低从而使得粮食产量进一步下降。

- 当问题似乎是要求更多的工业产出时（例如，污染要求更多的减少污染的设备，饥荒要求更多的农业投入，或者资源短缺刺激新资源的勘探与开采）可用的投资可能被分配用于解决紧迫的问题，而不是维持现有工业资本防止因折旧而减少。如果已经建立起来的工业资本工厂开始削减，那将会使得未来可用的工业产出数量进一步减少。产出的削减可能导致进一步推迟维护和工业资本存量的进一步下降。

- 在日益削弱的经济里，人均服务可能下降。家庭计划生育方面的支出减少会最终导致生育率的上升。这促使人口进一步增长，进而又进一步降低了人均服务。

- 如果污染的水平上升得太多，它们可能侵蚀污染吸收机制本身，从而降低了污染吸纳能力并使污染的累积速度进一步提高。

上面最后一种侵蚀机制，即对于吸纳污染的自然机制的损害，尤其具有迷惑性。三十多年以前当我们第一次设计 World3 模型时，我们对此还知之甚少。在那个时候，我们头脑中有着这样一种相互作用，即随着杀虫剂大量进入水体，杀死了正常而言能够清理有机垃圾的组织，或者释放出二氧化氮和其他易挥发的有机物质进入空气之中，它们就会相互作用形成更具破坏性的光化学雾。

从那以后，地球污染控制设施退化的例子也就为人所共知了。其中之一就是短期污染物，例如二氧化碳，明显损耗了空气中羟基放射物作为清理剂的能力。这些羟基放射物通常情况下会与温室气体甲烷相互作用并破坏它们。当空气污染使它们在大气中减少时，甲烷的浓度就会上升。通过破坏污染清洁机制，

短期空气污染会使长期气候变得更差。⊖

　　另一个这样的过程是空气污染弱化或者破坏了林地的吸纳能力，因而减少了温室气体二氧化碳的汇。第三种过程是酸化来自于化肥或者工业排放对于土壤的影响。在正常的酸度水平上，土壤是污染的吸收剂。它们吸纳并隐匿毒性金属，使它们远离溪流和地下水，从而远离有机生命体。然而这些吸附功能在酸性条件下却被破坏。斯蒂格利阿尼（W.M. Stigliani）1991 年描述了这一过程：

　　随着土壤变成酸性，长时期内（比如说几十年或者一个世纪）累积和存储起来的有毒重金属可能被激活并迅速潜入到地下水和地表水中或者被植物吸收。由酸性分解而导致的欧洲土壤的持续酸化已经成为对重金属泄露的实际担忧的一个明显根源。⊖

　　除了在 World3 模型中我们已经包括的那些之外，在"现实世界"里，还有许多其他的正反馈圈具有产生迅速侵蚀的潜能。我们已经提及了物质系统和生物系统的潜在侵蚀。一种不同类型的例子是社会秩序的崩溃。当一个国家的精英们相信其国内各个方面存在的巨大差异是可接受的，那么他们就会利用权力在他们与大多数民众之间形成更加悬殊的收入差异。这种不平等可能导致中产阶级的沮丧、愤怒和抗议。抗议可能会招致镇压，而镇压使精英们进一步从大众中隔离出来，并且使强权者更认为在他们和大多数民众之间存在巨大差距具有合理性的道德规范和价值。收入不平等上升着，愤怒和沮丧增长着，而这些可能导致更强有力的镇压。最终，可能导致革命和垮台。

　　对任何种类的侵蚀机制加以量化都是困难的，因为侵蚀是与多种力量相互作用相关的一个全系统现象。它只表现于存在压力的时期。等到它已经变得明显起来时，想要阻止已经不可能了。然而，尽管会有这些不确定性，我们仍然可以自信地说，任何包含了潜在侵蚀过程的系统也同时包含了崩溃的可能性，

⊖　参见 "New Cause of Concern on Global Warming " *New York Times*, February 12, 1991。
⊖　W. M. Stigliani, "Chemical Time Bombs," *Options* (Laxenburg, Austria: International Institute of Applied Systems Analysis, september 1991), 9.

如果它被过度压制的话。

从一个局部规模来看，过冲与崩溃可以在沙漠化、金属或地下水耗尽、农业土壤或者林地被长期存留的毒性垃圾毒化以及某个物种的灭绝过程中被人们注意到。废弃的农场、荒芜的矿场和孤独的工业垃圾堆都证实了这一系统行为的"真实性"。从一个全球的规模来看，过冲与崩溃可能意味着气候控制、纯化空气与水源、再生生物群落、保持生物多样性以及把废物转变成养分的这一巨大自然支撑循环圈的瓦解。当我们1972年第一次发布我们的研究结果时，大多数人都认为人类在全球规模上对于自然过程的破坏是无法想象的。现在它已经成为新闻头条的标题、科学会议的焦点和国际谈判的对象。[⊖]

■ World3 模型：两个可能的场景

在World3模型模拟的世界里，主要的目标是增长。在World3模型里，人口将只有在已经变得非常富裕的时候才会停止增长，经济只有当它已经进入极限时才停止增长，其资源会减少并随着滥用而恶化，连接并告知决策的反馈圈包含了一定的时滞，其物质过程具有相当巨大的能量。因此，得出以下结论并不令人意外，即模拟世界最可能的行为模式就是过冲与崩溃。

图4-11中的图形展示了World3模型当它"照现在的样子"运转时的行为，我们认为其中的数字是对于20世纪后半期出现的平均情形的"真实"描述，没有做异常的技术或者政策假设。在1972年我们把它称为"标准模拟"。我们并没有把它视为最可能的未来，我们自然也没有把它作为一种预测给出。它只是一个开始的地方，一个用于比较的基础。不过许多人对"标准模拟"的深刻印象比后面的模拟场景重要得多。为了防止这种情形再度发生，我们将把它称为是"参考点"，并用数字来指代每一个模拟场景：这是场景1。

⊖ 除了第5章描述的对臭氧层破坏进行的研究和谈判、第3章提到的全球气候变化外，还有很多由国际科学联盟委员会（ICSU）和世界气象组织（WMO）资助的关于全球变化的研究项目。它们包括国际地圈生物圈计划（IGBP）、世界气候研究计划（WCRP）和国际全球环境变化人文因素计划（IHDP）。还有很多国家和地区做出了很多努力，如美国气候变化研究计划。

世界的状态

物质生活水平

人类福利与足迹

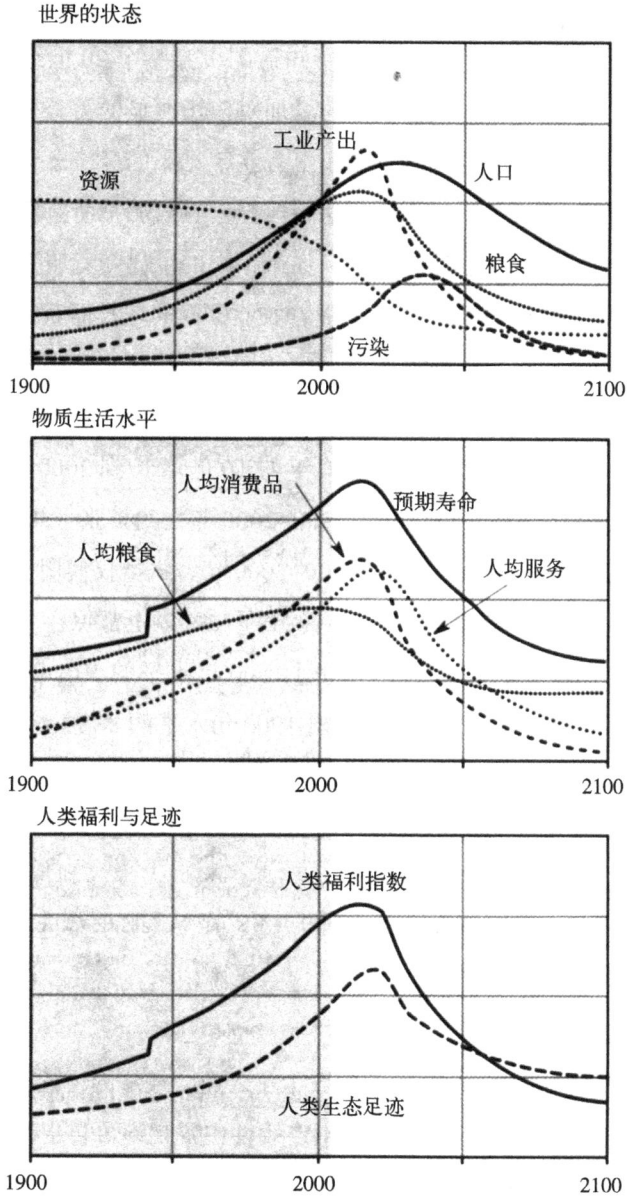

图 4-11 场景 1：参考点

注：世界社会以一种传统的方式发展着，没有对于 20 世纪大多数时期内所执行政策的任何重大偏离。人口和生产不断增长，直到被日益难以获得的不可再生资源阻挡而停止。越来越多的投资需要用于维持资源流。最后，经济中其他部门投资资金的缺乏导致了工业产品产出和服务的减少。随着它们的下降，粮食和健康服务也会减少，降低了预期寿命并提高了平均死亡率。

在场景 1 中，只要没有重大的政策变化，社会会沿着跟以往一样非常传统的路径前行。场景 1 跟踪了正同我们所知道的贯穿整个 20 世纪历史的宽泛概略。粮食产量、工业产品和社会服务的增加对应于明显的需求并受制于资本的可获得性。没有非同寻常的付出，即超出有立竿见影的经济意义之外的付出来减少污染、保存资源或者保护土地。这一模拟世界试图把所有经历人口转型的人们都带入一个繁荣的工业经济社会。场景 1 中的世界随着服务部门的增长而得到了普遍的健康医疗和生育控制；随着农业部门的增长而获得了更多的农业投入并得到了更高的产出，随着工业部门的增长而排放出更多的污染，需要更多的不可再生资源并变得具有更高的产出能力。

在场景 1 中，模拟的人口从 1900 年的 16 亿增长到 2000 年的 60 亿，到 2030 年时超过 70 亿。总工业产出在 1900~2000 年之间扩张了几乎 30 倍，并且从那以后到 2020 年每年增长 10%。1900~2000 年，人类仅使用了地球不可再生资源总量的 30%，到 2000 年时，这些资源的 70% 以上都保存着。污染水平在模拟的 2000 年已经开始显著上升，超过 1900 年水平的 50% 以上。2000 年的人均消费品高出 1990 年 15%，几乎高出 1900 年水平的 8 倍。[⊖]

在场景 1 中，如果把图形的右半部分盖住，你就仅可以看到 2000 年以前的曲线，模拟的世界看上去非常成功。预期寿命日渐提高，人均服务和产品正在增加，粮食总产量和工业总产出正日益提高。平均人类福利正日益持续增长。不过也确实存在着一些问题：污染水平持续上升，人类生态足迹亦是如此。人均粮食量正停滞不前。然而总体上说，这一系统依然在增长，主要变化的一些指标已经在前面给出。

接着，突然间，在进入 21 世纪的数十年之内，经济的增长出现停滞并且相当突然地发生逆转。增长趋势的这种不连续性主要是不可再生资源迅速上升的

⊖　人均消费品这个词代表的是工业产出中的一部分——消费商品（如汽车、家电或服装）。它大概占工业总产出的 40%。它不包括食物、服务或投资，这些都是另外计算的。在模型中，消费商品、工业产出和服务代表的是真实的物质的东西，它们按美元计算，因为这是经济数据的惟一标准。在最初的模型中，我们以 1968 年的美元来衡量每样东西，而且我们发现没有必要去改变这种方法，因为我们主要关注的是相对而不是绝对的福利度量。考虑到现在的人很难想象以 1968 年美元而得出的度量（价值是 2000 年美元的 4 倍），我们将本书的讨论限制在相对经济条件上。

成本导致的。这种成本的上升是通过各个经济部门以投资资金日益稀缺的形式来表现和起作用的。让我们来跟踪这一过程。

在模拟的 2000 年里，地下剩余的不可再生资源若以 2000 年的消费率来计算的话可以持续 60 年。在这个时候，并没有证据表明有严重的资源极限。然而到了 2020 年，剩余资源只能够维持 30 年的供给了。为什么这种短缺会上升得如此迅速呢？之所以会发生这种情况，是因为工业产出和人口的增长提高了资源的消费，同时降低了资源的存量。2000~2020 年，人口增加了 20%，而工业产出增加了 30%。在场景 1 的这 20 年间，日益增长的人口与工业工厂所使用的不可再生资源几乎相当于全球经济在此前一个世纪的使用量！自然地，于是需要更多的资本用于发现、开采和提炼剩余的不可再生资源——以不断的努力把世界进一步向前推动。

在场景 1 中，随着不可再生资源变得越来越难以获得，资本就转而去生产更多的资源。这就使得越来越少的工业产出投资于维持较高的农业产出和进一步的工业增长。最终，大约在 2020 年，投资于工业的资本将无法再赶上折旧。（这是物质投资和折旧，换句话说，磨损并过时，在账本上已经没有货币折旧了。）其结果就是工业产出的下降，而这又是难以避免的，因为经济无法停止把资本用于资源部门。如果经济确实停止把资本用于资源部门，那么材料和燃料的稀缺将会更加迅速地限制工业的生产。

因为维护和保养被耽搁，工业工厂开始减少，与之相伴的是维持资本存量增长和经济中其他部门生产率所必需的各种工业产品产出的下降。最终，日渐萎缩的工业部门强迫服务和农业部门萎缩，因为它们依赖于工业投入。在场景 1 中，工业的萎缩对于农业有着特别严重的影响，由于土地肥力在 2000 年以前由于某种程度的过度使用而退化，其结果，粮食生产就主要由诸如化肥、杀虫剂和灌溉设施等工业投入来弥补这种退化的方式加以维持。随着时间的变化，形势变得越来越严峻，因为人口持续在增长，这又归因于年龄结构和社会调整生育标准过程中的内在时滞。最终，大约于 2030 年，人口达到峰值，然后，随着粮食和健康服务的缺乏而导致死亡率的上升，人口开始下降。平均预期寿命（在 2010 年的时候是 80 岁）也开始下降。

这一场景描绘了一场"不可再生资源危机"。这并不是一种预测。它并不意味着去预测模型变量中任何一个的精确值，也不预测事件发生的确切时间。我们并不相信它代表了"现实世界"最可能的结局。一会儿我们将展示另一种可能性，在第 6 章和第 7 章中还会有更多的可能性。关于场景 1 我们能够做出的最强烈的结论就在于它描绘了系统可能的一般行为模式——如果影响未来经济增长和人口增长的政策类似于在 20 世纪后占主导地位的那些政策的话，如果技术和价值继续以那个时代具有代表性的方式演化的话，以及如果模型中的不确定数字大致正确的话。

那如果我们的假设和数字不正确的话又会怎样呢？举例来说，地下有待于开发的不可再生资源实际上是我们在场景 1 中假设的两倍的话，这又会产生什么差异呢？这一检验在模拟场景 2（见图 4-12）中予以展示。

正如你所看到的那样，相比于场景 1，资源耗尽在这次模拟中发生的时间要晚得多，允许增长过程持续更长的时间。扩张持续了另外 20 年，足以使工业产出和资源使用量成倍增长还多。人口的增长也持续了更长的时间，在模拟的2040 年达到最高峰，超过 80 亿的规模。尽管有这些扩张，模型的总体行为依然是过冲与崩溃。崩溃现在主要来自于全球环境的密集污染。

更高水平的工业产出导致污染大规模地增长，场景 2 中的污染水平相比于场景 1 要晚 50 年时间达到峰值，污染水平大约是后者的 5 倍。这一上升的部分原因在于更高的污染发生率，部分原因是由于污染吸纳过程正日益受损这一事实。约在 2090 年的峰值水平上，环境中污染物的平均生命时间相比于它在2000 年的数值已经翻了三番。化肥、杀虫剂和其他农业投入的大规模投入进一步提高了生态足迹。

污染对于土地肥力有着重要的影响，在场景 2 中，经过 21 世纪前半期的演变，土地肥力已经急剧下降。尽管用于对付这种损失的投资在日益增加，然而对于土地肥力恢复的影响并不足以防止 2030 年以后收益和粮食产量的急剧下降。由此导致死亡率上升。同样，更多的资本被分配用于农业部门，目标在于制止饥饿——尽管这是徒劳的尝试。最终，由于缺乏再投资，工业部门停止增长。

世界状态

物质生活水平

人类福利与足迹

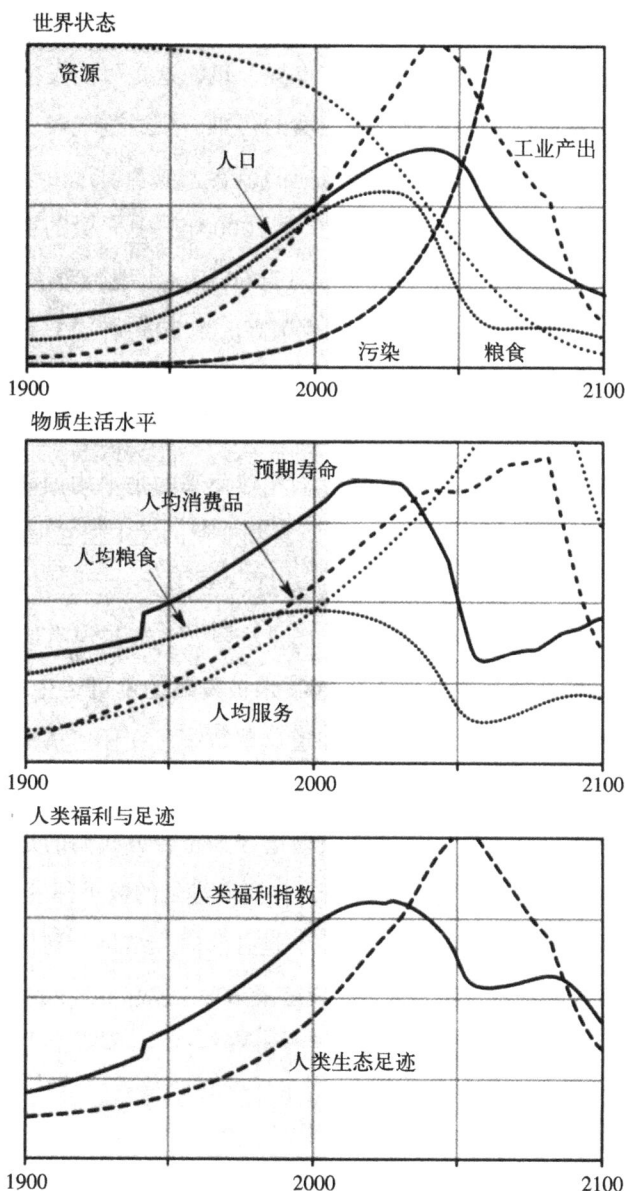

图 4-12　场景 2：更加丰富的不可再生资源

注：如果我们把场景 1 中的不可再生资源翻番，并进一步假设资源提炼技术的进步能够延缓成本
　　上升的到来日期的话，那么工业能够再多增长 20 年的时间。人口在 2040 年达到 80 亿的峰值，
　　消费水平则更高。然而由于污染水平飙升（超出了图形范围！）降低了土壤收益，要求在农业
　　恢复方面有更大规模的投资。由于粮食短缺和污染导致的负面健康影响，人口最终会下降。

场景 2 描述了一场"全球污染危机"。在 21 世纪的前半期，污染水平上升到足以影响土地肥力的程度。在"现实世界"里，这是可能发生的，其途径可能是通过重金属或者持久化学物质对土壤的污染，或通过气候变化改变增长模式，并且改变的速度快于农民们能够适应的节奏，或者通过由于臭氧层消失而导致紫外线辐射的加强。土地肥力在 1970~2000 年只有轻微的下降，然而这种下降幅度从 2000~2030 年增加了 20%，到 2060 年，土地肥力值只是它 2000 年水平的一小部分。同时，土壤侵蚀水平也很高。到 2030 年，总粮食产量开始下降，导致经济把更多投资转移到农业部门以维持粮食的充足。然而，由于污染的破坏太严重，粮食生产再也无法恢复过来。到 21 世纪的后半期，由于污染水平上升到如此高的程度，与粮食稀缺影响相伴而来的是平均预期寿命被迫下降到相当低的水平。人类生态足迹相当大，直到崩溃的发生使它缩回到与 20 世纪近似的水平上。

哪一种是更有可能的未来？场景 1 还是场景 2？如果说有回答这一问题的科学方法的话，那么这将取决于有关地下未被发现的不可再生资源的"实际"数量的证据。然而我们却无法确切地知道这些数字。在任何情形下，总是有许多更不确定的数字需要检验，总有许多技术和政策变化需要尝试。我们将在第 6 章和第 7 章中谈论到这些。World3 模型迄今为止告诉我们的是模型系统有过冲与崩溃的倾向。事实上，这么多年来，在我们尝试的数千种模型模拟过程中，过冲与崩溃是最为频繁出现的（但却并不是必然的）结果。到目前为止，对于导致这一行为模式的各种原因应该是相当清楚的。

■ 为什么会发生过冲与崩溃

如果人口和经济以某种不可持续的速度不断提取资源或者排放污染的话，那么它们会处于过冲的边缘，不过却还没有处于这样一种情形，即施加于支撑系统之上的压力强大到足以降低提取或者排放的速度。换言之，当人类生态足迹高于可持续水平时，人类就处于过冲状态，但这种过冲状态并没有高到足以导致产生人类生态足迹下降的变化的程度。

　　过冲来源于反馈的滞后。系统中的决策制定者并没有立刻得到或者相信极限已经被突破的信息并基于该信息采取相应的行动。过冲是可能的，因为还有累积的资源存量可以用来提取。例如，如果你在银行账户上已经存有一些钱财，那么你每个月可以花得比你当月挣的还多，这至少可以持续一段时间。你可以让浴盆放水的速度快于从水龙头补水的速度，至少直到你已经耗尽了浴盆中的最初存水量。你可以从森林中砍伐木材，砍伐速度快于森林的年生长率，只要你开始砍伐的森林具有一定木材存量，也就是说已经生长并且积累了数十年的木材量。你可以也蓄养足够多的牧群直到过度放牧，或者建造足够多的渔船直到过度捕捞，只要有初始积累的牧草和鱼群储量并且过去并没有得以开发利用。初始存量越大，则过度的水平可以越高，持续时间可以越长。如果社会只是从存量的可获得性而不是从再生率来获取相应的信号，那么它就会步入过冲状态。

　　物理要素也会造成预警信号的时滞，它是对预警信号反馈滞后的另一个来源。因为森林再生长需要时间，人口达到一定年龄需要时间，污染物通过生态系统达到某种状态需要时间，污染的水源再次变得洁净需要时间，资本工厂折旧需要时间，人们受教育和再培训需要时间，系统无法一夜之间变化，即使在它察觉并且认识到问题之后亦是如此。为了正确地引导，一个具有内在动力的系统需要被提前关注，至少远在其动力能够承载它之前。船只转弯花的时间越长，那么它的雷达就必须看得越远。全球的政治系统和市场系统却看得并不够远。

　　过冲的最后一个根源在于对增长的追逐。如果你正驾驶一辆汽车，车窗有雾或者刹车失灵，那么你为了避免过冲而做的第一件事情就是把速度降下来。显然你不会坚持要加速。反馈方面的滞后是可以处理的，只要系统并不是运行得太快以至于在它达到极限之前无法获得信号和做出反馈。持续的加速会把系统带入某个它无法及时反应的时点上，无论系统是多么聪明、多么富有远见以及设计得多么精巧。当一辆汽车高速行驶时，即使是有着极为娴熟驾驶技术的司机也是不安全的。增长得越快，过冲水平就越高，则跌落得也就越厉害。全球的政治和经济系统都在不遗余力地追求尽可能高的增长率。

　　最终把过冲转化成崩溃的是侵蚀，辅之以非线性因素。侵蚀是在没有迅速加以补救的条件下能够使自己倍增的一种压力。非线性就像在图 4-2 和图 4-7

中展示的那样，等同于临界线，一旦越过之后，系统的行为就会突然变化。一国可以开采铜矿深入至越来越低的等级层，然而在达到一定的等级之后开采的成本会突然剧增。土壤在刚开始被侵蚀的时候可能对作物没有影响，直到土壤变得比作物的根系区域还要浅的时候。接着，进一步的侵蚀就将迅速导致沙漠化。临界的出现使得反馈滞后的后果更加严重。如果你正驾驶着一辆车窗起雾并且刹车失灵的汽车，那么转弯较急的道路意味着你需要驾驶得更慢一些。

任何人口－经济－环境系统，如果存在反馈时滞并且物理反应较慢，如果有临界和侵蚀机制并且增长迅速的话，那么它实际上是难以驾驭的。无论其技术多得令人难以置信，无论其经济多么有效率，无论其领导人多么聪明，它都无法引导自己远离灾难。如果它经常试图加速的话，那么它将会过冲。

顾名思义，过冲是这样的一种情形，即来自于环境的滞后信号并没有强烈到足以强制实际增长停止。然而，接下来的问题是，社会能否知道自己是否处于过冲状态？资源存量的下降和污染水平的上升是最初的线索，此外还有一些其他征兆。

- 用于补偿先前由自然界无成本提供的服务（例如，污水处理、空气净化、水的净化、洪涝控制、害虫控制、土壤养分的恢复或者物种的保留）的损失的资本、资源和劳动力。

- 从最终产品生产到发掘稀缺资源，各种资本、资源和劳动力都将从更远、更深、更稀疏的地方去获取。

- 使用更低质量、更少、更分散、更没有价值的资源的技术发明，因为更高价值的资源已经用尽。

- 自然污染清洁机制的削弱，污染水平的上升。

- 资本折旧超过投资，因此资本存量在下降，特别是具有较长持续时间的基础设施。

- 军事或工业部门旨在获取、保证和防御日益集中于更少、更偏远或者日益具有冲突性的地区的资源，而对资本、资源和劳动力日益增长的需求。

- 为了满足紧迫的消费、投资或确保需求，或者用于偿还债务，而延缓了对于人力资源的投资（教育、健康医疗、居所）。

- 债务占年实际产出百分比日益上升。
- 损害健康和环境方面目标的实现。
- 日益上升的冲突，特别是有关源和汇方面的冲突。
- 随着人口无法再购买到其实际想要的东西，相反，只能购买到其能够支付的东西，消费模式正日渐转移。
- 随着精英们越来越多地使用集权政府的政策工具来保存或者增加他们对日益减少的资源基础的占有份额，这些政策工具越来越不受人们的欢迎。
- 自然系统日益增加的"混乱"，"自然"灾害越来越频繁，程度越来越严重，因为环境系统的弹性越来越弱。

在"现实世界"里你是否观察到了此类征兆？如果你观察到了，那么你就应该怀疑你的国家正处于过冲的较高阶段。

一段时期的过冲并不意味着必然会导致崩溃。然而，如果想要避免崩溃，却需要有迅速而果断的行动。资源基础必须迅速加以保护，对于资源的消耗必须急剧缩减。过高的污染水平必须下调，排放率必须削减至可持续的水平之下。也许并不必然需要减少人口或资本，或者降低生活水准。必须迅速降低的是物质与能源的吞吐量。换句话说，人类的生态足迹必须降低。幸运的是（以某种不同寻常的观点来看），当前全球经济中有如此多的浪费和无效率，以至于还有巨大的潜力在降低足迹的同时依然维持甚至提高生活质量。

总之，在 World3 模型中有许多中心假设都使得它具有过冲与崩溃的倾向。如果你不赞同我们的模型、我们的理论、我们的表述或者我们的结论，那么以下这些是争论的要点：

- 物质经济方面的增长被认为是必需的，这是我们政治、心理和文化系统的核心。人口和经济的增长，一旦开始，就会趋于是指数型。
- 维持人口和经济的物质与能源是有物理极限的，吸纳人类活动垃圾产品的汇是有极限的。
- 日益增长的人口与经济获得了许多有关物理极限的扭曲的、有噪声的、滞后的、混乱的或者被掩盖的信号，而针对这些信号的反馈存在时滞。
- 系统的极限不仅仅是有限的，而且当它们过度负荷或者过度使用时是可侵蚀的。此外，存在显著的非线性——越过临界线之后损害程度会急剧上升并且变得不可逆转。

探讨过冲与崩溃的这些原因也给出了避免它们的一系列方法。为了改变系统从而使它变得可持续并且可控制，同样的结构特征必须加以扭转：

- 人口与资本的增长必须放慢并最终停止，这要通过人类基于对未来问题的预期而不是通过已经被突破的外部极限的反馈来做出决策并付诸实施。

- 能源和物质的吞吐量必须通过急剧地提升资本的效率来加以缩减。换言之，生态足迹必须通过非物质化（更少地利用能源和物质来获得同样的产出）、公平程度的提升（把利用能源与物质的收益在富人和穷人间重新分配）以及生活方式的改变（降低需求或者把消费转向对物质环境负面影响更少的商品和服务）来加以缩减。

- 源和汇必须保留，只要可能，都要恢复。

- 信号必须加以改进，反应速度必须提高；社会必须看得更长远一些，并使现有的行动基于长期的成本与收益之上。

- 侵蚀必须加以预防，已经存在侵蚀的地方，需要使其放慢并加以逆转。

在第 6 章和第 7 章里我们将表明这些类型的变化是如何能改变 World3 模型过冲与崩溃的倾向的——而且，我们相信并且希望世界如此。然而，首先，我们将在第 5 章短暂地偏离，看看我们已经在本章中给出的说明所有动态原则的故事——这是提供了希望基础的一个故事。

从超越极限中返回：臭氧的故事

Limits to Growth

我们发现，我们自己正以这样或那样方式置身于改变大气同温层化学构造的大规模试验之中，尽管我们对于可能导致的生物或者气候结果是什么并没有清晰的概念。

——F. 谢尔伍德·罗兰德（F. Sherwood Rowland），1986

在本章，我们将提供一个有用的故事，一个关于超越了重要的极限、观察到其后果、然后艰苦斗争并成功地把人类活动恢复到可持续水平之下的故事。这个故事所关注的是同温臭氧层吸纳人类制造的氟氯化碳（CFC）化学物质的有限能力。[⊖]这一故事的最后结局至少在数十年之内不会写就。然而，迄今为止，讲述这个故事给出了希望的基础。它表明，不同的人群和制度，在面临共同的人类失败时，可以在全球规模上走到一起，来诊断一个过冲问题，然后设计和实施解决方案。在这种情况下，全球社会将能以相对更小的牺牲来接受生活于极限之内的必要性。

臭氧故事的主要情节如下。科学家们拉响了关于臭氧层正在消失的第一波警告，接着人们跨越政治界限组织起来开展了有效的研究工作。然而他们能够这么做仅仅是在他们设法超越了自己的观念盲区和对于政治过程的陌生之后。消费者们迅速组织起来以扭转有害的趋势，然而仅有他们的行动并不足以形成对于问题的持久解决方案。政府和公司起初充当了绊脚石和唱反调者的角色，然而随后它们中的一些人作为有胆识并且无私的领导者出现。环境主义者们常常被认为是极端的杞人忧天者，不过在这个情形里他们被证明是低估了问题的严重性。

在这个故事里，联合国展示了它把关键信息向世界传递和提供中立的平台以及作为老练的协调者的能力，各国政府都在围绕着一个不可否认的国际问题共同努力。处于工业化过程之中的国家发现臭氧危机是争取其自身利益的一种新力量，在它们迫切需要的技术和资金支持得到保证之前，它们拒绝合作。

最终，世界所有国家都承认，它们已经超越了一个严重的极限。冷静下来

⊖　各种含氯元素和溴元素的化学物质可以破坏同温臭氧层，如作为土壤熏剂的溴化甲烷和作为清洁溶剂的四碘化碳。但最大的威胁来自氟氯化碳（CFC），一种含氟、氢和氯的化合物家族。它们是很多研究的主题，也是国际上控制措施的焦点。我们会继续关注。

后，尽管不愿意，它们还是同意放弃一系列有利可图并且颇有用途的工业产品。在任何经济、生态或者人类损害被观察到之前，在完整的科学定论出来之前，它们已经开始这么做了。可以说它们行动得比较及时。

■ 增长

氟氯化碳（CFC），最早发明于 1928 年，是有史以来人类合成的最有用的复合物中的一些。或许因为它们在化学上是如此的稳定，它们看起来对任何生物都没有毒害。它们不会燃烧或者与其他物质发生反应或者侵蚀材料。它们有着较低的热传导性，因此当它们被吹塑成泡沫塑料来做热饮料杯、汉堡容器或者墙体绝缘板时，它们就成为优良的绝缘体。一些 CFC 在室温下蒸发并重新凝固。这一特性使得它们成为冰箱和空调的优异制冷剂。（用于这一用途时，它们最为人所知的商业名称是氟里昂。）CFC 对于清洁金属而言是良好的溶剂，从电路板精细的微观空间到把飞机固定起来的螺丝钉。CFC 制造起来并不昂贵，它们也可以安全地废弃（或许每个人都这么认为），只需把它们以气体的方式排放到空气之中或者通过在垃圾场把包含它们的产品加以焚烧就可以了。

正如图 5-1 所示，1950~1975 年，世界 CFC 的生产以每年超过 11% 的速度在增长——几乎每隔 6 年就翻一番。到 20 世纪 80 年代中期，工业部门每年生产 100 万吨的 CFC。仅仅在美国，CFC 冷冻剂就在 1 亿台冰箱、3 000 万台冷冻箱、4 500 万台家用空调、9 000 万台汽车空调和数十万计的用于饭馆、超市和冷藏车上的冷却器里发挥它们的功效。⊖北美人或是欧洲人平均每人每年用掉 0.9 公斤的 CFC。中国或印度的居民平均每人每年用掉的 CFC 则小于 0.03 公斤。⊜对于在北美、欧洲、俄罗斯和亚洲的许多化学公司而言，这些物质是

⊖　Arjun Makhijani, Annie Makhijani, and Amanda Bickel, *Saving Our Skins: Technical Potential and Policies for the Elimination of Ozone-Depleting Chlorine Compounds* (Washington, DC: Environmental Policy Institute and the Institute for Energy and Environmental, September 1988), 83. 可以从环境政策研究所中获得，218 O Street SE, Washington, DC 2003.

⊜　同上，第 77 页。

重要的收入来源。数以千计的公司把它们视为自己生产过程中的基本投入。

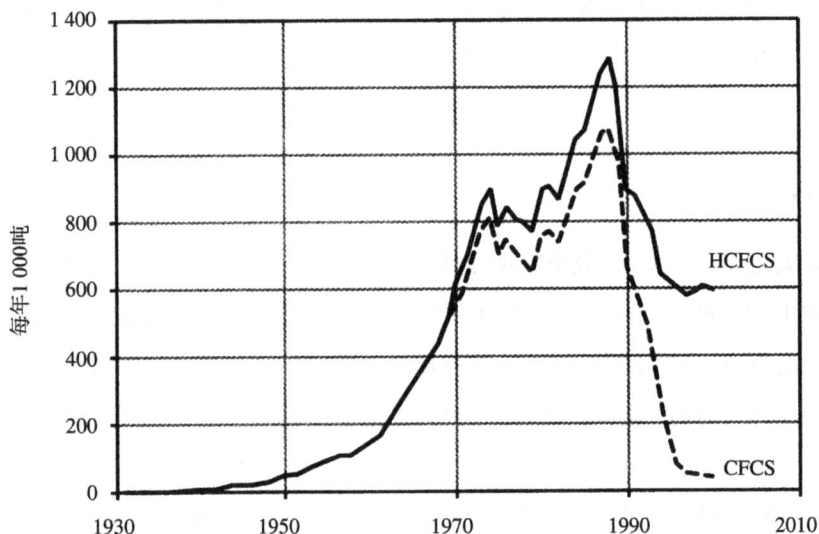

图 5-1　世界氟氯化碳生产

注：CFC 的生产增长迅速，直到 1974 年当有关推测它们对臭氧层影响的第一批论文出现时。
随后的减少是由于环境激进主义者们抵制含有 CFC 的气溶胶喷涂罐，后者在美国于 1978
年被禁止。在 1982 年之后，CFC 其他用途的扩展导致生产短暂上升。1990 年，随着国
际社会分阶段停止 CFC 行动的开始，其产量开始下降。HCFC 依然允许作为替代品，这
类化学物质的分阶段停止一直被安排到 2030~2040 年期间。
资料来源：另类氟氯化碳环境认可研究。

■ 极限

我们故事中的英雄是一种被称为是臭氧的不可见气体——三个氧原子结合
在一起（O_3），它不同于普通的由两个氧原子构成的氧（O_2）。臭氧是如此容易
起反应以至于它会攻击并氧化它所接触到的几乎所有东西。大气层的底部给臭
氧提供了它能够起反应的相当密集的颗粒和表面。其中令人关注的是植物组织
和人类的肺。接近地球表面的臭氧是一种具有破坏性但持续时间较短的空气污
染物。然而，在大气层的顶端，臭氧分子正常情况下能够遇到的东西非常之少，
它持续的时间相对较长，通常是 50~100 年。臭氧是不断地通过阳光对普通氧

气的作用而在大气层较顶端位置产生的。因此"臭氧层"已经在地球上方累积了 6~20 英里的高度。

臭氧层富含臭氧，这只是与大气层中其他地方这种气体的稀缺相对而言的。在臭氧层中，只有十万分之一的分子实际上是臭氧。然而这种浓度已经足以吸收大多数源于太阳光照射中一种特别有害的被称为 UVB 的紫外线（见图 5-2）。UVB 射线是一小束能量弹，它所具有的频率正好能够拆散有机分子——构成所有生命的分子，包括承载了生命复制代码的 DNA。因此，臭氧层是具有重要功能的薄纱。

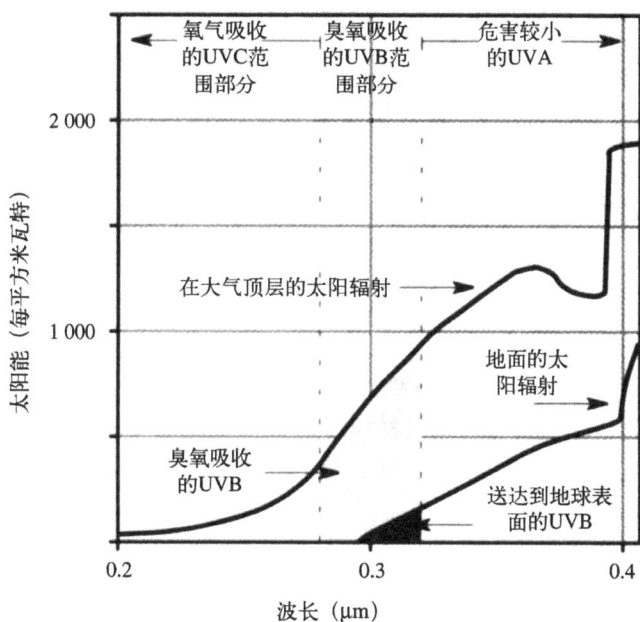

图 5-2　大气层对光的吸收

注：源于太阳光照射的紫外线几乎全部被大气层中的氧气和臭氧吸收。臭氧特别吸收被称为 UVB 范围内的辐射，它对于生命体而言是有害的。
资料来源：联合国环境规划署（UNEP）。

如果生命有机体被 UVB 击中，一种可能性就是产生癌症。很早以来人们就通过实验得知 UVB 能导致动物患皮肤癌。几乎所有人类皮肤癌都发生于暴露在阳光下的身体部位。它们尤其发生于那些具有金色皮肤的人们身上，这是因为他们花大量的时间在户外活动。澳大利亚人皮肤癌的发病率是全世界最高的，按照现在的发病率，所有澳大利亚人的半数在他们的生命时间内都会患上某种皮肤癌。最致命的一种叫恶性黑素瘤，是年龄在 15~44 岁的澳大利亚人最常见的癌症。[⊖]科学家们估计，臭氧层每减少 1%，就会导致地球表面 UVB 辐射增加 2%，皮肤癌发生率则提高 3%~6%。[⊜]

UVB 辐射使人类皮肤置于双重危机之下。它不仅可以诱发癌症的产生，并且还会抑制免疫系统与癌症、疱疹和其他感染性疾病抗争的能力。

除了皮肤，身体暴露于阳光之下最多的就是眼睛。UVB 射线能够灼伤眼角膜，导致一种被称为"雪盲"的痛苦症状，这一名称的由来是因为它影响到在高海拔地区的滑雪者和登山者们。偶尔的雪盲是相当痛苦的，重复的雪盲会永久性地降低视力。UVB 射线也能破坏视网膜并在眼球体内产生白内障。

如果更多的 UVB 射线到达地球表面，那么任何把眼睛和皮肤暴露于阳光之下的动物都会遭受与人类同样的影响。有关 UVB 其他影响的详细研究刚刚开始，不过其中的一些结论已经很清楚：

- 单细胞和非常小的有机体比大的有机体更容易受到损害，因为 UVB 只能穿透数层细胞。
- UVB 射线只能够穿透海洋顶层数米区域，然而这正是大多数水生微生物有机体生活的区域。研究表明，这些小的、浮游的植物和动物对于 UVB 辐射很敏感。[⊜]现在尚未达到一致意见的是 UVB 对于生态系统中不同物种之间相互作用的后果以及大致的影响有多大。然而这些微生物有机体是大多数海洋食物链的基础。因此，UVB 的增加能够影响到许多海洋物种。

⊖ B.K.Armstrong and A . Kricker, "Epidemiology of Sun Exposure and Skin Cancer," *Cancer Surveys* 26 (1996):133-153.

⊜ 例见 Robin Russell Jones, " Ozone Depletion and Cancer Risk," *Lancet* (August 22, 1987), 443; "Skin Cancer in Australia," *Medical Journal of Australia* (May 1, 1989);Alan Atwood, " The Great Cover-up," *Time* (Australia),27 February 1989 ;Medwin M .Mintzis, "Skin Cancer: The Price for a Depleted Ozone Layer," *EPA Journal* (December 1986)。

⊜ Osmund Holm-Hansen, E . W. Heibling, and Dan Lubin, " Ultraviolet Radiation in Antarctica:Inhibition of Primary Production," *Photochemistry and Photobiology* 58,no. 4(1993):567-570.

- 暴露于 UVB 射线下会减少绿叶面积，降低植物高度和削弱绿色植物中的光合作用。不同农作物对于 UVB 辐射的反应存在不同程度的差异，然而就已经研究过的一些农作物而言，60% 会随着 UVB 辐射增强而产量减少。例如，一项研究表明，如果臭氧层缩减 25%，那么大豆的产量会相应减少 20%。⊖
- 紫外线辐射显著地使户外的聚合物和塑料制品降解，它是低水平臭氧形成的一个因素，而后者又是城市烟雾的组成部分。

生命体在进化过程中已经产生多种方式来保护自己免受紫外线的伤害——色素沉淀、毛发或者鳞片覆盖、修复受损害的 DNA 以及促使敏感的生物躲避强烈光照的行为模式。由于这些保护措施在一些物种身上发挥得比另一些物种身上更好一些，因此臭氧层削弱的一个后果可能是一些物种数量的减少或者灭绝，而另一些物种数量则增加。食草动物的增长可能会超过草料的供给而导致平衡的破坏，类似地，会导致虫害之于它们天敌的失衡，寄生虫之于它们宿主的失衡。每一种生态系统都将以无法预料的方式来感受臭氧层消失的影响，特别是如果其他变化（例如全球变暖）也在同时进行的话。

■ 初始征兆

1974 年，两篇科学论文独立发表，它们都表明存在对臭氧层的某种威胁。一篇认为同温层中的氯原子可能是臭氧的强有力破坏者。⊜第二篇则认为 CFC 正涌向同温层并且正在分解释放出氯原子。⊕把它们综合起来，这两篇论文预测认为，人类的 CFC 使用可能会产生极其严重的后果。

⊖ A. H.Teramura and J. H. Sullivan, " How Increased Solar Ultraviolet-B Radiation May Impact Agricultural Productivity," in *Coping with Climate Change* (Washington, DC:Climate Institute, 1989), 203.

⊜ Richard S. Stolarski and Ralph J. Cicerone, " Stratospheric Chlorine:A Possible Sink for Ozone," *Canadian Journal of Chemistry* 52 (1974):1610.

⊕ Mario J. Molina and F. Sherwood Rowland, " Stratospheric Sink for Chlorofluoromethanes: Chlorine Atomic Catalysed Destruction of Ozone," *Nature* 249 (1974):810. Molina 和 Rowland 因为这项研究获得了 1995 年诺贝尔化学奖。

由于它们的惰性和不可溶性，CFC 并不溶于雨水之中或者与其他气体发生反应。抵达大气层底部的阳光波长部分也不能拆分结构稳定的碳氯和碳氟复合物。恐怕 CFC 分子能够从大气层中被清除的惟一方式就是上升到足够高以让它遇到短波长的紫外线——这种光线由于臭氧和氧气的过滤作用而从未抵达地球的表面。这种辐射拆分了 CFC 分子，释放出自由的氯原子。

这正是麻烦的开始。自由的氯（Cl）能够与臭氧发生反应以生成氧和氧化氯（ClO）。接着，ClO 与氧原子发生反应再次生成 O_2 和 Cl。氯原子接着能够把另一个臭氧分子变成氧，然后再一次被生成（见图 5-3）。

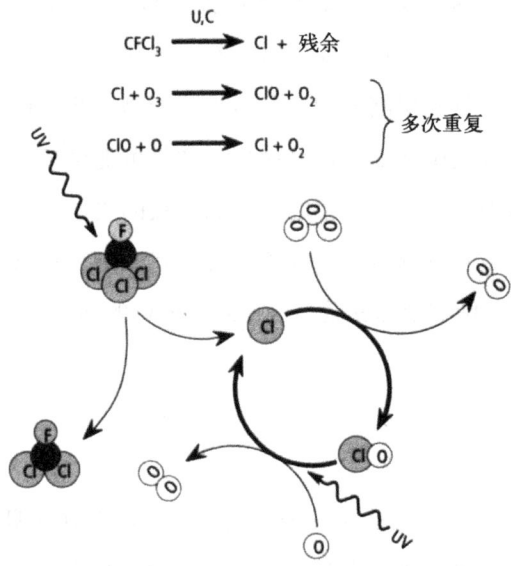

图 5-3　CFC 是如何破坏同温臭氧层的

注：位于同温层较高位置的 CFC 分子被紫外光线拆分而释放出自由的氯原子（Cl）。这些原子与臭氧（O_3）发生反应生成氧化氯（ClO）。ClO 接着能够与一个氧原子起反应再次释放出 Cl，后者能够与另一臭氧分子起反应——以此类推。这一循环被一再重复下去，极大地降低了大气层中臭氧的浓度。

Cl 原子能够通过这一系列反反复复的反应而得以循环，每次都会破坏一个臭氧分子。平均每个 Cl 原子在它最终从反应中被清除（通过与某种物质相反应，例如甲烷或者二氧化氮，它们固定住 Cl 原子并把它带回到地球）之前要破坏大约 10 万个臭氧分子。

■ 时滞

过冲需要时滞，在臭氧系统中也存在许多时滞。Cl 的持续再生意味着在它到达同温层一直到 Cl 原子最终停止分解臭氧这期间就已经过去了数年时间。另一种时滞是长期时滞，指在工业合成 CFC 原子到它达到同温层的顶端这段时期。对于一些用途而言（例如，气溶胶喷射剂），CFC 在生产之后很快释放到空气中。对其他的一些用途而言（例如制冷剂或是泡沫绝缘体），CFC 通常在其生产数年之后才释放进入到空气中。被释放之后，对所有的 CFC 分子而言都需要数十年时间才能够被大气流带入到同温层。因此，在任何时间测量到的臭氧层的变薄都是许多年或者几十年以前制造的 CFC 带来的后果。

产生新知识和最终达成科学共识的过程也是充满了时滞的，尽管在这种情形下一些政治因素会缩短所涉及的时间。

预测臭氧层枯竭的两篇论文引发了对大气氯化研究的高潮。在美国，科学信息也迅速地把自己带入到政治过程中。这种情况的发生部分地是由于最初一篇论文的作者是美国人，他们忧心忡忡于他们的结论，因而非常热衷于使它们引起公众的关注（特别是谢尔伍德·罗兰德，他把这一问题带到美国科学院和美国国会）。另一种在美国引起某种关注的因素是组织良好的环境运动。

当美国环境保护主义者们理解了 CFC– 臭氧关联的含义后，他们就很快投入行动。他们通过谴责 CFC 在气溶胶喷涂上的使用作为他们行动的开始。他们认为，仅仅为了喷洒除臭剂和剃须膏的便利而威胁地球上的生命是极其愚蠢的。对气溶胶罐的描述是过于简单了，因为非 CFC 气溶胶喷射剂也同样在使用之中，而且 CFC 还有许多其他用途。然而气溶胶罐被作为臭氧破坏者而被禁止，消费者们也对此做出了反应：气溶胶罐的销售急剧下降了 60% 之多。你可以在图 5-1 中看到结果；增长大约于 1975 年短暂停止。政治的压力启动了立法，以禁止 CFC 作为气溶胶使用。

当然，工业企业会抵制。1974 年杜邦公司的一位董事在国会作证时说："就目前而言，氯 - 臭氧假说纯粹是推测，没有任何具体的证据支持。"然而，他又说，"如果可靠的科学数据……表明任何含氯氟烃都无法在不对健康造成威胁的前提下加以使用的话，那么杜邦公司将停止这些复合物的生产。"[一]一直到14年以后，作为世界最大的 CFC 制造商的杜邦公司才尊重这一请求。

禁止 CFC 作为气溶胶使用的法律在美国于 1978 年通过。加之消费者们已经降低了气溶胶罐销售的行动，立法的禁止使得 CFC 制造量在世界范围内大幅度下降。然而，在大多数世界其他地方，气溶胶喷雾依然含有 CFC，而且 CFC 的其他用途，特别是在电子行业的用途，依然持续上升。到 1980 年，世界 CFC 使用又回到其 1975 年的峰值并继续攀升（见图 5-1）。

■ 过冲：臭氧洞

1984 年 10 月，英国南极考察的科学家们在他们位于南极洲哈雷湾的观测站上测量到同温层中的臭氧已经减少了 40%。每年 10 月份的臭氧测量值已经近十年处于持续下降（见图 5-4）。然而科学家们一直不愿意相信他们所看到的。40% 的下降似乎是不可能的。在那个时候基于对大气化学知识的计算机模型预测至多只有百分之几的下降。

科学家们重新检查了他们的设备。他们寻找其他地方来验证他们的测量结果。最终他们找到了一个：西北方向大约 1 600 公里的一个观测站同样报告了同温层臭氧的大规模减少。

1985 年 5 月，宣告南半球"臭氧洞"存在的历史性论文发表。[二]这一消息震惊了科学界。如果这一结论是正确的话，那么就证明了人类已经超越了地球的极限。CFC 的使用已经越过了可持续的极限。人类早就已经处于破坏他们的臭氧防护罩的过程之中了。

美国国家航空航天局（NASA）的科学家们慌忙检查由风云 7 号气象卫星产生的大气臭氧信息，该测量自 1978 年以来一直在进行着。风云 7 号气象卫星从未表明有过臭氧洞。回过头检查，NASA 科学家们发现他们的计算机程序被设计成拒绝

⊖ 引自 Richard E. Benedick, *Ozone Diplomacy* (Cambridge, MA:Harvard University Press, 1991), 12。

⊜ J. C. Farman, B. G. Gardiner, and J. D. Shanklin, "Large Losses of Total Ozone in Antarctica Reveal Seasonal ClO/NO$_2$ Interaction," *Nature* 315 (1985):207.

读入非常低的臭氧信息，因为它假定如此低的读数信息必然是设备误差。[一]

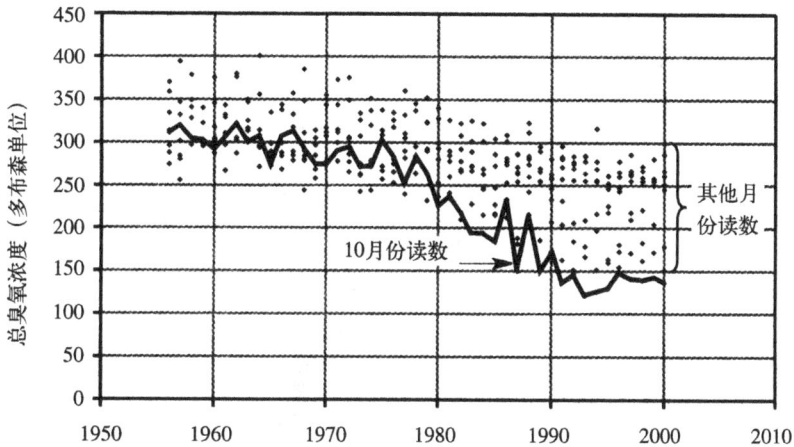

图 5-4　南极洲哈雷站臭氧观测

注：南极洲哈雷观测站上方大气层臭氧的浓度，以南半球每年春天也就是太阳转向的 10 月份
　　来测量的话，在超过 10 年的时间里一直在持续下降，直到 1985 年宣告臭氧洞存在的论
　　文发表。自那以后，10 月份的臭氧读数仍在继续下降。

资料来源：J.D. Shanklin.

　　幸运的是，被计算机丢弃的测量信息是可恢复的。它们证实了哈雷观察站
的各种观测值，表明 10 年来南极的臭氧水平一直处于下降过程。此外，他们提
供了臭氧洞的详尽地图。它相当巨大，大约是美国大陆的面积，而且它每年都
在不断变大、变深。

　　为什么会出现臭氧洞？为什么是在南极洲？这一发现对于整个地球对 UVB
辐射的防护意味着什么？接下来的数年时间里科学家们为此进行了非同寻常的
工作。最引人注目的一份关于氯是事实上的罪魁祸首的证据于 1987 年 9 月被收
集，当时科学家们乘坐飞机从南美洲直接飞往南极并进入到臭氧洞中。随着他
们的飞行，他们对臭氧和 ClO 进行了测量，结果如图 5-5 所示。臭氧的上升与
下降几乎正好与 ClO 的下降与上升相对应。[二]此外，在"洞"内测量到的 ClO

[一]　科学家看到比较低的臭氧读值而没有"看到"它们的这段时期很详尽地描绘于 Paul
　　　Brodeur, *Annals of Chemistry*, 71。

[二]　J. G. Anderson, W. H. Brune, and M. J. Proffitt, "Ozone Destruction by Chlorine Radicals
　　　within the Antarctic Vortex: The Spatial and Temporal Evolution of ClO-O₃ Anticorrelation
　　　Based on in Situ ER-2 Data," *Journal of Geophysical Research* 94 (August 30, 1989):11,474.

浓度数百倍于能够正常被大气加以化学解释的水平。这正是通常被称为是"烟枪"的图形，即便对于 CFC 制造商来说，它也证明了臭氧洞并非是正常现象。它是大气受到高度干扰的一个标记，它是由人类生产的含氯污染物造成的。

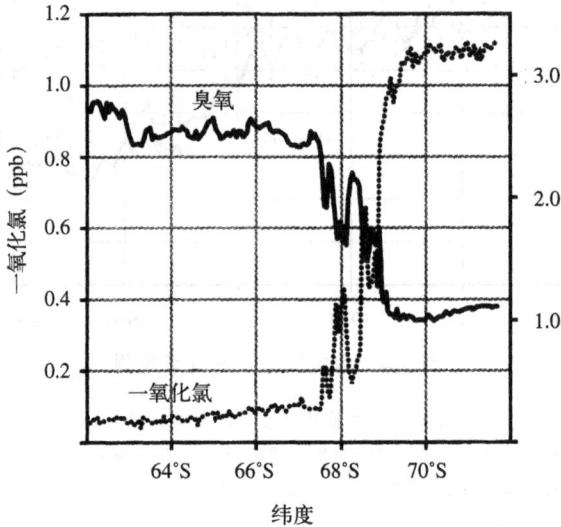

图 5-5　随着活性氯的增加，极地臭氧则在下降

注：当 NASA 的 ER-2 科研飞机从智利的彭塔阿雷纳斯（南纬 53 度）飞向南纬 72 度时，位于飞机上的设备同时测量了一氧化氯和臭氧的浓度。上面显示的数据收集于 1987 年 9 月 16 日。随着飞入臭氧洞，一氧化氯的浓度提高到许多倍于正常水平，而臭氧水平则急剧下降。这一发现有助于证明这一事实，即含氯污染物导致了臭氧洞。

资料来源：J. G. Anderson et al.

科学家们花了数年的时间去寻找臭氧洞形成的解释。扼要地说，以下就是解释。

由于南极洲被海洋包围着，风可以环绕大陆流动而不会受到陆地的阻挠。在南半球的冬季，它们形成了一个环绕极点的漩涡，这一漩涡把空气截留在南极洲上空并且使它们无法与大气的其余部分混合。漩涡创造了极地大气的化学"反应通道"。（在北极附近并没有如此强烈的漩涡，因此北半球的臭氧洞并不那么突出。）

在冬季，南极洲的大气是世界上最冷的地方（低达零下 90 摄氏度）。在这极度的寒冷状态下，水分蒸发，以细小冰晶形成的冰雾形式悬于空中。冰粒充当了催化剂，这些数不清的冰晶的表面促进了把 CFC 分解以释放破坏臭氧的氯的化学反应。

在南极洲冬季的黑暗中形成的氯原子并不马上进入到破坏臭氧的反应链中。事实上，每个氯原子只与臭氧反应一次形成 ClO。两个 ClO 分子走到一起形成相对稳定的二聚物 ClOOCl。这些二聚物累积起来，阻止了阳光的照射。[⊖]

每年的 9 月或者 10 月，是南极洲的春季，太阳辐射拆散了 ClOOCl 分子，释放出数量庞大的 Cl，它们进入到臭氧中发挥作用。臭氧的浓度急剧下降。

渐渐地，回归的阳光驱散了环极点漩涡，允许南极的空气再次混合。臭氧枯竭的空气分散到地球的其他部分，南极上空的臭氧水平则几乎恢复到正常水平。

在北半球的春季，北极上空观测到更小的臭氧洞。人们预期这些离散的洞在其他地方不可能被找到，然而随着大气中气体的混合，整个地球之上的同温层的臭氧浓度都会下降。由于 CFC 和 Cl 在大气中较长的持续时间，这种下降将会持续很长时间——至少一个世纪。因此，一旦人类越过了极限（定义为 CFC 的最大可持续排放率），即使排放立即停止，也注定会有很长一个时期低于臭氧保护免受 UVB 辐射的正常水平。过冲已经（并且将在很长时期内）成为现实。

■ 下一步反应：行动的滞后

1985 年对臭氧洞存在的宣告是否如同它激发科学家们那样激发了政治家们的关注，这在参与全球协商的人们之间存在一些分歧。限制 CFC 生产的国际争论已经在进行之中，然而它们并没有取得多大的进展。在臭氧洞被宣布发现之前的两个月，在维也纳的一次会议上发表了一份给人印象良好的声明，即各国应该采取"适当的措施"来保护臭氧层，然而它却没有设定时间表，也没有规定制裁措施。工业部门也放弃了对 CFC 替代品的研究，因为似乎并没有迹象显

⊖　Mario J. Molina, " The Antarctic Ozone Hole," *Oceanus* 31(Summer 1988).

示在不久的将来会需要推出这些替代品。[一]南极的臭氧洞并没有明确地与 CFC 联系起来，一直到 3 年以后。

1985 年 3 月的维也纳会议并没有采取任何实质性行动，到 1987 年蒙特利尔会议，47 个国家的代表们签署了第一份国际臭氧层公约。这两次会议之间，在政治上确实发生了一些事情。南极上空的臭氧洞显然具有心理作用，也许正是因为没有被完全理解所以反而具有更加显著的作用。毫无疑问，臭氧层正在做一些奇怪的事情。尽管还没有证据，然而却已经有足够的科学证据去指责 CFC 是可能的罪魁祸首。

无论有没有证据，但如果不是联合国环境规划署（UNEP）的话，很可能什么事情都不会发生，UNEP 主持并促成了国际政治协商过程。它的工作人员汇集并阐述了科学证据，并把这些证据向各国政府展示。它创办了一个中立的会议场所供高层讨论，并扮演了居间调停者的角色。当时的 UNEP 主任穆斯塔法·托尔巴（Mustafa Tolba）展示了相当高超的环境外交能力，在许多引起争论的场合中他保持中立，耐心地提醒每一个人没有任何短期自私的考虑能够比得上地球臭氧层的完整这么重要。

谈判的过程远非轻而易举。[二]世界各国政府正面临着一个全球性的环境问题，尽管它还没有被完全理解，它尚未对人类健康或者经济造成任何可衡量的损害。正如所预料的那样，主要的 CFC 生产国试图阻止对于 CFC 使用的削减。关键的决策有时候依赖于非常细微的政治事件。例如，美国充当了强有力的领导者角色，这一角色曾经数次因里根政府内部激烈的分歧而几乎被削弱。美国内政部长唐纳德·霍德尔（Donald Hodel）公开说，只要人们愿意在外出时戴上宽边帽子和太阳镜的话，臭氧层将不再是个问题。这时这种分歧才进入到公众的关注视野。针对这一声明的国际嘲讽（包括那些描绘戴着帽子和太阳镜的牛、狗和树以及谷类植物的各种漫画）有助于管理当局的成员们说服总统认真

[一] 当罗纳德·里根（Ronald Reagan）1980 年当选为美国总统时，杜邦公司放弃寻求 CFC 替代物的努力。

[二] J美国首席谈判代表 Richard Benedick 清楚而全面地描述了整个政治过程。见 R. E. Benedick, *Ozone Diplomacy: New Directions in Safeguarding the Planet*, 2nd ed.(Cambridge, MA, and London):Harvard University Press 1998。

考虑臭氧问题。

　　与此同时，UNEP 继续施压。在欧洲和美国的环境团体对其政府进行督促的同时，科学家们也举办各种讨论会来对记者、国会议员和公众进行教育。迫于各方面的压力，各国政府最终（而且令人意外地迅速）于 1987 年在蒙特利尔签署了《关于消耗臭氧层物质的议定书》，简称《蒙特利尔议定书》。

　　《蒙特利尔议定书》首先规定世界五种最广泛使用的 CFC 产品的产量应该冻结于 1986 年的水平，接着到 1993 年应缩减 20% 的产量，到 1998 年再进一步缩减 30%。这种 "20-30 冻结" 协议由所有主要的 CFC 生产商签署。

　　《蒙特利尔议定书》是具有历史意义的，它的缩减规模远比环境主义者们当时认为的政治上的可能性要大得多。然而，不久之后事实变得很明显，即它所号召的 CFC 缩减并不够。图 5-6 表明了如果按照《蒙特利尔议定书》（以及随后每一种议定书，伦敦、哥本哈根、维也纳和再一次的蒙特利尔，此后更多）的排放缩减程度的话，同温层中破坏臭氧的 Cl 的浓度将会有何种变化。尽管产量缩减了，然而已经生产却还没有释放出来的大量 CFC 存量，以及已经释放但却还没有到达同温层的 CFC 都将继续提升 Cl 的浓度。

　　协议脆弱性的原因是可以理解的。大多数处于工业化进程中的国家并没有签署协议。大多数 CFC 工业制造商依然希望至少部分地维持它们的市场。

　　然而，在《蒙特利尔议定书》签订不到一年，人们测量到更大规模的臭氧消耗，"烟枪" 证据也得以公布。此时，杜邦公司宣布它将彻底地逐步停止其 CFC 生产。1989 年，美国和欧盟宣布到 2000 年之前，它们将停止所有五种最常用的 CFC 产品的生产。它们号召世界支持已经写入蒙特利尔文件中的限制，要求定期对臭氧形势加以重新评估，如果必要的话加以更加全面的测量。

　　进一步的协商之后，再一次由 UNEP 主持，来自 92 个国家的政府官员于 1990 年相聚伦敦并同意到 2000 年逐渐停止 CFC 产品的生产。他们在分阶段停止清单中还加入了甲基氯仿、四氯化碳和氟哌丁苯，这些也都是破坏臭氧的化学物质。一些工业化进程中国家拒绝签署这份协议，除非建立国际基金用于帮助它们获得向 CFC 替代品转换的技术支持。当美国不愿意捐助这笔资金时，协议几乎陷于失败，不过最终该基金还是建立起来了。《伦敦协议》中预期的同温层中氯（以及另外一种消耗臭氧的化学物质溴）的变化情况如图 5-6 所示。

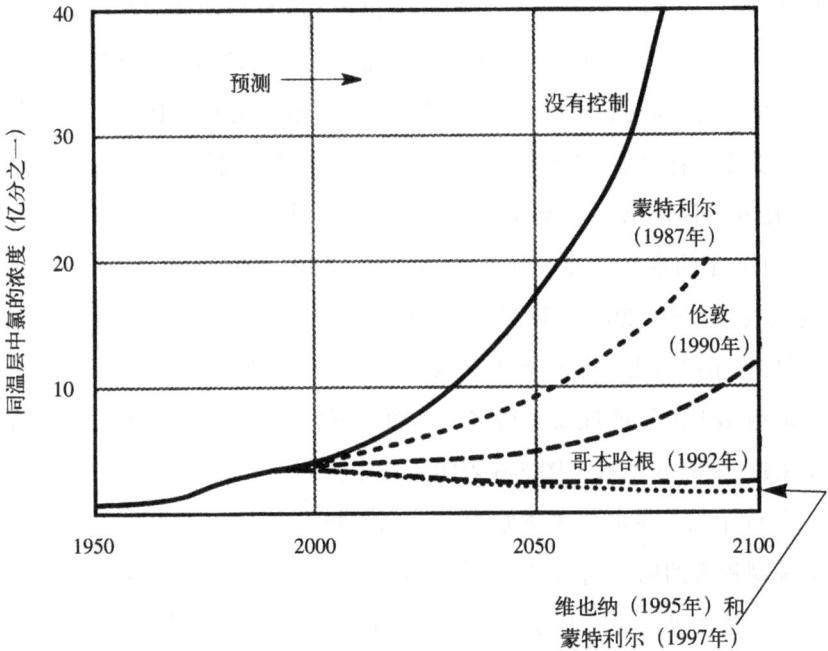

图 5-6　根据 CFC 排放而预测的同温层中无机氯和溴的浓度增长

注：过去以及预测的在不同政策条件下同温层中氯和溴的丰裕程度：没有协议时的情况、在
原始的《蒙特利尔议定书》保障下的情况以及在后来附加的协议条件下的情况。继续以
1986 年水平生产 CFC 将会导致同温层氯的浓度到 2050 年提高 8 倍。最初的《蒙特利尔
议定书》规定了更低的排放率，然而它依然允许了氯的水平以指数方式增长。《伦敦协
议》逐渐停止了大多数但并不是所有的 CFC 使用，它依然将导致氯的水平大致于 2050
年开始上升。后续的已经渐渐强化了的对于与氯排放相关的化学物质使用的限制，促成
了同温层中氯水平自 2000 年以后逐渐下降的预测。

资料来源：世界气象组织（WMO）；美国环保署（EPA）；R. E. Bendick。

1991 年春，北半球上空的卫星测量到新数据显示臭氧消耗比预期的要快两
倍。在北美、欧洲和中亚这些人口过密的地区，缩减了的臭氧水平第一次被拓
展至夏季，这个时候的辐射破坏很有可能对人类和作物造成伤害。20 世纪 90
年代末期，有报告指出低于平均值的臭氧水平已经向南移动到西班牙的位置。

作为这些令人震惊的消息的结果，以德国为主导的许多国家提出动议，以
快于《伦敦协议》要求的速度来分阶段停止 CFC 和氟哌丁苯的生产。许多跨国
公司，特别是电子和汽车行业的公司，也有同样的呼声。一些发展中国家，例

如墨西哥，宣布它们将不再利用它们的 10 年缓冲期，而是遵循与工业化国家同样的缩减方案。逐渐地，所有其他国家，包括中国和印度，都做出了同样的配合，当时所有的生产都计划于 2010 年停止。

在另一个协商过程中，即在 1992 年的哥本哈根，《蒙特利尔议定书》的签字方同意把分阶段停止方案再一次推进——到 1994 年消除氟哌丁苯的新生产，到 1996 年停止 CFC，并且对土壤薰剂溴化甲烷的排放要加以限制，这种对臭氧构成强有力破坏的物质在《伦敦协议》上并未加以讨论。根据那时候可以利用的大气模型，人们相信哥本哈根"紧缩"方案将比伦敦方案早 10 年把臭氧水平带回到 20 世纪 80 年代的水平（到 2045 年而不是 2055 年）。这将累计减少臭氧损失约 28%，防止 450 万例皮肤癌和 35 万例目盲症。⊖后来这一点变得很清楚，即为了从根本上降低氯 / 溴的浓度，哥本哈根"紧缩"方案事实上是必要的（见图 5-6）。

到 1996 年，157 个国家已经成为这一紧缩协议的成员。能进一步做的已经很少了。1997 年，也就是第一个议定书签署十周年之际，在蒙特利尔对协议做了细小的调整。臭氧层科学评估小组 -1998（在世界气象组织和 UNEP 的领导下开展工作）⊜注意到，"基于臭氧消耗物质的过去排放情况和《蒙特利尔议定书》对于未来最大许可量的预测，估计臭氧消耗的最高峰将介于至未来 10~20 年之间"。4 年之后，在 2002 年的科学评估会议上，"南极洲臭氧水平到 2010 年将持续提高，预计在本世纪中期臭氧数量将恢复到 1980 年之前的水平"。⊜要对臭氧消耗的高峰年份（1995~2010 年）施加影响已经为时太晚，因为那些引致它们消耗的物质已经慢慢飘向同温层。为了确保这一高峰确实是一个高峰并且臭氧层能够最终恢复，主要的任务就在于执行并强化议定书的内容。《蒙特利尔议定书》成员国会议继续召开并对协议做出了一些改进，例如，1999 年在

⊖　同上，第 215 页。

⊜　United Nations Environment Program, " Synthesis of the Reports of the Scientific Assessment Panel and Technology and Economic Assessment Panel on the Impact of HCFC and Methyl Bromide Emissions," Nairobi, March 1995,section 4.

⊜　World Meteorological Organization, " Scientific Assessment of Ozone Depletion: 2002," *Global Ozone Research and Monitoring Project Report* 47, 它可以从网站上获得（www.unep.org/ozone）。

北京，与会者同意增加多边基金用于资助发展中国家完成它们限额方面的努力。当前，其他物质也正在被加入到这一体系中来，而与臭氧消耗相关物质的贸易正在被禁止。

到 2000 年，世界"CFC 气体"的生产已经从 1988 年时超过 100 万吨的峰值水平下降到低于每年 10 万吨的水平（见图 5-1）。[⊖]在国际协商开始的时候，工业部门已经以远低于任何人能够猜测到的费用和纷扰进行了调整，以配合分阶段停止这些重要化学物质的生产。最终的价格（包括了协商和实施的成本）据估计为 400 亿美元。[⊖]由于 CFC 也是温室气体，在这方面它们数千倍于二氧化碳，它们的分阶段停止也将有助于降低全球气体变化的速率。一种称为 HCFC 的具有更小破坏性的替代物，依然以每年 50 万吨的产量生产着（见图 5-1）。

一直以来，有关同温层的信息不断出现——零零碎碎地出现。在 1995 年和 1996 年，北极上空臭氧浓度达到了历史新低，包括在西伯利亚上空出现 45% 的急剧下降。1998 年北半球中纬度地区臭氧层冬季和春季的损失平均为 6%~7%。在 1998 年秋季，南极上空的臭氧洞比以往测量到的更加大并且更深[⊜]——直到 2000 年和 2003 年又出现同样的声明。尽管臭氧洞增大的速度在逐渐降低，然而 2002 年世界气象组织的科学评估小组依然认为不能"断定（南极的）臭氧洞面积是否已经达到最大"——虽然他们坚持认为"臭氧层将在未来 50 年内逐渐恢复"。[⊛]

在 21 世纪的最初 20 年内臭氧层将处于最为危险的状态。如果《蒙特利尔议定书》和随后的协定得到尊重，如果非法制造得以停止，如果没有重大火山

[⊖]　到那时为止，收集这项信息的联合国环境署停止形成整合的时间系列数据，因为它每年报告的水平都不一样。参见" Production and Consumption of Ozone Depleting Substances under the Montreal Protocol 1989-2000" (Nairobi:UNEP, 2002) 它可以从网站上获得（www.unep.ch/ozone）。统计数据的形成位于表 1、表 2、表 18 以及随后的表。

[⊖]　F. A. Vogelsberg, " An Industry Perspective: Lessons Learned and the Cost of the CFC Phaseout," paper presented at the International Conference on Ozone Protection Technologies, Washington,DC October 1996.

[⊜]　Richard A. Kerr, "Deep Chill Triggers Record Ozone Hole," *Science* 282 (October 16, 1998): 391.

[⊛]　WMO, "Scientific Assessment," xiv and xv.

爆发（这也能够在短期内消耗同温层的臭氧），那么臭氧层将大约在 2050 年恢复到其初始状态。

而其障碍之一是 CFC 走私的上升。尽管美国和欧洲政府都禁止 CFC 的生产和新产品的进口，然而许多居民却愿意以较高的价格给他们的汽车空调或者制冷设备重新充氟。在美国，较高的特许权税被应用于新生产的 CFC 产品，旨在鼓励循环，然而却把价格抬得更高。那些条约允许可以继续生产 CFC 直到 2010 年的国家（主要是俄罗斯和印度）发现很难抵制如此有利的一个市场的诱惑。走私者们使用诸如把新生产的 CFC 贴标为循环生产等伎俩。美国司法部的报告指出，非法进口 CFC 的利润比非法进口海洛因的利润还要高——估计范围为每年 2 万 ~3 万吨。○然而，这些却并没有足够多到打断总 CFC 生产的下降趋势。

尽管有这样和那样的微小问题，世界已经大体在这个问题上达成了共识并且已经在实施解决方案方面取得了巨大的进展。虽然已经花了超过 25 年的时间，然而对过冲的成功反应显然是可能的。

■ 适应没有 CFC 的生活

外交在继续的同时，工业上的创造性正在推出缩减现有 CFC 释放和利用替代物的不同方式。这一问题的 1/3 已经通过保护得到解决，简单地减少了对于这些物质的需求。例如，增强了的绝缘能够减少对于制冷的要求；循环利用化学物质可以减少排放。1/3 的解决方案依赖于替代品的临时使用，例如被称为 HCFC 的氢化 CFC，它对于臭氧层的破坏只有 CFC 的 2%~10%。在按计划到 2030 年逐渐停止之前，它的利用使人们有时间发现更加持久的解决方案。其余的 1/3 已经通过转向对臭氧层根本无害的替代物来完成。

由于 1978 年美国的禁止，制造商们已经采纳了其他种类的气溶胶喷射剂，它们的大多数被证明成本要低于 CFC。正如大气化学家马里奥·莫林纳

○　World Resources Institute, *World Resources 1998-99* (New York: Oxford University Press, 1998), 178. See also Tim Beardsley, "Hot Coolants," *Scientific American*, July 1998, 32.

（Mario J. Molina）所说的那样，"1978 年，当美国禁止把 CFC 作为喷雾器的推进剂时，专家们认为这种禁止将把大量的人置于失业的境地。然而，事实并非如此"。[⊖]

当冰箱和空调中的制冷剂在起作用或者被丢弃时，它们被释放进入空气之中。现在循环设备捕获、净化并重新使用这些制冷剂。在美国，CFC 循环（还有缺漏的修补）通过税收补贴而得到鼓励，这使得循环利用有利可图。当前的挑战在于在循环过程中把这种安全的替代物质从其消耗臭氧的前任中分离出来。

电子行业和航空业的厂商们想出了清洁电路板和飞机部件的替代溶剂，其中的一些包括了简单的水溶方法。它们也改进了制造流程以彻底消除清洗步骤，这也是相当可观的经济节约。来自美国和日本的公司形成了联盟，无需付费便可以让全世界的电子制造商们来分享其采取对策方面的研究成果。[⊖]

化学公司开始推销氢化 CFC 和用于替换 CFC 特定用途的其他新复合物质。汽车空调现在包括了一种名为 HFC-134a 的 CFC 替代品。这种新制冷剂的额外成本并不是预测的每辆车 1 000~1 500 美元，而更有可能是 50~150 美元。

绝缘塑料泡沫现在注入的是其他气体。汉堡包现在用纸或者纸板包装，而不是含有 CFC 的塑料；有着环境意识的消费者们使用要清洗的瓷咖啡杯而不是要抛弃的塑料杯。

哥伦比亚的切花种植者们发现他们可以运用综合虫害管理技术而不是用溴化甲烷来对土壤进行消毒。肯尼亚的农民们开始使用二氧化碳而不是溴化甲烷来为他们存储的谷物进行熏蒸消毒。津巴布韦的烟草种植者们尝试用轮作方法而不是采用溴化甲烷。一项 UNEP 的研究得出结论认为，90% 的溴化甲烷使用可以用其他虫害控制措施来加以替代，并且可以以更低的成本实现。

⊖ Mario J. Molina, "Stratospheric Ozone: Current Concerns," paper presented at the Symposium on Global Environmental Chemistry-Challenges and Initiatives, 198th National Meeting of the American Chemical Society, September 10-15, 1989, Miami Beach, Florida.

⊜ The Industrial Coalition for Ozone Layer Protection, 1440 New York Avenue NW, Suite 300, Washington, DC 20005.

■ 故事的寓意

来自 35 个国家的 350 位科学家们在世界气象组织的协调下于 1999 年提供的一份报告给出了关于臭氧层前景的一致意见：

由人类生产的氯和溴复合物而导致的臭氧消耗有望在 21 世纪中期逐渐消失，因为这些复合物正通过自然过程缓慢地从同温层中消除。这一环境成就的取得是由于旨在控制臭氧消耗物质的生产与使用的国际协议的重大影响。⊖

从臭氧故事里可以得到许多的教训，这取决于你的世界观和政治偏好。以下是我们可以看到的一些教训：

- 经常对环境的重要属性加以监测是相当重要的，同样重要的是对监测结果做出迅速的、如实的汇报。
- 政治可以在国际范围内用于把人类活动保持在地球的极限以内。
- 避免对环境造成进一步破坏的国际协议通常既需要工具也需要意愿来制定长期规划。
- 为了有效形成针对困难问题的国际合作，并不要求人们和国家都成为完美的圣人，采取行动也不需要得到全部知识或者科学证据。
- 解决全球问题并不需要一个世界政府，然而却有必要有一个全球性的科学合作、一个全球性的信息系统、一个用于形成特定协议的全球论坛以及用于执行这些协议的全球合作。
- 当科学家、技术人员、政治家、公司和消费者们了解到这么做的必要性时，他们能够迅速地但不是马上做出反应。
- 关于因满足环保要求而对工业部门带来的经济后果的可怕预测可能是夸张的。这或许是为减缓政治变革而故意扭曲事实而造成的后果。更可能的情形则是源于对技术进步和社会变革的系统性低估。
- 当所能得到的知识还不完全的时候，环境协议需要留有余地并定期加以修订。需要经常监测以便跟踪问题，必要时做出调整，以及描绘取得的成

⊖　WMO, "Scientific Assessment," xxxix.

就。决不要假设一个全球问题已经永远解决了。

- 臭氧协议的所有参与者都是重要的并且将再次需要：诸如 UNEP 这样的一个国际组织；愿意充当政治领袖的几个国家政府；灵活而有责任心的公司；能够并且愿意与政治制定者们交流的科学家；施加压力的环境激进主义者；基于环境信息而愿意变换产品选择的消费者；以及带来创新的技术专家，这些创新即使是当它被用来把人类影响带回到极限范围之内时也能使生活成为可能、便利并且有利可图。

- 当然，我们也从臭氧故事中看到了一个过冲与崩溃系统的所有成分——指数型增长、可侵蚀的环境极限和长期反应滞后，无论是物理的还是政治的。从 1974 年第一份科学警告到 1987 年《蒙特利尔议定书》的签署，用了 13 年的时间，而从第一份协议的签署到 2000 年全面执行强化议定书又用了 13 年的时间。可能需要用更长的时间去聚拢剩余的非合作者、欺骗者和走私者。从 2050 年以后，将需要用一个世纪以上的时间来完全清除同温层中的氯。

这就是一个关于过冲的故事，也是一个关于人类如何退回到可持续行为的故事。每个人都希望它不是关于崩溃的故事。未来它是不是（崩溃的故事）取决于臭氧层受破坏的逆转程度如何以及未来大气层的意外是否会出现。它也取决于保持警惕和阻止特殊利益团体及其政党做出努力的能力，以确保对破坏臭氧的化学物质的禁止不会失效。如果这些条件得以满足，那么同温层臭氧洞的升与降，就能够作为面对其他全球极限的努力的一种激励。

第 6 章

技术、市场与过冲

Limits to Growth

所有证据都表明，我们一直都夸大了技术天才的贡献而低估了自然资源的贡献……我们需要……找回在匆忙改造世界过程中丢失的东西：对极限的意识，对于地球资源重要性的意识。

——斯图尔特·尤德尔（Stewart Udall），1988

人类在地球上生活已经 100 万年了。人类开垦土地并把自己组织进城市中也已经约 1 万年了。他们经历的人口与资本的指数化迅速增长已经有约 300 年的时间了。在过去的数个世纪里，激动人心的技术与制度创新（蒸汽机、计算机、公司、国际贸易协议以及许多其他变革）已经允许人类经济跨越了明显的物质与管理极限并保持增长势头。特别是在过去的数十年间，扩张的工业文化几乎在世界上的每一个社会中灌输着对于永远持续的物质增长的渴望与预期。

增长可能存在极限这一观念对于许多人来说是无法想象的。极限在政治上是隐晦的，在经济上是不可想象的。文化上也趋于否认极限存在的可能性，其方式是通过深信技术的力量、自由市场的运作和经济的增长来作为所有问题的解决方案，即使是那些由增长导致的问题。

最初的 World3 模型最经常受到的批评是它低估了技术的力量，并且没有足够的代表自由市场的适应弹性。的确，我们在初始的 World3 模型中并没有加入以能够自动解决与人类生态足迹的指数型增长相关的所有问题的速度发生着的技术进步。那是因为我们并不相信（而且现在依然不相信）如此巨大的技术进步会自发地产生，也不相信会通过"市场"无助的运作来实现。令人印象深刻的、甚至足够的技术进步是可以想象的，然而它只是作为确定了的社会决策以及以行动和货币来支持这些决策的意愿的结果。即使所有的条件都满足，人们渴望的技术也只会在显著的时间滞延之后才会出现。这是现今我们对于现实的理解，30 年前我们的理解也是如此。这种观点反映在 World3 模型中。⊖

20 年前有一些关于增长极限的讨论。现在我们都知道增长是变化的引擎。

⊖ 这当然是真的，如果你充分假设快速的技术进步，并且这些新技术能瞬间得到应用，所有与增长的生态足迹有关的问题都会得到解决。我们在第 4 章场景 0 中描述了取得这种进步的变化。

增长是环境的朋友。

——美国总统乔治·布什（George H. W. Bush），1992

这是我长期预测的概要：大多数时间，对大多数人而言生活的物质条件将毫无疑问地持续变好。在一两个世纪之内，所有的国家和大多数的人将处于现在西方的生活水准或者更高。然而，我也推测，许多人将继续思考并认为生活条件变得越来越糟糕。

——朱利安·西蒙（Julian Simon），1997

在 1972 年，罗马俱乐部出版了《增长的极限》，质疑经济和人口增长的可持续性。《增长的极限》估计认为，到现在我们将开始看到粮食生产、人口、能源可获得性和预期寿命的下降。这些趋势没有一个开始发生，也没有任何迹象表明它们将很快发生。因此罗马俱乐部是错误的……

——埃克森美孚（ExxonMobile），2002

技术进步和市场在模型中的体现有许多种方式。我们在 World3 模型中假设市场运作在于把有限的投资资本分配于各种竞争性的需求之上，特别是没有时滞地。⊖一些技术进步内建于模型之中，例如生育控制、资源替代和农业的绿色革命。在数个模拟场景里，我们检验了超出这些"正常"的改进之外的加速的技术进步和可能的未来技术飞跃。如果物质几乎完全被循环的话，会是怎么样一种情形？如果土地收益翻番然后再翻番的话又会如何？如果在未来的世纪里污染排放以每年降低 40% 的速度进行的话又会如何？

即使有这些假设，模型世界依然趋于越过极限。即使采用我们相信可能的最有效率的技术和最大可能的经济弹性，如果这些是仅有的变化，模型仍将趋于产生崩溃的场景。

在本章里，我们将解释为什么会这样。然而，在我们继续之前，我们要承认我们在这里处理的问题不仅仅是科学研究的对象，而且也是信条。如果我们说技术或者市场有问题或者有极限，一些人将认为我们是异端，他们将会说我

⊖ 市场有暂时的过冲和下冲，这些我们在许多其他的情景中做过模型了。但是为了简单起见，我们在 World3 中没有将短期的价格不稳定因素考虑在内，它们与多年的全球变化没有很强的联系。

们是反技术的。

事实并非如此。德内拉从哈佛大学获得了她的博士头衔；丹尼斯和乔根都从麻省理工学院获得了博士学位——这两所学院都是新技术开发的领先者。我们都对科学解决人类问题的力量有着深深的敬意和巨大的热情。关于技术进步的强大力量，在我们的写作过程中就能得以体现。1971 年我们在电子打字机上写作本书第 1 版时，我们手工绘图，需要一个巨大的大型计算机来运行我们的 World3 模型。单独一个场景就需要花 10~15 分钟的时间去产生。1991 年，我们修订了模型，写了一本新书，在台式计算机上准备图形和表格以及编辑页面。产生 World3 模型模拟 200 年的一个场景需要 3~5 分钟。2002 年，我们可以在笔记本电脑上运行 World3 模型，通过网络来集体修订本书，并把我们的结果存储于 CD-ROM 上。现在，运行模型仅需要 4 秒钟。我们依赖于技术的效率来帮助消减人类生态足迹，使其回复到地球极限以下，并尽可能以优雅和最小代价的方式来进行。

我们也不是反市场者。我们理解并尊重市场的能力。我们中有两个人从一个著名的商学院获得博士学位；乔根在挪威管理学院做了 8 年的院长。丹尼斯曾经作为达特茅斯的塔克商学院教师长达 16 年之久。我们参与了高技术公司的管理层。我们依赖于市场信号和技术的改进来实现一个富有效率并且繁荣昌盛的可持续社会。然而我们并不相信，我们也没有客观的基础去预期，技术进步或者市场，在没有对可持续性的理解、尊重与承诺的指导和变革条件下，依赖它们自身就能够创造一个可持续的社会。

我们对技术与市场有条件的信赖是基于我们对于系统的理解。这种理解来源于与非线性表达、基于反馈之上的模型相关的知识，准确地说，什么是技术以及市场能做什么。当人们不得不具体地为这些系统建模，而不是对它们做出泛泛的一般性的声明时，人们就会发现在经济系统中它们的功能与力量，当然还包括它们的极限。

在本章中，我们将：

• 以我们理解的并在 World3 模型中构建的方式来描述技术与市场的反馈过程。

- 展示计算机运行结果，在这期间我们假设有越来越有效的技术来克服极限。
- 解释在这些运行中为什么过冲与崩溃依然是主导的行为模式。
- 以两个简短的个案研究作为结束（一个关于石油，另一个关于渔业），它们说明在现今的世界上技术和市场何以无法保证向可持续性的平滑过渡。

■"现实世界"中的技术与市场

什么是"真正"的技术？是解决任何问题的能力、人类创造性天才的物理展示？是从数量上讲一小时劳动或者一单位资本能够生产的产品的稳定指数型增长？是对自然的掌握？它是一些人被另一些人控制、利用自然作为他们的工具？⊖ 人类心智模型包括了所有这些关于技术的概念，甚至更多。

什么是"真正"的市场？一些人可能会说它只不过是一个场所，在这里买方和卖方走到一起建立了表达商品相对价值的交易价格。有些人会说自由市场是经济学家们创造的一种虚幻。市场是私人拥有资本并确保收益的权力和能力吗？或者是最有效地分配社会产品的方式吗？或者是一些人利用货币作为其工具来控制其他人的手段吗？

我们相信以下过程都应包含在模型之中，即在大多数情况下当人们说技术和市场能够消除增长的极限时头脑中有的过程：

- 与极限相关的问题出现：资源变得稀缺，或者污染物开始堆积。
- 市场导致稀缺资源的价格相对于其他资源而言的上升，或者污染物开始提取成本，反映在产品或者产生污染物的服务的价格的日益上升上。（在这里通常认为市场需要显著的校正以反映诸如污染物的"外部性"。）
- 日益上升的价格产生了反馈。它给地质学家支付报酬以便寻找更多的资源，或者给生物学家支付报酬以便培育更多的资源，或者给化学家支付报

⊖ 有关以自然为手段而加以控制的语句，我们取自于有史以来有关技术的文章中最引人入胜的一篇，C. S. Lewis, "The Abolition of Man," 收录于 Herman Daly, *Toward a Steady-State Economy* (San Francisco: Freeman Press, 1973)。

酬以合成资源。它促使制造商们用一种更加丰裕的资源去替代稀缺的资源并且更加依赖于循环。它迫使消费者们使用包含更少资源的产品或者更有效地使用资源。它促使工程师们开发污染控制设备，或者寻找用于隐藏污染物的地方，或者发明从一开始并不生成污染物的制造工艺。

- 这些反馈既针对市场的需求方也针对供给方，在这个过程中，买方与卖方的相互作用决定了用哪些技术和消费模式来以最快而且最小代价的方式解决问题。

- 最终，问题得以"解决"。系统已经克服了特定的稀缺或者减少了来自污染物的损害。

- 以某种社会愿意支付的代价而言，所有这些都是可行的并且发生得足够迅速从而避免了不可挽回的破坏。

该模型并不惟一地依赖于技术或者惟一地依赖于市场；它假设两者之间存在着平滑而有效的相互作用。人们需要市场来传递问题信号、把资源引向其解决方案以及选择和回报最佳解决方案。人们需要技术来解决问题。整套组合必须运作得很好才行。没有市场给出的信号，技术将不会来临。没有技术的精巧，市场信号将不会有结果。

也需要注意到这一模型采取了负反馈圈的形式——一种逆向变化、校正问题和恢复平衡的因果链条（见图 6-1）。资源稀缺被克服、污染物被清除或者填埋、社会能够持续增长。

图 6-1　负反馈环

我们相信像这些调整反馈圈确实存在并且也是重要的。我们已经在 World3 模型中的许多地方包括了它们，然而并不是作为单一的、加总的和创造奇迹的被称为是"技术"的变量。技术出现于模型的许多地方并有许多影响。例如，在 World3 模型中健康护理的改进是自动的。只要模拟的世界服务部门能够为它们支付报酬，它们就会产生并提高预期寿命。当健康护理系统能够支撑并且当对更小家庭规模的渴望要求它时，生育技术就会出现于 World3 模型中。土地收益的提高在 World3 模型中也是自动的，只要粮食需求未被满足并且资本可获得。

如果不可再生资源变得稀缺，那么 World3 模型经济会配置更多的资本用于发现并开采它们。我们假设初始不可再生资源基础可以彻底地加以利用，尽管随着资源的消耗，需要用越来越多的资本去发现并发掘那些剩余的部分。我们也假设不可再生资源是可以毫无成本地或者没有时滞地完全相互替代的。因此我们把它们都集中到一起来计算而不加以区分。

通过改变模型中的数字，我们可以加强或者削弱这些假设的市场 - 技术调整。如果我们不调整数字的话，那么这些技术就在模拟的世界里演进，并与当今高度工业化国家中的人均工业产出相当。

在 World3 模型中，对于内建技术（健康护理、生育控制、农业改良、资源发现和替代）的需求完美而无时滞地向资本部门发送信号。资本立刻朝着这一需求配置，只要有足够的工业产出或者服务使得它成为可能。我们并没有明确地表达价格，因为我们假设价格是在运作迅速并完美的调整机制中的中间信号。我们表述了这种机制（"稀缺产生技术反馈"），却没有用价格作为中介。这一假设略去了发生于我们"真实"市场体系中的许多延时和不准确性。

在 World3 模型中，大量的其他技术并没有成为有效的，除非我们在模拟场景中把它们变得有效。它们包括了资源效率和循环利用、污染控制、土地收益的非传统增加以及土地侵蚀控制。当我们初始建模时，我们并没有考虑这些技术，而是把它们当成在技术上已经被证明并且已经被世界上任何能够付得起钱的人所采用。⊖因此我们在编程时，把这些技术视为在任何对模型使用者来说

⊖ 这个假设是在 1970 年做出的，在那时我们把那些技术作为断续的步骤以应用于模拟的 1975 年。到真实的 1990 年，有些技术开始结构性地融入世界经济。所以我们对 World3 中的数据做了一些永久性的调整，比如，显著地降低了每单位工业产出的资源消耗量。这些数据的变化在 Donella H. Meadows, Dennis L. Meadows, and Jorgen Randers, *Beyondthe Limits* (Post Mills, VT: Chelsea Green Publishing Company, 1992) 一书的附录中有详细的解释。

合理的模拟时间里可以以某种不连续的方式被激活的。例如，人们可能假设全世界将于 2005 年就循环问题做出一个重大的承诺，或者在 2015 年为反对污染而一致努力。在当前版本的 World3 模型中，这些技术被构建成"适应性技术"，当模拟世界中存在对更多资源、更少污染或者更多粮食的需求时，这些技术就会逐步演进。[⊖]然而，这些技术反馈的力度是留给模型使用者来决定的。"启用"这些技术要求资本，而且它们只有在某种开发和实施时滞之后才会出现，这种时滞通常被设定为 20 年。

构建一个计算机模拟的理由之一是为了试验不同的假设、探究不同的未来。例如，我们可以看一下场景 2，也就是我们在第 4 章中展示的最后一次运行。当增长以污染危机而结束时，我们就可以问，如果在污染控制技术方面更早地做出决定、做出更加确定性的投资的话，模拟世界对于日益上升的污染曲线又会如何反应呢？场景 3（见图 6-2）展示了这一变化所发生的情形。

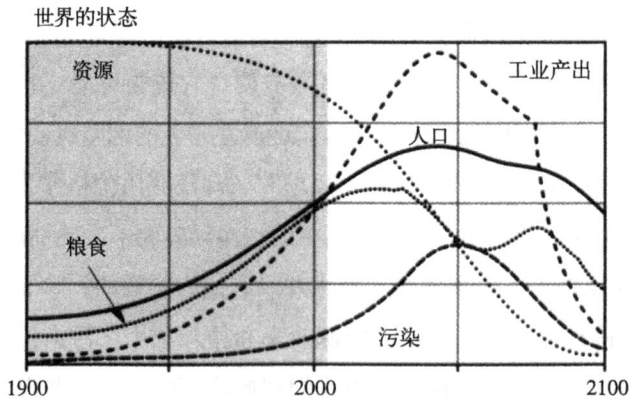

图 6-2　场景 3：更多可获得的不可再生资源和污染控制技术

⊖　我们早在 20 世纪 70 年代初《增长的极限》研究的技术报告中就使用了适应性技术这一提法。参见 Dennis L. Meadows et al., *Dynamics of Growth in a Finite World* (Cambridge, MA:Wright-Allen Press, 1974), 525-537。

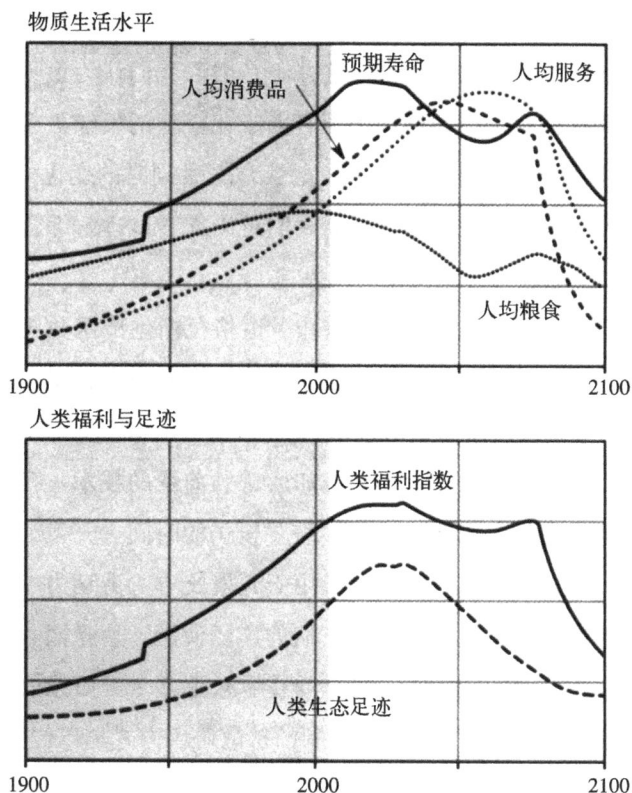

物质生活水平

人均消费品　预期寿命　人均服务

人均粮食

1900　2000　2100

人类福利与足迹

人类福利指数

人类生态足迹

1900　2000　2100

图 6-2 （续）

注：在这个场景里我们假设有着与场景 2 同样丰富的资源以及日益增长的有效的污染控制技
术，它可以自 2002 年起以每年高达 4% 的速度减少每单位产出而带来的污染量。这允许
自 2040 年以后更多人有更高的福利水平，因为污染方面的负面影响减少了。然而粮食生
产最终确实下降了，吸纳了工业部门的资本并引发了崩溃。

■ 在 World3 模型中用技术来扩展极限

在场景 3 和本书后面的所有计算机模拟中，我们继续使用我们在场景 2 中
的假设作为基础的更多不可再生资源和提炼技术的进步。具体而言，这意味着
我们假设在 2000 年时按当年的消费率计算有足够的不可再生资源来供应 150 年
的消费。这些资源是以每年社会工业产出的约 5% 为成本来获取的。因此场景 2
将成为后续技术与政策变化比较的基础。

我们以一个时期一个的方式来进行这些变化——最初是污染控制技术，接着是土地收益技术，然后以此类推。这并不是因为我们认为世界更可能一个时期只适用一项技术，而是因为这种进程有助于让模型的反馈更容易理解。在我们从事 World3 模型的工作中，即使我们想尝试三种同时的变化，我们也是以一个时期一个的方式来加以适用的，因而我们可以在尝试理解综合的相互作用的突然效果之前独立地理解各个变化的效果。

对于许多经济学家而言，技术是科布－道格拉斯生产函数某种形式变化的单一指数发展，它自动地起作用，不会有时滞，没有成本，不受限制并且只产生想要的结果。难怪经济学家们对技术解决人类问题的潜力会如此乐观！然而，在"现实世界"里，我们无法发现具有如此奇妙前景的技术。我们看到的技术与特定问题高度相关，它们耗费钱财并需要较长的时间去开发。一旦它们在实验室里被证实，还存在进一步的时滞，用于开发资本、劳动力、销售和服务人员以及必要的营销和融资机制以促成它们的广泛使用。通常而言，它们有负面的、滞后的和不可预期的副影响。最好的技术被那些令人妒忌的拥有专利权的人们所保有，经常以较高的价格并有限制的扩散协议方式加以传播。

在 World3 模型中，以所有可能性来代表技术是不可能的，也不会非常有用。事实上，我们以每个部门中三个概要性的参数来代表在污染缩减、资源使用和土地收益方面的技术进步过程——终极目标，在最成功实验室中的年提高率和在实验室可获得性与在该领域的广泛使用之间的平均时滞。当我们描述每一个场景的时候，我们将告诉你哪些技术已经被激活。对于其余的模拟，我们将假设当存在需求时，实验室的技术能够以每年 4% 的速度加以改进。我们假设平均来说需要 20 年的时间来使某种新技术能力完成从实验室到全球生产资本存量的广泛传播。表 6-1 给出了场景 3 中这些假设对于持久性污染物排放的影响。

假设在 2000 年给定存量的农业和工业资本排放出 1 000 单位的持久污染。如果技术以每年 4% 的速度提高，并且扩散时滞平均为 20 年，那么到 2020 年同样的资本存量只产生 900 单位的持久污染。（污染）排放到 2040 年将下降到几乎一半的水平，到 2100 年达到只有它们初始值的 5%。在 World3 模型中，当各种技术都激活时，土地收益和资源使用效率也会取得类似的成就。

表 6-1　模拟场景 3 中技术对于持久性污染物排放的影响

年份	降低百分比（%）
2000	0
2020	10
2040	48
2060	75
2080	89
2100	95

注：当技术能够在实验室以每年 4% 的速度得以提高并在全球资本存量中以平均 20 年的时滞
　　得以实施时，迅速地把污染排放从正常水平上缩减下来是可能的。该表说明了在场景 3
　　中取得的百分比缩减程度（在模型人口开始于 2002 年直到技术进步允许的最大限度的污
　　染缩减）。

在场景 3 中，我们假设在模拟的 2002 年，在全球污染水平上升达到足以对
健康或者作物造成损害的程度之前，世界决定把污染水平降低至 20 世纪 70 年
代中期的水平，因而系统地把资本配置向那一目标。它选择了"末端控制"的
方法，在排放端缩减污染而不是在源方面缩减吞吐量。排放的缩减如表 6-1 所
示，同时伴随着资本投资成本上升达 20%。到 2100 年污染水平已经降低至 21
世纪初期较普遍的较低水平之下。

在这个场景里，尽管有缩减计划，但污染依然持续上升了近 50 年时间，因
为有实施的时滞和工业生产的持续基本增长。然而相比于场景 2，这里的污染
水平要低得多。它从未高到足以影响到人类健康的水平，因而这种"全球反污
染努力"从根本上把高人口和高福利时代延伸了一代以上的时间。好日子结束
于 2080 年，比场景 2 推迟了 40 年时间，这一点以人类福利指数来加以衡量，
在那个时候它突然下降了。然而污染在本世纪更早些时候对土地造成负面影响。
但收益却并没有立刻下降，因为土地肥力的下降部分地通过额外农业投入的使
用来得以弥补。这种现象在"现实世界"的例子可以是用石灰来弥补酸雨的破
坏，用化肥来代替因杀虫剂毒死土壤微生物而导致其营养生成能力的下降，以
及利用灌溉来弥补因气候变化而导致的异常降雨。

在场景 3 中，土壤肥力的反方向发展和农业投入的日益增长共同导致了模
拟的 2010~2030 年基本上稳定的粮食生产。然而，人口持续增长，因此人均粮

食开始下降。不过数十年间工业产出和服务部门提供的服务依然足以维持可接受的生活水准，尽管有在农业和后来在污染控制方面的资本投资需求。在 21 世纪的最后 1/3 时期里，污染水平已经下降了很多，使得土地肥力得以恢复。然而人口压力巨大，而且由于城市扩大和侵蚀导致宜耕地数量减少。除此之外，在 21 世纪中叶以后工业产出迅速下降，因为太多的资本已经被吸收进农业和污染部门以至于不再有足够的投资来弥补折旧。经济下降，崩溃开始，在 21 世纪后期随着不可再生资源的日益稀缺而导致崩溃过程的加速。

场景 3 中的社会极大地降低了污染水平并成功地把人类福利指标在较长一段时间内维持在较高的水平上。然而最终粮食成了问题。场景 3 可以被描述成是"粮食危机"。当然，在"现实生活"中，人们会采取措施保证粮食的可获得性维持在想要的水平之上。如果社会把它的技术力量转向提供更多粮食的话，会发生什么？一种可能的结果展示于场景 4（见图 6-3）中。

在这次模拟中，场景 3 中的污染缩减计划再一次被激活。与此同时，模型社会于 2002 年决定逐渐地对停滞不前的人均粮食做出反馈，这种现象曾经出现并贯穿于整个 20 世纪 90 年代的模型系统中。投资被转向旨在提高农业产出的技术。新技术假设平均需要 20 年的时间在世界范围内的农民田地里实施，并且当有需求时，将以高达每年 4% 的速度提高产出。技术方面的投资提高了资本成本，2040 年提高 6%，2100 年足足提高了 8%。一直到 2050 年粮食产出都没有很大幅度的增加，因为依然有足够的粮食。然而在 21 世纪的后半期，平均产出急剧提高，这归因于假设的技术进步以指数型增长的性质。

结果就出现了以 21 世纪中期为中心的较长时期的高人口与高人类福利状况。新的农业技术帮助提高了 2050 年以后的粮食产出（相比于场景 3），然而并没有解决粮食问题。土地肥力的下降以及宜耕地因侵蚀和城市工业扩张而导致的损失最终压倒了新技术在产出方面的积极效果，总粮食产量在 2070 年以后开始下降。在模拟世界中较高的农业密集度诱发了土地侵蚀过程的加速——不仅是土壤的损失，还有营养损失、土壤板结、盐碱化和其他降低土地生产力的过程。

世界的状态

物质生活水平

人类福利与足迹

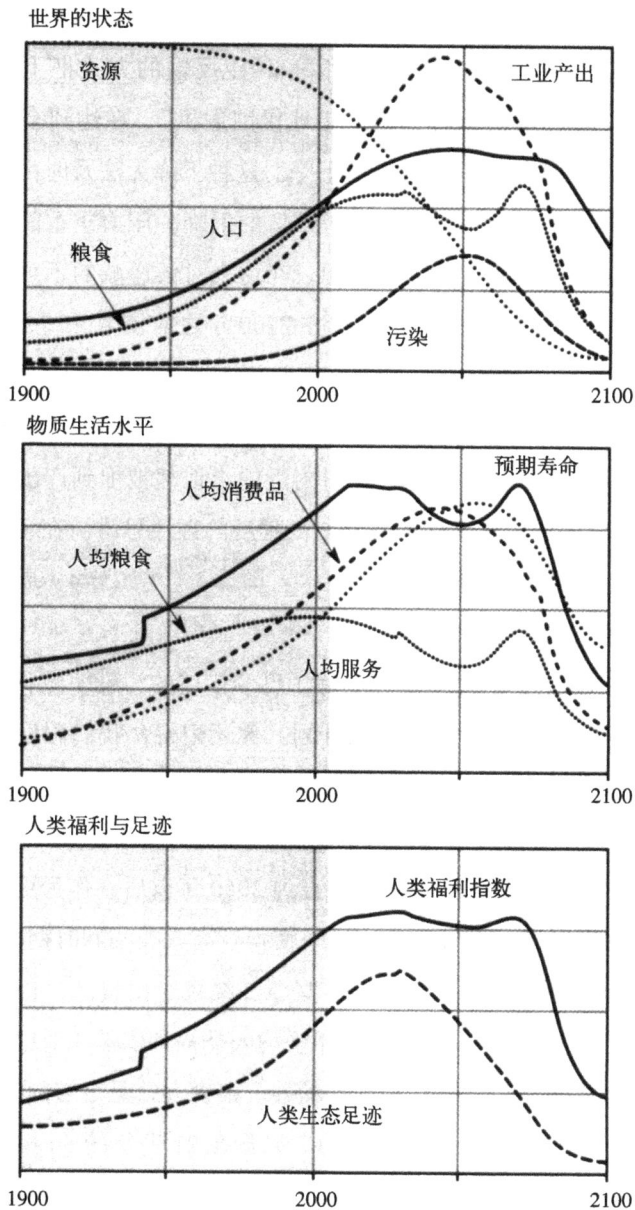

图 6-3　场景 4：更多可获得的不可再生资源、污染控制技术和土地产出增加

注：如果模型世界在提高污染控制技术的同时加入一系列极大地提升每单位土地粮食产量的
　　农业技术的话，那么较高的农业密集度会加速土地的损失。全世界的农民们最后试图从
　　越来越少的土地里争取越来越多的粮食产量。这被证明是不可持续的。

由于土地减少，农民们努力耕作以从剩余土地中取得甚至更高的产出。利用密集度的提升导致了更多的侵蚀，以一种正反馈的方式把土地系统带入每况愈下的境地。场景 4 可以称为是"土地侵蚀危机"，在达到全面鼎盛时期的 2070 年之后宜耕地数量出现灾难性的下降。这种下降无法及时由高产出的农业技术来加以弥补，而粮食短缺则引发了人口的下降。压力重重的农业部门从经济中牵制了越来越多的资本与人力资源，在这个时候递减的不可再生资源基础也同样需要资本。几乎是总体性的崩溃在 2100 年之前发生。

显然，没有哪个明智的社会会推行某种增加农业产出的同时又破坏土地的技术。不幸的是，在当今世界上存在这种行为的例子（例如，加利福尼亚中央河谷因为盐碱化而失去土地，然而同时附近的土地却被推到产出越来越高的境地）。但是让我们假设未来几代人具有更高程度的理性思维。在污染控制和产出增加技术之外，让我们增加土地保护技术。场景 5（见图 6-4）展示了所有这些变化同时发生的结果。

这里我们假设，开始于 2002 年，除了已经描述的污染缩减和产出增加技术以外，还有一项减少全球土地侵蚀的计划。你还记得，我们假设前两项计划要求额外的资本投资。然而我们假设第三项并不需要，因为它主要要求更加精细的耕作技术以延长土壤保持生产力的时间。

这项计划并没有显著的积极效果，直到 2050 年以后，作为更好耕作技术的结果，土地侵蚀率才急剧降低。这一结果使得较高人类福利时期自 2070 年往后稍微延伸。然而结果并不是可持续的。场景 5 结束于由资源、粮食和高成本综合导致的迅速崩溃。大约一直到 2070 年平均人类福利依然相对很高，尽管其不同的组成部分上上下下令人不愉快地变动着。粮食大致是足够的（尽管在 21 世纪 60 年代左右较低），污染是可忍受的（尽管在 21 世纪的 60 年代左右是相当高的），经济增长着（至少一直到 2050 年），服务变得更加容易获得，而且预期寿命依然在 70 岁以上。然而，在 2070 年以后，各种技术成本的上升，加上从日益耗尽的矿床中获得不可再生资源的成本的日益上升，要求的资本数量超过经济能够提供的数量，结果是相当迅速地下降。场景 5 可以被描述成多个危机的叠加。

世界的状态

物质生活水平

人类福利与足迹

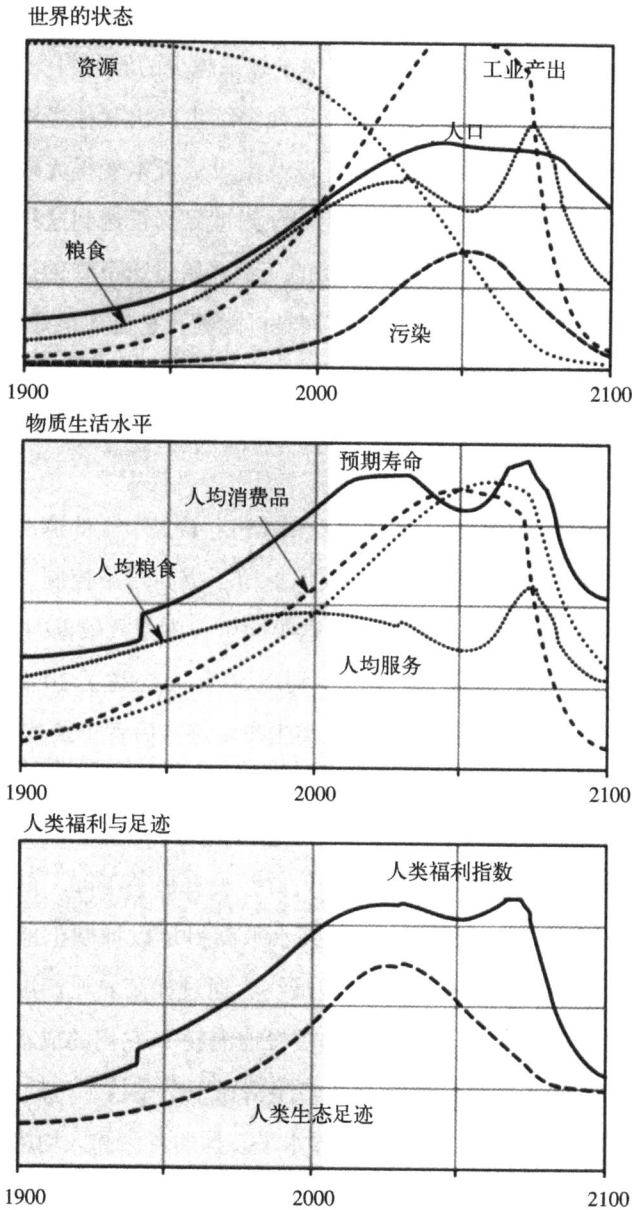

图 6-4 场景 5：更多可获得的不可再生资源、污染控制技术、
土地产出增加和土地侵蚀保护

注：现在一种土地保持技术增加到已有的农业产出增加和污染缩减措施中来。结果是在 21 世
纪末期崩溃被稍微推迟。

　　这些社会所强调的优先权中哪一个可以首先放弃，对此，人们可能会有争议。要让土地侵蚀、让污染上升或者习惯于越来越少的原材料？ World3 模型假设物质和燃料将被赋予较高的优先权，以便继续生产出其他经济部门持续投资所要求的工业产出。这种特定的选择，以及当投资资本变得无效率时这种特定的模型行为并不重要。我们不必装作能够预测世界真正遇到这样的一个隘口时能够做什么；我们也不关注当一个重要的变量开始迅速下降的这个时点之后的模型运行情况。重要的一点是这样的预测是可能的，它也会很好地适用于社会。

　　如果不可再生资源的稀缺性是场景 5 中导致崩溃的最后一击的话，那么资源节约的技术计划（如果加进来补充所有其他假设的话）将有会所帮助。场景6（见图 6-5）展示了结果。

　　开始于模拟的 2002 年，一项计划旨在以每年高达 4% 的速度缩减每单位工业产出所需要的不可再生资源数量。我们保留了提高污染控制、增加土地产出和减少土地侵蚀的技术计划。简言之，这等同于一项令人敬畏的 21 世纪提高经济效率的计划——成本高昂（资本成本到 2050 年时提高了 20%，在接近 2090年时提高了 100%），但是显著缩减了人类生态足迹，后者正是其目标。

　　这种强大的技术联合有助于避免场景 5 在 21 世纪最后 1/3 时期的崩溃。然而该技术计划出现并与其他技术综合在一起稍稍晚了一些，以至于无法避免在最后 1/3 世纪里人类福利的逐渐下降。人口并没有显著下降，但预期寿命大约在 2050 年出现骤降。与此同时，当污染水平高得足以抑制土地生产力时，粮食生产水平也下降了。然而，这种影响最终会通过提高农业产出的技术和污染缩减技术被克服。不可再生资源被更加缓慢地消耗；它们的成本依然很低。到艰辛的 21 世纪末期，大约不到 80 亿人口生活在一个高技术、低污染的世界里，人类福利指数大致相当于 2000 年的世界水平。预期寿命和人均粮食更多，可获得的服务基本相同，然而人均消费品低于 21 世纪初。工业产出大约于 2040 年开始下降，因为保护人口免受饥荒的成本日益上升。人均服务产出和物质消费水平在此后不久也开始下降。最终，这个模拟的世界无法维持其生活水准，因为技术、社会服务和新投资同时变得太过于昂贵——一种成本危机。

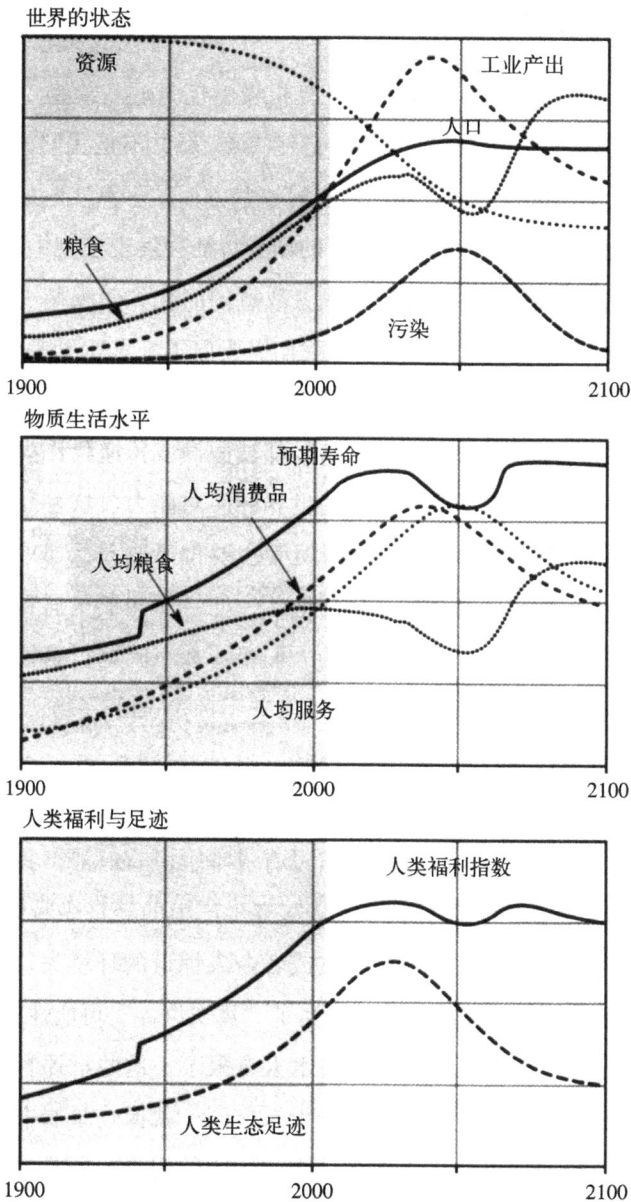

图 6-5 场景 6：更多的可获得不可再生资源、污染控制技术、

土地产出增加、土地侵蚀保护和资源效率技术

注：现在模拟的世界正在同时开发强有力的污染削减、土地产出增加、土地保护和保持不可再生资源
　　的技术。所有这些技术都被假设为需要成本并且需要 20 年时间去充分实施。综合在一起，它们
　　允许了一个相当强大而繁荣昌盛的世界，一直到由于累积的技术成本过高而导致福祉开始下降。

■ 一些未考虑进来的因素

在讲述了一系列的模型（无论是计算机模型还是心智模型）之后，一个好的主意是从那些模型中退出来一会儿，记住一点：那并不是我们正在经历的"现实世界"，而是在某些方面"真实"而在另一些方面"不真实"的某种表述。我们的任务在于通过这些看起来"真实"的场景特征去发现模型中有价值的东西。同样重要的是要判断模型的不确定性或者故意的简化如何限制了其意义。紧随着前面的一系列计算机模拟结果之后，我们需要停下来重新思考。

我们必须记住的是，World3 模型并没有把世界的富裕部分同贫穷部分区分开来。所有饥饿、资源稀缺和污染的信号都被假设成传递给作为一个整体的世界，并且引起的反馈利用了作为整体的世界的应对能力。这种简化使得模型显得非常乐观。在"现实世界"里，如果饥荒主要位于非洲，如果污染危机主要位于中欧，如果土地退化主要位于热带地区，如果那些最早遇到问题的人们是那些做出反馈的经济与技术能力最差的人们，那么在问题得到校正之前会有非常长的时间延迟。因此，"真实"系统可能并不像 World3 系统反馈得那么强烈或成功。

模型中完美运行的市场与平稳成功的技术（没有令人意外的副效应）也同样非常乐观。因此假设政治决策的制定没有成本也没有时滞。我们同样必须记住的是，World3 模型并没有军事部门从富有生产力的经济中吸纳资本与资源。它也没有种族冲突、罢工、腐败、洪灾或者令人惊讶的环境失效。因此，在许多方面，该模型是极度乐观的。模型表达了"真实世界"可能性的最高上限。

另一方面，一些人会说模型中的技术太有限了。这些批评者们会把模型中的技术变革设定得更加迅速或者甚至于没有极限（就像场景 0 中的情形一样）。我们关于可发现资源、可开采土地和可吸收污染的假设可能是太低了。但也可能它们太高了。我们已经试图使它们"真实化"，根据我们可获得的数据以及我们关于技术可能性的自我评判。

由于有这些不确定性，我们显然不会研究在不同场景中曲线的数量准确性。我们并不把它视为重要的，例如，在资源危机到来之前粮食危机已经出现。它很容易以另外一种类似的方式发生。我们并没有像场景 6 那样预测开始于 2040 年的工业下降。对于 World3 模型或者任何其他模型而言，如果我们以这种方式来对它们加以阐述的话，可获得的数字只是不够好而已。

■ 为什么单有技术和市场仍无法避免过冲

此前的各种检验可以概括为人类生态足迹趋于提高到超过其可持续的水平，而这反过来又触发了足迹的被迫下降。正常情况下，这种下降总是与平均生活水准的下降相联系的，通过更低的粮食可获得性、更少的世界平均工业产品或服务产品或者人类环境中更高的污染水平来实现。正常情况下人们的反应是试图移动这些限制，借此希望继续人口与经济的增长。

从前面六次计算机模拟中得到的一个教训是，在一个复杂的有限世界里，如果你试图移去或者消除一种极限而继续增长的话，那么你将遭遇到另一种极限。特别是，如果增长是以指数形式进行的，那么下一个极限将会令人惊讶地迅速出现。存在着不同层次的极限，World3 模型包含的只是其中的一些。"现实世界"包括更多层次的极限，它们中的大多数是独特的、具体的和区域化的。只有少数的极限，例如那些与臭氧层或者地球气候相关联的，才是真正的全球性的极限。

我们预期，"现实世界"中不同的部分，如果它们持续增长的话，会在不同的时间以不同的顺序遭遇不同的极限。同时我们认为，相继发生而多重的极限经历将会在很大程度上与 World3 模型中相同的方式在任何一个地方展开。在一个日益紧密联系的世界经济体里，任何处于压力之下的社会发出的信号都能够被世界所有地方感知。此外，全球化也增强了那些积极参与彼此间贸易的世界区域或多或少同时达到多个极限的可能性。

先前的试验也表明通过开发和使用降低工业与农业所需物质与能源的技术来降低人类生态足迹是可能的。当这些技术能够在广泛范围内实施时，它们就允许在同样（生态）足迹范围内有更高的平均生活标准。这就是备受吹捧的现代全球经济的非物质化。

第二个教训是，社会通过经济和技术适应的方式越是成功地摆脱了某种极限，那么它就越有可能同时遇到多个极限。在 World3 模型的大多数模拟中，包括许多我们并没有在这里展示的模拟，世界系统并没有完全耗尽其土地、粮食、资源或污染吸纳能力。真正耗尽的是它的应对能力。

World3 模型中的"应对能力"过于简单地通过每年用于解决问题的可获得工业产出数量来加以表述。在"现实世界"里，应对能力有许多其他决定因素：培训的人数；他们的动机；政治关注和意愿的多少；能够加以处理的金融风险；开发、传播和服务新技术的制度能力；管理能力；媒体和政治领袖对关键问题保持关注的能力；选民对于重要优先取向的一致性；人们看待问题高瞻远瞩的能力……所有这些能力都可以随时间的推移而提高，如果社会投资开发它们的话。然而在任何一个时间里，它们都是有限的。它们可以处理和应付的问题只有那么多。当问题以指数方式上升并且以多维的方式出现时，那些理论上可以逐个加以解决的问题就会超出人们的应对能力。

时间是 World3 模型中实际上的终极极限，并且我们相信，在"现实世界"中也是如此。如果有足够的时间的话，我们相信人类拥有近乎于无限的解决问题的能力。增长，特别是指数形式的增长，之所以如此难以对付就是因为它缩短了有效行动的时间。它给系统施加压力的速度越来越快，直到应对机制最终失效，而这些机制在更和缓的变化速度下本来是足以应对的。

还有另外三个原因来解释为什么原本可以运作得很好的技术与市场机制无法解决因为社会以指数速度趋向相互关联的极限而产生的问题。它们与目标、成本和时滞有关。第一个原因是市场和技术只是服务于目标、道德规范和作为整体的社会时间范围的工具。如果一个社会隐含的目标是利用自然、使精英富裕并且忽略长期效果，那么该社会将开发毁坏环境、扩大贫富差距以及最优化短期收益的技术与市场。简言之，该社会开发的技术和市场加剧而不是防止了崩溃。

第二个原因是调整机制是有成本的。技术和市场的成本都依赖于资源、能源、货币、劳动力和资本。这些成本在接近极限的时候趋于非线性地上升。这一事实是系统行为出人意料的另一个根源。

我们已经在图 3-22 和图 4-7 中说明了随着资源等级的下降，废弃物的产生和提炼不可再生资源所需要的能源是如何以令人惊诧的速度上升的。图 6-6 展示了另一种上升的成本曲线：每减少一吨二氧化氮排放的边际成本。减少近乎 50% 的排放量的成本相当低。减少近乎 80% 的排放量的成本在逐渐上升但依然是可承受的。然而，接着出现了一个极限、一个门槛，一旦跨越，那么进一步削减排放量的成本就急剧上升。

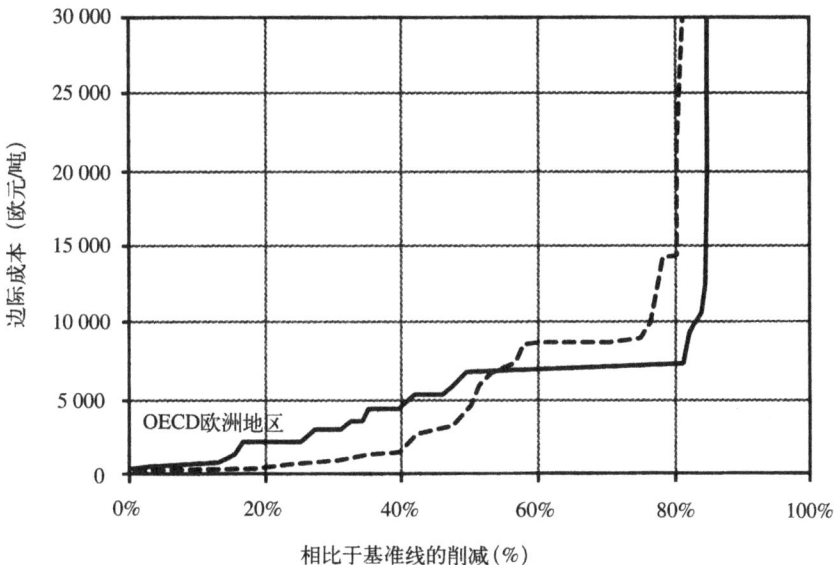

图 6-6　污染削减的非线性成本

注：空气污染物 NO_x 可以以一个较低的成本从排放中移除，然而在某个要求的水准之上，进一步移除的成本急剧地上升。NO_x 移除的边际成本计算的是 2010 年的 OECD 欧洲国家，以欧元 / 吨计算。

资料来源：J. R. Alcamo et al.

进一步的技术开发可能最多把两条曲线都向右移动，使得更加完整的清除变得可承受。或许某种彻底消除烟雾的不同技术会引入另一种排放，而后者又与另一条削减成本曲线相连。同样地，污染削减曲线将总是有着同样的基本形状。在 100% 削减（也就是零排放）时成本急剧飙升存在着基本的物理原因。烟囱或者排气管数量的逐渐上升促成了成本的上升，这种情形将会经历到。把每辆车的污染物削减一半是可以承受的，但如果汽车的数量接着就翻番，每辆车的污染物必须再次减半才可以维持同样的空气质量。两次翻番将要求 75% 的污染削减水平。三次翻番将要求 87.5% 的污染削减水平。

因而，在某个时点上以下断言将失效，即增长会允许经济变得足够富裕从而能够承当污染削减。事实上，增长把经济带到某段非线性成本曲线之上，在这个时点上，进一步的（污染）削减变得无法承受。在这个时点上，一个理性的社会将会停止其活动水准的扩张，因为进一步的增长将不再增加其公民的福利。

技术和市场无法自动解决这些问题的第三个原因在于它们的运作是通过具有信息扭曲和时滞的反馈圈来进行的。市场和技术反馈的时滞可能远比理论模型或是心智模型预期的要长得多。技术 - 市场反馈本身也是过冲、振荡和不稳定的源泉。为全世界所感知的一个不稳定的例子是 1973 年之后数十年间石油价格的波动。

■ 市场不完全的一个例子：石油市场的振荡

1973 年的"石油价格冲击"有许多原因，然而最根本的原因是世界范围内石油生产资本（油井）相对于石油消费资本品（汽车、壁炉和其他燃油机器）的短缺。在 20 世纪 70 年代早期，世界油井正以超过 90% 于其生产能力的负载工作着。因此，中东地区的一场政治剧变导致世界石油生产哪怕是一小部分的削减都无法通过其他地方增加的供给来加以弥补。这就给了石油输出国组织（OPEC）以提高价格的机会，而它们恰恰这么做了。

那次的价格上升以及出于同样原因于 1979 年的第二次价格上升（见图 6-7），引发了一系列疯狂的经济与技术反馈。从供给方来看，在 OPEC 地区以外，更多的油井被挖掘，具有更强抽取能力的设备被安装。边际石油储存忽然之间变得经济因而被引入生产。发现、建设和开放石油生产设备（从油井到提炼厂再到油轮）需要时间。

与此同时，消费者们通过节约的方式对高价格做出反应。汽车公司开发出更加有效率的车型。人们把他们的居所加以绝缘化。电力公司关闭了它们的燃油发电机并投资于燃煤发电机或者核设备。各国政府要求各种形式的能源节约并促进其他能源源泉的开发。这些反馈也需要数年时间。它们最终导致了世界资本存量的长期而持久的变化。

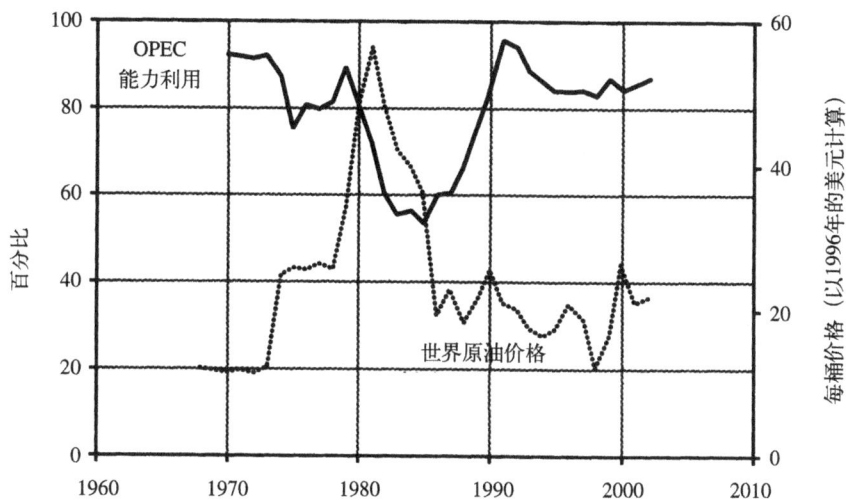

图 6-7　OPEC 石油生产能力利用与世界石油价格

注：20 世纪 70 年代 OPEC 生产能力的大多数都已经在使用之中，因此在石油供应方面的小扰动都会引发突然而急剧的价格变化。油价的振荡持续了超过十年的时间，导致了世界范围内的经济扰动，无论是向上还是向下的波动。

资料来源：美国能源部能源信息局（EIA/DoE）。

市场的鼓吹者们似乎相信它总是会迅速行动。然而在全球石油市场上，在许多反馈最终开始重新调整供需平衡（较高的石油价格总是与较低的消费率相关）之前，却经过了几乎十年的时间。到 1983 年，全球石油消费相比于 1979 年的顶峰已经下降了 12%。[⊖]依然存在太多的石油生产资本，于是 OPEC 不得不进一步降低其抽取能力，降低了几乎 50%。世界石油价格的下降趋势一直持续到 20 世纪 90 年代末之前，先是缓慢下降，然后于 1985 年迅速跌落。

正如价格上升得太离谱一样，接着它下跌得也太离谱。随着石油生产设备的关闭，有的产油区由于衰退而导致罢工，节约的各种努力也都弃之不用了。更高效率的汽车设计也被束之高阁。用于其他能源源泉的投资也很快耗尽。最终，随着这些调整机制聚集在一起，为下一次不平衡和下一次石油价格上升准

⊖　Lester Brown et al., *Vital Signs 2000* (New York: W. W. Norton, 2000), 53.

备了条件，它们在某种程度上也就是我们在新千年到来的头几年里所看到的相对较高的石油价格。

这些过冲与下冲都是石油市场上不可避免的反馈时滞的结果。它们导致了大量的国际间财富转移、庞大的债务与富余、繁荣与破碎以及银行倒闭，所有这些都是试图调整石油生产资本与消费资本相对规模的结果。这些价格的上涨与下降与实际地下石油储量（它正稳定地下降）或者石油的探钻、运输、提炼和燃烧所造成的环境影响没有任何关联。市场价格信号主要提供了关于可获得石油相对稀缺或者富余的信息。

由于多种原因，石油市场信号还没有为世界提供过关于临近物理极限的有用信息。产油国政府干预市场以便提升石油价格，有动力去掩盖其储量的信息，高估它们以便达到更高生产配额的目的。消费国的政府付出各种努力以保持低价，也可能掩藏储量信息，高估它们以便削弱各个生产商的政治力量。投机者们加大了价格的波动。准备供使用的地上石油数量对于价格的影响远大于埋藏于地底下作为未来资源的数量。市场看不到长期，对终极资源的源和汇不加关注，直到它们已经快要耗尽，到那时候再拿出富有吸引力的解决方案已经太晚。

经济信号和技术反馈都可以激发强有力的反馈，正如石油价格例子中说明的那样，然而它们只不过没有与地球系统在恰当的位置相连接，从而给社会提供关于物理极限的有用信息。

最后，我们想回到技术与市场被摆出来的意图上。它们只不过是工具而已。它们并没有比创造出它们的人类群体拥有更多的内在智慧、远见、节制或同情心。它们在世界上产生的结果取决于谁在利用以及出于何种意图在利用它们。如果它们被用于追逐琐事、不平等或者暴力的话，那么那正是它们将产生的结果。如果它们被要求用来服务于不可能的目标，例如在一个有限的星球中顽固地进行物理扩张，那么它们将最终失败。如果它们被召集来服务于可行并可持续的目标，那么它们能够有助于带来一个可持续的社会。在下一章里我们将展示这种情形将会如何发生。

技术与市场，如果加以规制并朝着长期共同利益的方向加以利用的话，将会有巨大的帮助。当世界决定要适应没有 CFC 的生活时，技术使得这种变革在数十年间成为可能。我们并不相信在没有技术创造性、企业家和相对自由市场的条件下可能带来一个富足、公平和可持续的世界。但我们也不认为这些就足够了。需要其他人类能力来使人类世界可持续。离开了这些能力，技术的进步与市场的可能协调作用可能会抑制可持续性并加速重要资源的崩溃。这恰恰是海洋渔业发生过的情形。

▪ 技术、市场和渔业的破坏

我记得过去只需要用 8 张渔网来捕捞 5 000 磅的鱼。今天可能需要 80 张。当初，春季里鳕鱼的平均个头可能在 25~40 磅，但现在只有 5~8 磅。

——乔治沙洲捕鱼基地的一位渔人，1988

你想知道鳕鱼吗？那我告诉你，不会再有更多的了。

——加拿大渔人戴夫·莫洛伊（Dave Molloy），1997

世界渔业的近代史是技术与市场对于极限日益临近的反应有多么不充分的一个例子。在这个全球渔业情形里，否认极限、为维持传统捕捞数量日益加强的努力、排斥外国捕鱼者、补贴本地捕鱼者以及对捕渔业最终犹豫的社会规制这种"正常"的组合在发挥着作用。在一些情形中（正如在以上引文中提及的加拿大东海岸鳕鱼渔业）社会干预来得太晚以至于已无法挽救资源。

限制活动逐渐扩展到大多数渔业，"开放海洋"时代显然也就结束了。极限最终很明显并且现在已经成为世界渔业的一个主导方面。作为资源稀缺和规制的结果，全球对于野生鱼类的捕捞已经停止增长。在 20 世纪 90 年代，全世界商业海洋捕捞总量在每年 8 000 万公吨以下徘徊（见图 6-8）。[⊖]并没有办法知道这一高捕捞量是否是可持续的，或者是崩溃的开始。一直到许多年过去之后，大约在 1990 年，联合国粮农组织相信世界海洋无法维持从传统资源中进行的每年超过 1 亿公吨的商业捕捞——这刚好稍稍超过我们看到的整个 20 世纪 90 年代的水平。

⊖　Brown et al., *Vital Signs 2000*, 41.

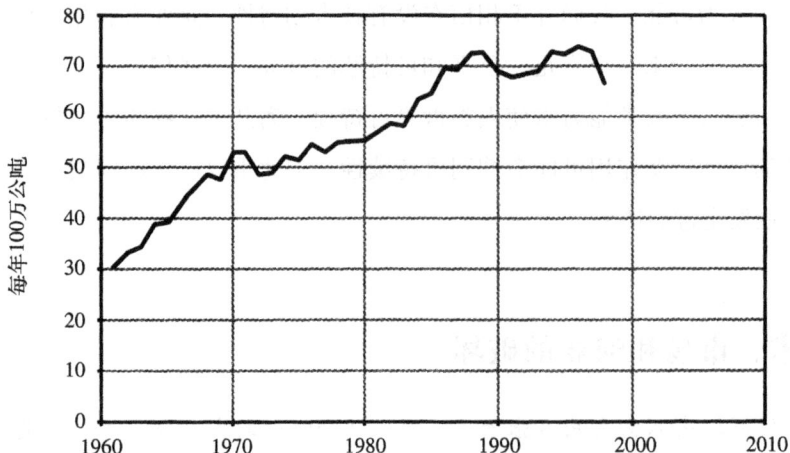

图 6-8　世界野生鱼类捕捞量

注：世界野生鱼类的捕捞总量1960~1990年急剧增加。然而在20世纪的最后10年里，总捕
　　捞量停止增长。

资料来源：联合国粮农组织（FAO）。

　　并不令人感到意外的是，同一时期渔业养殖业迅速成长起来，现在每年生产出接近4 000万吨的鱼，而1990年只有1 300万吨。现在世界鱼类消费的1/3都是养殖的。我们不应该为市场与技术的这种反馈感到高兴吗？鱼类养殖的增长是不是恰恰说明了技术与市场解决问题的能力？也不尽然。有三个理由。鱼的生产过去是一种食物的源，现在它成了一种食物的汇。鱼类和其他水生物种过去是穷人的食物，现在它们日益成为富人的食物。鱼群是环境的一个中立部分；渔场对环境而言却是破坏性的。

　　第一，海洋鱼类是人类的真正食物来源。它们把简单的植物转化成鲜美的鱼肉。渔场养殖却不是净食物来源；它只不过把一种形式的粮食转化成另一种而已，每个阶段不可避免地会有损失。典型的养殖鱼类吃的是谷类或者从其他鱼类转变而来的鱼食。第二，鱼类过去是穷人的一个重要营养源，当地就可以获得，只用少量货币成本或者无需货币成本。村落利用业余时间用简单的工具协同作业就可以捕获他们自己的所需。与之形成对照的是，鱼类养殖业是服务于利润最高的市场。养殖的鲑鱼和小虾走入了富人的餐桌，而不是供穷人食用。沿海渔场的破坏使得问题更加复杂化。许多本地鱼群已经被破坏，剩余部分的价格也被远方市场上的消费者提升得很高。结果，鱼类正变得对穷人而言越来越不可及。第三，鱼、虾和其他水生物种的养殖导致了严重的环境破坏。养殖物种逃脱进入到野生水域、食物垃圾和抗生素扩散进入海洋水域、病毒的扩散以及海岸湿地的破坏，所有这些都与这项新技术相关。这些有害的影响并不是一个随机事件。它们源自于市场的运作，因为它们是并不影响任何重要鱼类市场的价格或者利润的"外部性"。

2002 年联合国粮农组织估计认为世界海洋鱼类的大约 75% 都以超过其繁殖能力的方式被捕捞。㊀在世界 19 个捕捞区中的 9 个，鱼类的捕捞都超过了估计可持续产出的下限。

数起引人关注的事件说明了世界渔业的巨大压力。如前面提及的，1992 年加拿大政府关闭了所有东部沿海渔业基地，包括鳕鱼渔业。2003 年它们依然保持被关闭状态，因为鱼群并未充分恢复。1994 年，美国西海岸鲑鱼的捕捞被严厉限制。㊁2002 年，里海周围的四个国家最终达成了一项计划开始保护作为著名鱼子酱来源的鲟鱼，其年捕捞量已经从 20 世纪 70 年代的 22 000 吨降低到 20 世纪 90 年代的 1 000 吨。㊂金枪鱼的数量，在 1970~1990 年的 20 年间下降了 94%，它们正常情况下能活 30 年时间，长到 700 公斤。挪威水域的总捕捞量只能通过捕捞不那么被人所喜欢的商业鱼类来加以维持，因为更令人喜欢的鱼类正在消失。

另一方面，长达十年之久的渔业休渔期已经在挪威水域重建了青鱼和鳕鱼群，这证明通过公共政策干预是可以逆转负面趋势的。对于试图降低其捕捞舰队能力的欧盟而言，这证明了更加困难。欧盟舰队已经越来越把它们的现身地从欧洲水域转移到那些相对贫穷的发展中国家的水域，从当地人口中剥夺有价值的工作和蛋白质。总而言之，毫无疑问的是，全球渔业正努力推进以应对全球极限。

㊀ United Nations Food and Agriculture Organization, "The State of World Fisheries and Aquaculture 2002," www.fao.org/docrep/005/y7300e/y7300e00.htm.

㊁ Lester Brown, *Eco-Economy* (New York: W. W. Norton, 2001), 51-55.

㊂ Fact sheets of the World Wide Fund for Nature Endangered Seas Campaign, 2003, www.panda.org/campaigns/marine/sturgeon.

到 1990 年时世界范围内的捕捞行业都一直享受着相当自由而繁荣的市场，该行业经历了异常的技术发展。冷藏处理船只允许舰队停留于遥远的渔业基地而无需在一天的捕捞之后及时返回。雷达和声呐以及卫星定位技术越来越有效率地把船只带到鱼群之中。30 英里长的漂网允许更经济的大规模捕捞，即使在深海里。其结果便是在越来越多渔场里的捕捞量都跨越了可持续的极限。这种正在被利用的技术寻求的是捕捞住每一条最后的鱼，而不是去保护鱼类或者增加鱼群数量（见图 6-9）。

年龄为8岁及以上的鱼的数量

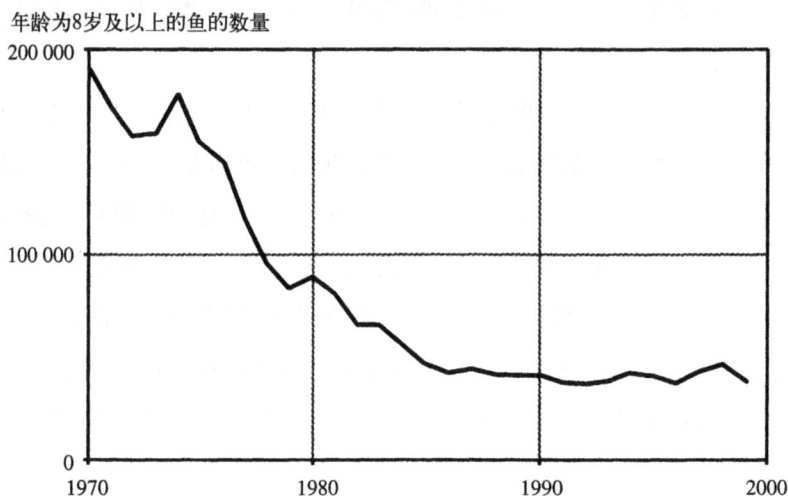

图 6-9　金枪鱼数量的下降

注：西太平洋产卵的金枪鱼（超过 8 岁）数量在过去 30 年时间里已经减少了 80%。由于这些鱼的高价值，捕捞的努力依然在继续。

资料来源：大西洋鲔类资源保育委员会（ICCAT）。

尽管大多数人直觉上明白这会导致对于鱼群的过度捕捞，然而市场却没有给出正确的反馈以促使竞争者们不再过度利用海洋鱼类等共同资源。恰恰相反，市场积极地奖励那些第一个到达那里和获取的最多的人。[一]如果市场通过提高鱼类的价格来发出稀缺的信号，那么最富裕的人将愿意支付这样的价格。20 世纪 90 年代的东京，金枪鱼在寿司市场的售价高达每磅 100 美元。[二] 2002 年在

[一]　对这种现象的经典分析见 Garrett Hardin's "The Tragedy of the Commons," *Science*, 162 (1968): 1243-1248。

[二]　*Audubon* (September-October 1991), 34.

斯德哥尔摩，曾经是穷人最普通的食物的鲑鱼的价格，达到了令人难以置信的每磅 80 美元。[一]反过来，这些高价格鼓励了生产商更多的捕捞努力，而鱼类数量则持续被耗尽。然而高价格确实表明了需求的增长，而它确实把鱼类分配给那些能够支付得起的人——令人悲哀的是，却并不是那些最需要食物的人。

那些正忙于削减资源的市场参与者们完全是理性的。就他们从他们在系统中所处位置看到的报酬与约束而言，他们所做的事情完全有意义。错误不在于人，而在于系统。一个未加规制的市场系统控制着一种共同的、具有较低再生率的资源，这将不可避免地导致过冲和共同资源的毁坏。

或许你认为捕鲸行业是一个对维持鲸鱼数量更感兴趣的组织，事实上更恰当的看法应该是把它视为尝试挣取最高可能收益的巨大（货币）资本。如果它能在 10 年内捕尽鲸鱼并挣取 15% 的利润，但在可持续的捕捞量上它可能只能挣 10% 的利润，那么它将在 10 年内消灭它们。在那以后，货币资本将转移到消灭其他资源的过程中去。[二]

只有某种形式的政治约束才能保护资源，而这些政治约束却并不容易达到。规制也并不一定会很有效。最近的研究指出，当不可再生资源完全为私人所有时，过度利用也很可能会发生，并且这样也就没有了发生“共同悲剧”综合征的机会。[三]过冲情况的发生仅仅是因为关于资源基础的信息（例如存量估计、捕捞数量和增长率）是不确定的，是有噪声的，而且并不适合于传统管理决策规则。典型的结果就是在资本方面过度投资而在资源方面过度开采。

传统的市场与技术已经把全球的海洋渔业带到崩溃的边缘。再这么继续下去将无法使它们恢复到健康状态。如果没有极限的概念，那么市场和技术都是过冲的工具。然而，如果在极限范围内，由制度来加以引导，那么市场的力量和技术开发的力量将有助于提供给世界一个具有丰硕收获且可以持续数代人的渔业。

[一]　*Dagens Naeringsliv* (Norwegain business journal), Oslo (December 9, 2002), 10.

[二]　Japanese journalist to Paul Ehrlich, in *Animal Extinctions: What Everyone Should Know*, edited by R. J. Hoage (Washington, DC: Smithsonian Institution Press, 1985), 163.

[三]　Erling Moxness, "Not Only the Tragedy of the Commons: Misperceptions of Feedback and Policies for Sustainable Development," *System Dynamics Review* 16, no. 4 (Winter 2000): 325-348.

■ 总结

　　人口、资本、资源使用和污染的指数型增长在地球上持续着。它是由解决人类敏锐地感觉到的问题的尝试而推动的，从失业和贫困到对地位、权力和自我接纳的追求。

　　指数型增长可能迅速地超越任何固定的极限。如果某种极限被推到后面，那么指数型增长将很快会遇到另一个极限。

　　由于对极限做出反馈存在时滞，全球经济系统很可能跨越其可持续水平。事实上，对于许多对世界经济有重要意义的源和汇而言，过冲已经发生。

　　技术和市场只对不完全信息起作用并具有时滞，因此它们可能会增加经济过冲的趋势。

　　技术与市场通常只服务于社会中最强有力的阶层。如果主要的目标是增长，那么只要有可能，它们就将带来增长。如果主要目标是公平与可持续，它们也可以服务于这些目标。

　　一旦人口与经济超越了地球的物理极限，那么只有两条路可以返回去：通过日益升级的短缺与危机而导致的非自愿崩溃，或者通过精心的社会选择而带来的生态足迹有控制的缩减。

　　在下一章里我们将看到当技术改良与限制增长的精心社会选择相结合时将会发生什么。

第 7 章

向可持续系统过渡

Limits to Growth

静止状态将对减少环境资源的需求，但对我们道德资源的需求
会更大。

——赫尔曼·戴利（Herman Daly），1971

人类社会可以以三种方式对资源使用和污染排放超出其可持续极限的信号做出回应。一种方式是否认、掩盖或混淆这些信号。这么做有许多形式，有人声称没有必要去担忧什么极限，市场和技术自然会解决这些问题。另外一些人声称在进一步进行大量研究之前不必费力去减少生态足迹。还有人会想办法把过冲的成本转嫁到那些在空间和时间上距离比较远的人的头上。例如，可能会：

- 建更高的烟囱使空气污染飘到更远的地方，让其他人来呼吸这些空气；
- 把有毒化学品和核废料运到远方去处理；
- 以需要保持工作岗位或还债为借口继续过量捕捞鱼类或砍伐森林资源，这么做恰恰减少了工作岗位和还债最终依赖的自然资源储备；
- 对因资源短缺而亏损的萃取工业进行补贴；
- 在寻找更多资源的同时仍在低效率地使用已发现的资源；
- 通过更多施肥的方式来弥补土壤肥力的下降；
- 通过法令或补贴来保持低价格，使价格不因短缺而上升；
- 使用武力或以武力相威胁，来确保对那些购买成本太高的资源的使用。

这种回应方式非但远不能解决由于生态足迹过度而产生的问题，反而只能使这些问题进一步恶化。

第二种回应方式是通过技术或经济手段来减缓来自极限的压力。例如，可能会：

- 减少汽车每英里行驶或每千瓦发电所产生的污染；
- 更有效地使用资源、循环利用资源或用可再生资源替代不可再生资源；
- 用能源、人力资源和劳动力替代大自然过去承担的职能，例如污水处理、洪涝控制和保持土壤肥力。

这些措施是迫切需要的。其中的许多措施提高了生态效率，并且假以时日也会在一定程度上缓解压力。但是，这也不能消除压力产生的根源。如果每英里汽车驾驶的污染减少了而车辆越来越多，或者污水处理能力提升了而污水排放增多，那么这些问题只是被推迟而没有得到解决。

第三种回应方式是着手解决背后的根源，向后退并承认当前人类社会经济的系统结构是难以控制的，已经超出了极限，并且濒临崩溃，进而寻求改变这种系统结构的办法。

改变结构这个词常常带有贬义。在革命中它被用来表示要剥夺某些人的权力，有时在这个过程中甚至采取扔炸弹的手段。人们会认为改变结构的意思就是改变物理结构，破坏旧建筑并建起新建筑。或者被解读为改变权力结构、阶级关系或命令链。如果这么理解，那么改变结构看来是困难的、危险的并且会对那些拥有经济或政治权力的人构成威胁。

然而，在系统语言中，改变结构极少有让人出局、破坏什么东西或推翻官僚制度的意思。事实上，如果做任何一件事情而不真正改变结构，其结果将是不同的人浪费同样多甚至更多的时间和金钱在新的建筑或组织中追求同样的目标，并产生同过去一样的结果。

在系统术语中，改变结构的意思是改变一个系统反馈结构，改变信息链：系统成员不得不处理的数据的内容和时间；激发或制约其行为的思想、目标、激励、成本和反馈。如果系统成员发现有充分的理由这么做，并且他们有自由、或许甚至有动力来做出改变，那么同样一群人、同样的组织和物理结构的组合，其行为方式或许会截然不同。在时间上，一个具有新信息结构的系统也很容易改变其社会和物理的结构。或许会发展出新的法律、新的组织、新的技术、拥有新技术的人、新型的机械或建筑。这样一种转变不需要中央的指挥，它可以是没有计划的、自然演进的、激动人心的并且是快乐的。

普遍、深入的变化会从新的系统结构中自发展开。没有人需要做出牺牲或采取高压政策，除非（可能需要）防止有既定兴趣的人忽视、扭曲或限制相关信息。人类历史已经见证了多个结构变革。农业和工业革命是其中最深刻的例子。它们都是从发现种植粮食、利用能源和组织生产的新思想开始的。事实上，正如我们将在下一章将要看到的那样，正是过去那些成功的变革为世界的下一场变革创造了必要条件，我们把下一场革命称为可持续革命。

World3 模型不可能一开始就给出一个正在以新的方式重构自己的系统的演变动态。但是，它可以用来检验当一个社会决定从过冲状态后退并追求比实物增长更合意的和可持续的目标时可能带来的一些最简单的变化。

在上一章我们使用 World3 模型分析了如果世界发生数量的而非结构性变化时会发生什么。我们在模型中加入了更高的限制、更短的延迟、更快和更有力的技术反应以及更弱的侵蚀链。反过来，如果我们假定完全没有这些结构特征（没有极限、没有延迟、没有侵蚀链）那么我们就能完全消除过冲与崩溃（就像我们在模拟场景 0 所做的那样）。然而，极限、延迟和侵蚀是这个星球的物理属性。人类可以减轻或强化这些，利用技术操纵它们或通过生活方式的变化适应它们，但是人类无法让它们完全消失。

在导致过冲的结构性原因中，人们最有能力控制的是我们在第 6 章中没有改变的那些，即那些导致人类人口和物质资本呈指数型增长的正反馈。它们是导致人们生育的孩子数量超过了人口替代所需数量的那些规范、目标、期望、压力、激励和成本。它们是导致自然资源的使用比金钱使用更为浪费、收入和财富分配不公平、让人们把自己首先视为生产者和消费者、把社会地位与实物或资本积累相联系以及把目标用获得更多而不是给予更多或够用即可来定义的那些根深蒂固的信念。

在本章我们将改变导致世界系统呈指数型增长的正循环。我们将探讨如何从过冲状态缓和下来的问题。为此我们将采取一种新的视角，更加关注驱动增长的目标和激励而不是着眼于改变极限的技术。我们从正反馈循环的变化开始，而暂不考虑我们在上一章已经检验的技术变化，然后再把这两种变化合在一起讨论。

■ 对增长有意加以约束

假设，从 2002 年开始，世界上的每对夫妇都理解了人口的进一步增长对他们自己及其子孙的福利的影响。假设所有人都从他们的社区得到保证，不管有没有孩子，在他们年老时都将得到接纳、尊重、物质保障和照料。进一步假设全社会分担抚养每个孩子并使他们得到足够的营养、居所、健康保健和受教育的目标。作为结果，假设所有的夫妇都决定把他们的家庭规模限制在只抚养两个孩子（平均）并且他们都已经掌握节育措施来帮助他们实现这一目标。

这种变化将使现在对养孩子的成本和收益的关注，随着时间的推移，转向对其他孩子的福利的关注。这将带来新的力量、新的选择和新的责任。这种系统重构相当于，但不是等于，在富裕世界里已经实现的出生率下降到或低于人口替代水平的状况。这绝不是一种难以想象的变化。可以设想，在最发达的工业化社会里，大约 10 亿人口在很久以前就已经做出了这种生育选择。

如果在 World3 模型中只做出这种改变而没有其他的变化，场景 7（见图 7-1）给出了模拟结果。

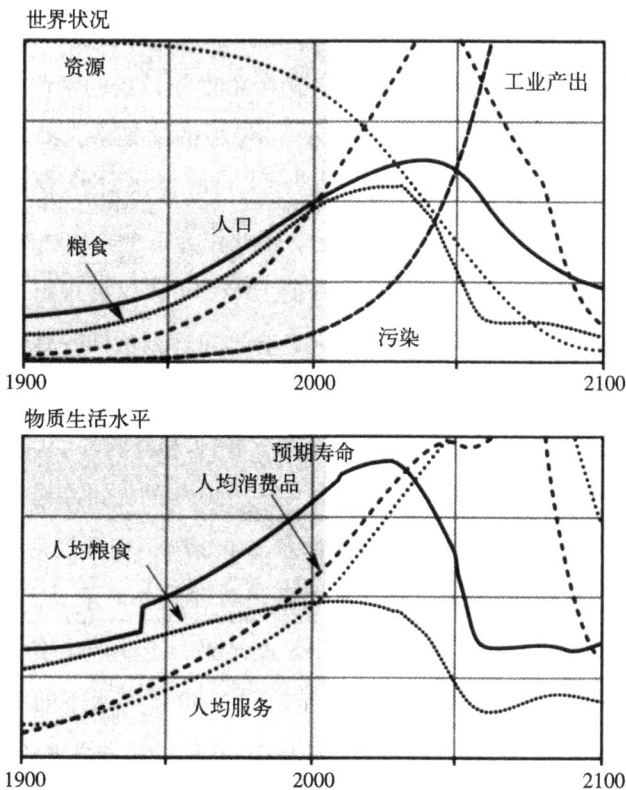

图 7-1　模拟场景 7：世界从 2002 年开始追求稳定的人口增长

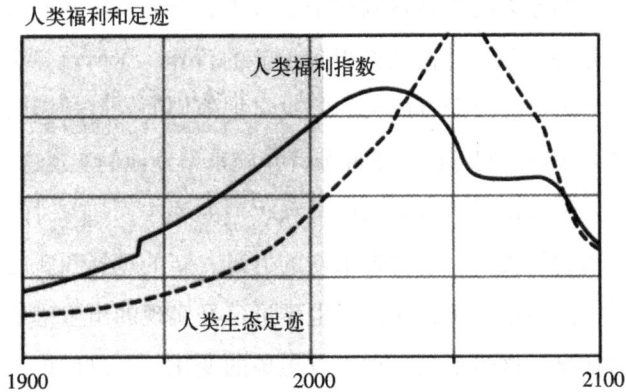

图 7-1 （续）

注：这一场景假定从 2002 年之后所有的夫妇都决定把他们的家庭规模限制在只要两个孩子并
　　且他们能够得到有效的节育技术。由于年龄结构的原因，人口将继续增长一代人的时间。
　　但是较慢的人口增长将使得工业产出的增长加快，直到由于处理不断增加的污染的成本
　　的上升而中断——这与模拟场景 2 是一样的。

在这种模拟场景中，我们将人口模型中 2002 年以后的平均合意家庭规模设
定为两个孩子，并且节育有效率为 100%。模拟的结果是，世界人口增长放缓
了，但是由于年龄结构的原因，在 2040 年人口数量达到 75 亿的高峰。这个高
峰人口比模拟场景 2 中的峰值少了 5 亿。因此作为一个全球性的效果，从 2002
年引入两个孩子的政策将使高峰人口降低 10%。可以这样理解，即使没有这种
政策，在进入新千年之初模型模拟的人口会迅速达到这样一种生活水准，即小
规模家庭都是合意的并且节育有效率达到 100%。

当然，高峰人口的减少具有正面效果。由于人口增长变缓，人口消费品、
人均食物和预期寿命都高于模拟场景 2。在 2040 年的人口高峰期，消费品的人
均产出提高了 10%，人均可获得的食物多出了 20%，而预期寿命比模拟场景 2
提高了近 10%。这是因为满足较少人口的消费和服务需求只需要较少的投资，
更多的投资可以注入工业资本的增长中。其结果，工业产出增长也快于模拟场
景 2。到 2040 年时人均工业产出将已经达到 2000 年时水平的两倍。模型中的
人口也明显比 21 世纪初时要富裕，2010~2030 年可以称为一个"黄金时代"，
有较大的人口规模并具有相对较高的福利水平。

然而，工业产出在 2040 年达到高峰后就会如同模拟场景 2 所显示的那样，因为同样的原因、以几乎相同的速度下滑。更大规模的企业排放出更多的污染物，这对于农业生产来说具有负面效应。一些资本不得不转而投入到农业部门中以维持粮食的生产。再到后来，2050 年之后，污染水平将高到足以对人类的预期寿命产生负面影响。总之，模型中的世界将经历一场"污染危机"，高污染导致土壤被毒化，并进而导致食物短缺。

因而，按照模拟场景 7 所给出的限制和技术水平，并假定物质欲望没有任何约束，世界将无法养活 75 亿人口。如果我们仅仅是稳定世界人口规模，那么也将无法避免崩溃的发生。随着人口的增长，资本的不断增长是不可持续的。如果不加以约束，每个人所产生的生态足迹都将超过地球的承载能力。

但是，如果世界人民决定不仅要改变对养儿育女的需求，并且要改变他们的物质生活方式，会怎么样呢？如果他们自己设定一个充裕而不是过分奢侈的生活标准，又会怎么样？在当今世界，这里所假定的这种结构变化还很少像人们决定少生孩子那样被观察到，但这绝不是闻所未闻的。⊖这是一种几乎在所有宗教书籍中都提倡的变化，这种变化不是发生在物质或政治世界中，而是发生在人们的头脑和心中——在他们的目标中，在他们对生活目的的理解中。实现这种变化将意味着地球上的人们不再将他们的地位、获得满足以及自我挑战的目标建立在不断提高产出和不断积累物质财富上。

模拟场景 8（见图 7-2）给出的模拟世界仍然假定合意的家庭规模为两个孩子并且具有完善的节育措施，并且仍然对"充足"给出一个定义。这一世界把目标确定为"对每个人"来说人均工业产出水平比 2000 年时的世界平均水平提高大约 10%。在实践中，这意味着对世界上的穷人来说将向前迈出一大步，而世界上的富人的消费方式也将发生显著改变。模拟世界进一步被假定将以更少的投资取得这样的产出水平，因为投资的设备被设计为可以延长 25% 的寿命。平均工业资本的使用寿命假定从 14 年提高到 18 年，服务资本的寿命从 20 年提高到 25 年，农业投入的使用寿命从 2 年提高到 2.5 年。

⊖ 参见 Duane Elgin, *Voluntary Simplicity*, revised edition (New York: Quill, 1998), 以及 Joe Dominguez and Vicki Robin, *Your Money or Your Life: Transforming Your Relationship with Money and Achieving Financial Independence* (New York: Penguin USA, 1999).

世界状况

资源

工业产出　污染

人口

粮食

1900　　　　　2000　　　　　2100

物质生活水平

预期寿命

人均消费品

人均粮食

人均服务

1900　　　　　2000　　　　　2100

人类福利和足迹

人类福利指数

人类生态足迹

1900　　　　　2000　　　　　2100

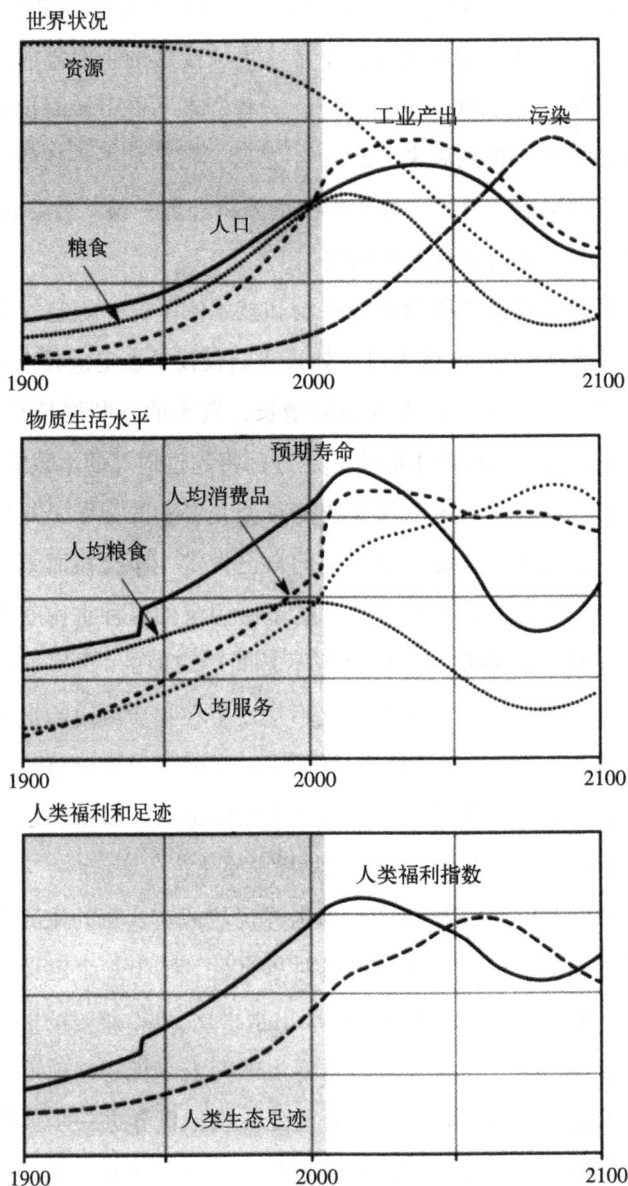

图 7-2　模拟场景 8：从 2002 年开始世界寻求稳定的人口和稳定的人均工业产出

注：如果模拟社会同时采纳只养育两个孩子的合意家庭规模并为人均工业产出设定一个固定
　　的目标，它能在一定程度上延长模拟场景 7 所展示的 2020~2040 年人类福利比较高的
　　"黄金时代"。但是污染的增长使农业资源变得紧张，人均粮食产量下降，并最终带来预
　　期寿命和人口的下降。

正如从计算机所给出的结果中可以看到的那样，这些变化导致人均消费品和服务在 2002 年之后的第一个 10 年出现可观的增长。事实上，它们比上一轮模拟增长得更高、更快，而在上一轮模拟中工业增长也没有出现萎缩。这是因为，假定资本的使用寿命更长，只需要较少的工业产出被用于投资以实现资本的增长和替代折旧。因此马上有更多的产出可以被用于消费。其结果，2010~2040 年，这一假想社会为所有人都提供了一个十分充足、舒适但并不奢侈的物质生活水平。

但是，这一经济并不是非常稳定的。它的生态足迹也超出了可持续的水平，并且在 2040 年之后被迫进入长期衰退。模拟世界 8 可以将 70 多亿人口维持在一个充裕的生活水平上近 30 年，即 2010~2040 年。人均消费品和服务比 2000 年时提高了大约 50%。然而，粮食产出总量早在 2010 年就达到了高峰，从那之后就由于污染的加剧而呈现平稳下滑，而污染程度却将在数十年中持续提高。越来越多的投资被用于农业中以放慢粮食产量下降的速度。在一段时期之内这些资本是可以得到的，因为它们没有被用来获得更高的工业增长。但这种负担会逐渐增加到超出工业部门的生产能力之上的一个水平，于是衰退发生了。

计算机这一轮所模拟的社会设法达到并维持一个合意的物质生活水平近 30 年，但在此期间环境和土壤却在不断恶化。在系统已经过冲出其极限之后，有限的消费、有限的家庭规模以及社会自律也无法确保可持续发展，因为采取这些措施已经太迟了。要保持可持续发展，模拟场景 8 中的世界还需要做更多的事情来控制其自身增长。它需要将其生态足迹降低到地球环境的承载能力之下。它需要随着技术的进步协调地、合理地推进社会重构。

■ 约束增长并提升技术水平

在模拟场景 9 中（见图 7-3），模拟世界仍然决定从 2002 年开始平均家庭规模为两个孩子，具有完善的节育效果，并且跟模拟场景 8 一样，为实物生产设定适度的限制。进而，从 2002 年起它开始发展、投资，并且采用的技术跟我们在第 6 章模拟场景 6 中所检验的完全相同。这些技术可以提高资源的使用效率，减少单位工业产出的污染排放，控制土地侵蚀，并且能提高土地的产量直到人均粮食达到合意的水平。

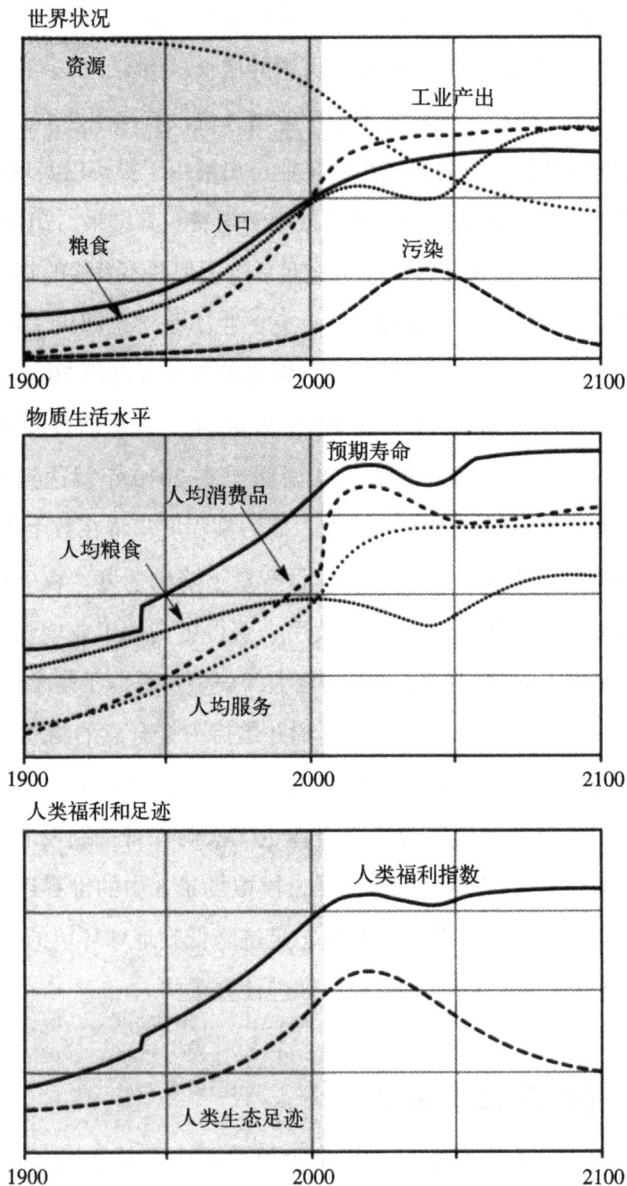

世界状况

物质生活水平

人类福利和足迹

图 7-3　模拟场景 9：世界寻求稳定的人口增长和稳定的人均工业产出，

并且从 2002 年开始加入污染防治、资源使用和有关农业的技术

注：在这一场景中，人口和工业产出同上一轮模拟一样受到限制，并把技术加入进来以减轻
　　污染、保护资源、提高土地产量并保护农业用地。结果所给出的社会是可持续的：近 80
　　亿人口生活在较高的福利水平下并且生态足迹不断下降。

正如我们在模拟场景 6 中所做的那样，我们在模拟场景 9 中假定这些技术只能在发展出 20 年之后才能发挥作用，并且它们也有资本成本。在场景 6 中，在应对由快速增长导致的各种危机的同时，没有足够的资本用来购买和安装这些技术。在模拟场景 9 所给出的受到更多约束的社会中，人口增长更加缓慢，资本无需过多投入到进一步增长中或用以应对呈螺旋式上升的问题，新技术能够获得充分的资本支持。在平稳运行一个世纪之后，它们使单位工业产出所使用的不可再生资源量减少了 80%，使单位产出所产生的污染减少了 90%。由于工业产出的增长受到了约束，这些成效的积累所带来的是人类生态足迹的真正减少，而不仅仅是允许实现更多的增长。

土地产出水平的稳定增长在 21 世纪前半期随着污染的增加而有所后退（这是由于 20 世纪末污染排放的滞后效应——现实世界中的一个可能例证是全球变暖的出现）。但到 2040 年时，一些更高技术的应用使污染的累积量又出现下降。土地产出水平得到恢复并在 21 世纪剩余的时间里缓慢上升。

在模拟场景 9 中，世界人口维持在不到 80 亿的规模并在整个世纪都保持在一个满意的物质生活水平。他们的预期寿命很高，尽管在粮食产量波动时稍有下降。他们人均获得的服务比 2000 年时提高了 50%。模拟到 21 世纪末，每个人都能获得足够的食物。污染水平在其带来不可逆转的破坏之前达到高峰并开始下降。不可再生资源消耗的速度也非常缓慢，模拟到 2100 年时还有近 50% 的原始资源得以保留。

在模拟场景 9 中，人类社会在 2020 年之前就开始设法减少给环境带来的负担，从那时起人类的生态足迹总量确实开始下降。不可再生资源开采的速度在 2010 年之后开始下降。2002 年起土地侵蚀的情况很快减少。永久污染物的产生在 10 年之后达到高峰。系统自己把自己带回到其极限之下，避免了一场不可控制的崩溃，保持了自己的生活水准，并把自己维持在非常接近于均衡状态。模拟场景 9 显示了可持续发展状态，地球系统达到均衡。

在系统语言中，世界的均衡状态意味着正反馈和负反馈达到平衡，并且系统中的主要存量（在这里主要是人口、资本、土地、土地肥力、不可再生资源和污染）都保持在相当稳定的状态。这并不一定意味着人口和经济处于静止状态或停滞状态。它们在总量上大致保持不变，就像一条河流在流量上保持大致稳定，然而水流却总在不断流过。在模拟场景9这样一个"均衡社会"中，一些人降生了而另外一些人正在死去；新的工厂、公路、建筑、机械被建造出来而旧的在退役并被回收。随着技术水平的提高，几乎可以肯定人均物质产出流也在不断改变形式，内容更加丰富，质量更高。

正如一条河流会围绕其平均水位出现上涨或下降一样，一个均衡的社会也会有波动，或者是由于有意的选择或者是由于不可预见的机遇或灾难。正如河流会自我净化并当污染物含量减少时会承载更多数量、更多种类的水生族类一样，一个社会自身也会对污染进行净化，获取新的知识，使自身的生产过程更有效率，转换技术，提高自身的管理水平，使分配更加公平，学习，进化。我们认为，当增长的张力得到缓解并且其变化速度慢到有足够的时间对这些决策的后果进行全面理解、做出反应和选择时候，人类社会会更愿意来做这些。

假如我们能够得到地球系统的所有知识，我们相信模拟场景9所显示的可持续社会是现实世界确实可以达到的。它拥有近80亿人口，有足够的食物、消费品和服务来保证每个人都生活得舒适。它通过深思熟虑的努力、通过应用不断提高的技术来保护土地和土壤、减少污染，并高效率地使用不可再生资源。由于其物质增长很慢甚至处于停止，由于其技术进步快到足以将生态足迹降低到可持续的水平，它有时间、有资本也有能力解决其他问题。

我们认为，这样一幅世界图景不仅是可行的，而且也是合意的。它当然比前几章所给出的那种不断增长直到被各种危机所终止的模拟世界更有吸引力。然而，模拟场景9并不是World3模型能够给出的惟一一种可持续的结果。在系统的极限之内可以有一些权衡和选择。可以有更多的食物和更少的工业产出，或者相反；可以是更多人生活在更少的人均生态足迹中，也可以是更少的人生活在更多的生态足迹中。但有一个原则是非常清楚的——向可持续均衡状态转变的开始时间每向后推一年，转变实现后实际可获得的权衡和选择的吸引力就会降低一些。假如产生模拟场景9的政策早20年开始实施，我们来看一下会发生什么情况。

■ 20 年的差异

在下一轮模拟中我们要问：如果模拟世界从 1982 年而不是 2002 年就开始采用模拟场景 9 所给出的可持续政策（合意的家庭规模为两个孩子、适度的物质生活水平、有先进的技术保证资源有效利用和污染控制），会怎么样？早 20 年会带来什么差异？

模拟场景 10（见图 7-4）与模拟场景 9 相比除了做出改变的时间是 1982 年而不是 2002 年以外都完全一样。早 20 年走向可持续发展可以产生一个更加安全和更加富裕的世界，农业部门也极少面临调整问题。在这一场景中，人口规模刚刚超过 60 亿而不是近 80 亿。污染高峰提前 20 年在一个低得多的水平上达到，并且其对农业的影响也比模拟场景 9 要小得多。预期寿命超过了 80 岁并保持很高。到 21 世纪末时更多的不可再生资源被保留下来，并且发现和开采它们所要付出的努力也要小一些。预期寿命、人均粮食、人均服务以及人均消费品都最终达到比模拟场景 9 更高的水平。

模拟场景 10 中的人口能够保持其生活水准并毫无问题地支撑技术的进步。这一社会拥有更美的环境、更多的资源、更多的自由；它离达到极限还很远，不像模拟场景 9 那样处在边缘上。这种未来图景曾经是有可能实现的，但是 1982 年时国际社会并没有抓住这一机遇。

我们已经用 World3 模型模拟了许多其他场景，不仅仅是重印的这 11 种。我们试图发现为使人口和物质经济回到可持续水平所提出的各种不同的全球性政策建议的可能效果。当然在模型中有许多简化和遗漏，所以所有这些模拟所得出的具体数字是没有多少意义的。但我们确信，从这些努力中得到的两个一般性启示是有效的、可靠的。我们这些实验的第一个启示是，一些根本性改变的引入越往后拖，人类远期所面对的未来选择就越少。减少人口增长和稳定生产资本存量的努力越往后推，人口规模就越大，就有更多的资源被消费掉，污染水平也更高，更多的土地被破坏，同时又要求有更多粮食、服务和商品量来用以养活人口。需求更高了，问题更大了，而空间却更小了。

世界状况

资源

工业产出

粮食

人口

污染

1900　　　　　　　　2000　　　　　　　　2100

物质生活水平

预期寿命

人均消费品

人均服务

人均粮食

1900　　　　　　　　2000　　　　　　　　2100

人类福利和足迹

人类福利指数

人类生态足迹

1900　　　　　　　　2000　　　　　　　　2100

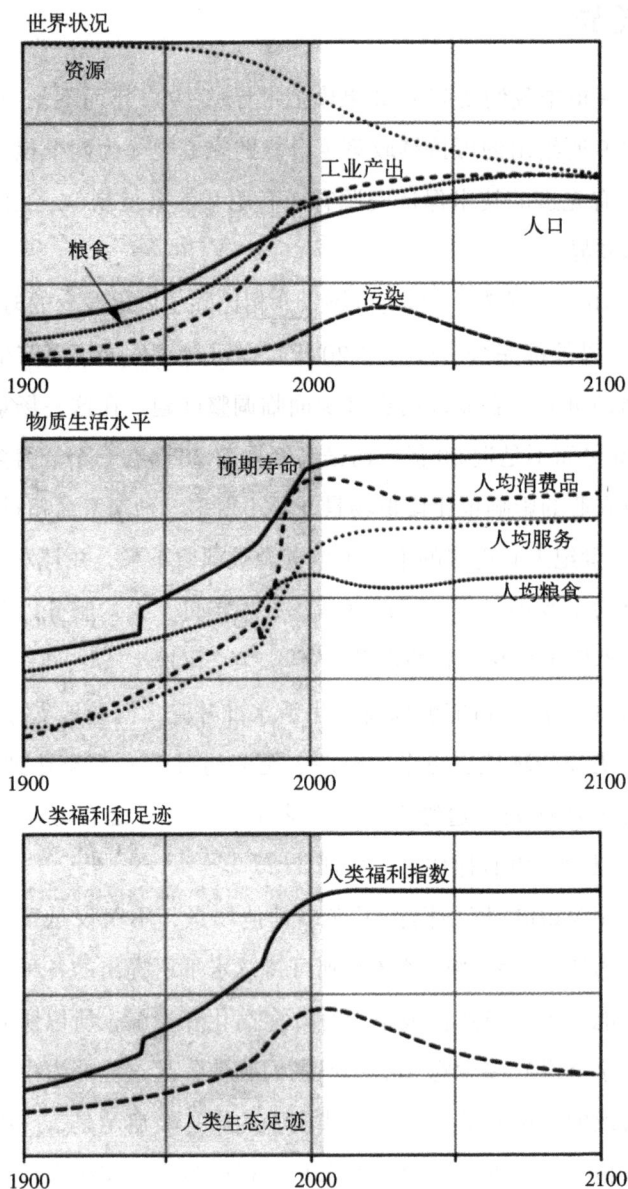

图 7-4　模拟场景 10：可持续政策在 1982 年实施，比模拟场景 9 早 20 年

注：这一模拟场景包括了模拟场景 9 中所发生的所有变化，只是政策的实施时间是 1982 年而
　　不是 2002 年。早 20 年走向可持续发展对所有人来说意味着较低的最终人口水平、更少
　　的污染、更多的不可再生资源和稍稍高一些的福利水平。

这种情况可以通过将模拟场景 9 中在 2002 年所实施的政策再拖后 20 年很好地显示出来。到那时要避免衰退已经太晚了。拖后 20 年将使人口达到 80 亿的时间比模拟场景 9 中要提前好多年。由于晚了 20 年去做出改变，工业产出的增长要比模拟场景 9 高出许多。增加的工业生产活动，加上污染控制技术的采用也滞后 20 年，会带来一场污染危机。污染导致土地产出能力下降，从而导致人均粮食减少，进而导致预期寿命降低，并进而导致人口的减少。晚 20 年走向可持续发展使得我们的模拟世界的选择余地变小，并把它带上一条混乱的、最终不可能成功的道路。曾经足够的政策手段变得不再充足。

▪ 多高是太高了

我们从这些实验中得出的第二个启示是，如果从地球系统中要求更多的消费也同样会导致失败。我们用 World3 模型进行了这样的实验：跟模拟场景 9 所做出的假定完全一样，只有一点不同，就是我们把合意的人均工业产出水平加倍。在这种情况下 World3 模型所描绘的世界也从 2002 年开始缓和人口和经济压力，并采用保护资源和减少污染的技术。然而，这一次，即便是采用了所有能获得的技术，模拟世界的人均工业产出目标也无法在 70 多亿人口的水平上维持。

人均工业产出在 2020 年之后的一段时间内达到其设定的目标，最高点在 2030 年左右出现而后就慢慢下降。同一年人均粮食拥有量也从最高点快速下降。这是因为需要太多的资本来达到较高的物质生产目标并用来弥补环境所遭到的破坏。模拟到 2050 年，在这个更加雄心勃勃的世界上，人均能得到的粮食和工业品的量都比模拟场景 9 中的世界要低，模拟场景 9 更满足于设定比较温和的目标。

那么，这一轮模拟对生活水准的估计是一个在拥有 75 亿人口的"现实"世界中能维持的可信水平吗？绝对不是！模型中的数值及其假设都是不可信的。没有模型能对未来 30~50 年的世界做出精确的、正确的估计。或许实际上会有更多的人口能够生活在比模拟场景 9 更高的生活水平上，或许，即使在 World3 所做出的没有战争、没有冲突、没有腐败、没有失误的乐观假定下，模拟场景

9 所给出的消费水平在实际中永远都是无法持续的。

在某些方面，World3 模型的作用就像是一张建筑师画的草图。它给出了一些重要变量之间的相互关系，它帮助我们思考在一般情况下我们所希望生活的未来是什么样。但是，它无法给我们提供任何与构建这一过程相关的复杂的政治问题、心理学问题和个人问题的任何细节。规划这些所需要的专业知识超出了我们的能力。并且在这一过程中，可能需要试验、需要谦卑、需要开放所有关于错误的信息，并且需要有在这一过程中进行调整的意愿。

从利用这一模型所做的实验中，我们并没有断定如果现在实施可持续发展政策就一定能带来一个有吸引力的未来，而再滞后 10 年或 20 年人类社会就注定会走向失败。但是我们的确得出结论认为，这些滞后会降低我们最终能持续享有的富裕水平。从这些模拟中我们也没有断定一个相当于今天或高出 10% 或 20% 的消费目标就是可持续的，而一个两倍于今天的消费目标就是一剂导致灾难的药方。但是我们的确得出结论认为，一个可持续发展的系统所提供的消费水平对今天世界上的多数人来说都是有吸引力的。从另一方面说，它也不可能为 60 亿 ~80 亿人口持续提供无限的、甚至是很高的物质消费水平。

World3 模型无法用来把人类世界调谐到刚好找到并生活在可持续的极限上。目前没有任何一个模型，或许未来也不可能有这种模型，能做到这种数字精度。所以说，把人类的生态足迹最大化是一个危险的政策，因为实际增长的物理极限是变化的、不确定的，并且我们认识到这些极限并对它们做出反应总是滞后的。同样还有其他一些原因，让我们学会安全地生活在低于地球预期极限的一个满意的生活水平上，而不总是试图达到可能的最大物理极限，将是更加安全的，并且也是更可取的。

World3 模型的设计是用来发现一个内部相联系的、非线性的、具有反应迟滞的有限系统的行为模式，而没有想用它来对未来做出准确的预测或给出一个详细的行动计划。但是，本章所展示的这几轮模拟所得出的一般性结论，我们认为是有意义的，但在公众谈论中尚未被完全认可。可以想象一下，如果以下一些信息被广泛知晓并被接受，那么所做出的决策、资本配置、新闻报道以及有关的法律争论会有多么的不同。

- 不必减少人口数量或工业产出，全球向可持续社会过渡或许也是可能的。

- 然而，向可持续发展过渡需要行动来减少人类的生态足迹。进而，这又要求个人做出决策来减小家庭规模、降低工业增长目标、提高地球资源的使用效率。

- 一个可持续社会有许多种构造方式，人口数量、生活水准、技术投资、资源在工业品、服务、食品和其他物质需要之间的分配等都有许多种选择。世界各个不同角落的人不必都以同样的方式做出选择，但这些选择必须尽快做出。

- 在地球能养活的人口数量和能为每个人提供的物质生活水平之间不可避免地需要做出权衡。权衡的准确数量是不可知的。它们会随着技术、知识、人类的应对能力以及地球支撑系统的变化而发生变化。即便如此，仍然可以得出一般性的结论：更多的人口数量意味着可持续的物质生产能力更低、每个人的平均生态足迹更小。

- 世界经济减少其生态足迹和迈向可持续发展所需要的时间越长，最终可支撑的人口数量和物质生活水准越低。在某些时点，滞后意味着崩溃。

- 人类社会所设定的人口和物质生活水准的目标越高，超过并侵蚀其极限的风险也就越大。

根据我的计算机模型、我们的心智模型、我们对数据的掌握以及我们在"现实世界"的经验，在缓解极限和设定可持续目标方面我们不能再浪费时间了。推迟削减生产能力和向可持续过渡，从最好的结果说，意味着减少了未来几代人的选择，从最坏的结果说，是陷入崩溃。

也没有理由去浪费时间。可持续对许多人来说是个新观念，许多人很难理解它。但是，在这个世界上也有人已经开始在实践中设想一个可持续的世界并把它变为现实。他们把它视为一个非常高兴地而不是不情愿地迈入的世界，是一种冒险的感觉而不是一种牺牲的感觉。一个可持续的世界会比我们今天生活的世界好很多。

■ 可持续社会

可持续的定义有许多种。最简单地说，可持续社会是一个可以世代相传的社会，是一个有非常长远的眼光、非常有弹性、非常聪明而不会去破坏支撑它的物质或社会系统的社会。

1987 年，世界环境与发展大会把可持续的理念用一段铭言进行了表述：

可持续的社会是一个"能够满足当代人的需要而不损害子孙后代满足自身需求的能力的社会"。[一]

从系统的观点来说，可持续社会是一个具备足够的信息机制、社会机制和制度机制来抑制导致指数型人口增长和资本增长的正反馈循环的社会。这意味着，除非或直到技术进步和社会决策对人口或资本水平做出深思熟虑的、有限的改变，出生率与死亡率大致相当，投资率大致与折旧率相当。为达到全社会的可持续性，人口、资本和技术的组合必须加以配置以使每个人的物质生活水平都是富足的、有保证的并且是公平分配的。为达到物质的和能量的可持续性，经济总量必须满足赫尔曼·戴利的三个条件：[二]

- 可再生资源消耗的速度不能超过它们再生的速度；
- 不可再生资源消耗的速度不能超过可持续再生的替代资源的发展速度；
- 污染排放的速度不能超过环境的吸收能力。

这样一个具有可持续的生态足迹的社会，与目前我们大多数人生活于其中的这个社会有很大的不同，这种不同几乎是难以想象的。在 21 世纪刚开始的时候，人类的思维还是被持续贫困或快速物质增长的图景打上了深深的烙印，并决心不计一切成本地去努力保持增长。在追求自主增长和避免停滞的意识主导下，人类的普遍觉悟还很难想象一个有目的的、充裕程度刚刚好的、可持续的

[一]　World Commission on Environment and Development, *Our Common Future* (Oxford: Oxford University Press, 1987).

[二]　赫尔曼·戴利是少数几个认真思考过何种经济制度可能对保持一个合意的可持续状态起作用的人之一，他给出了一个发人深省的市场与制度结合的设计。参见 Herman Daly, "Institutions for a Steady State Economy", in *Steady State Economics* (Washington, DC: Island Press, 1991).

社会。这里，在我们着力解释可持续"是"什么之前，我们需要从它"不是"什么开始说起。

可持续并不意味着"零增长"。一个非常关注增长的社会一般倾向于避免对这一目标提出任何质疑。但是质疑增长并不一定意味着否定增长。正如罗马俱乐部的创始人奥雷利奥·佩切伊在 1977 年指出的那样，这将只会是用一种过于简单化代替另一个：

> 所有那些曾帮助解开增长的秘密的人……被增长至上的忠诚辩护者们所嘲弄，形象地说是要被他们绞死或五马分尸。其中一些人……谴责《增长的极限》这一报告……是在鼓吹零增长。显然，这些人对罗马俱乐部、对增长根本就不了解。零增长这一提法是如此粗糙（在这一点上正如无限增长的提法一样）并且是如此不准确，因此在一个活的、动态的社会中谈论它在概念上是没有任何意义的。[⊖]

一个可持续的社会将对质量的提高而不是物质扩张感兴趣。它把物质增长视为一个可考虑使用的工具而不是一个永久的使命。它既不追求增长也不反对增长，而是开始区别对待不同类型的增长和增长的不同目的。这一社会甚至可能会合理接受有目的的负增长理念，缓解过度需求，以回到极限之下，在全面核算自然和社会成本的基础上停止做那些实际成本高于所获价值的事情。

一个可持续的社会在对任何一个有关增长的建议做出决定之前，会先问一下增长的目的是什么？谁会收益？成本是什么？能持续多久？这种增长是否能为地球的源和汇所容纳？这样一个社会将应用自己的价值观和对地球极限的所有知识，只选择那些能满足重要社会目标并能强化可持续性的增长类型。一旦物质增长完成了其目标，社会就会停止追求增长。

一个可持续的社会不会对目前这种不均等分配模式的永久化麻木不仁。它当然不会把穷人永久锁定在贫困之中。这些做法不可能持续的原因有两个：第一，穷人不会也不应当忍受这些；第二，任何一部分人口处于贫困之中都不可能稳定人口增长，除非采取可怕的强制性措施或提高死亡率。无论是出于实践

⊖　Aurelio Peccei, *The Human Quality* (New York: Pergamon Press, 1977), 85.

还是道德的原因，任何一个可持续社会都必须为所有人提供丰衣足食和安全。从现在到达到可持续发展，任何剩余的增长可能性（无论有多少更多资源消耗和更多污染排放的空间，无论有多少空间通过提高效率和调整富人的生活方式被释放出来）都应当合乎逻辑地并且，像人们所希望的那样，愉快地配置给那些最需要它们的人。

可持续状态将不会像当前经济系统所经历的那样当增长被打断时社会就会出现萧条、停滞、失业和破产。可持续社会同今天的经济衰退的区别，就像有目的地通过踩刹车让车停下来同车撞到墙上而停下来之间的区别一样。当目前这种经济出现过冲时，它就会突然转向，转向速度之快出乎人们和企业的预期，令其无法总结教训、重新配置资源或做出调整。而有意识地向可持续过渡将发生得很慢并事先提出充分警告，以让人们和企业能在新经济中找到位置。

没有理由认为一个可持续社会在技术上和文化上必然是原始的。在远离焦虑和贪婪之后，人类仍然有创新的无限可能。没有增长给社会和环境带来的高成本，技术和文化都会繁荣起来。约翰·斯图亚特·穆勒是第一个（也是最后一个）严肃地提出经济应当与地球的极限相适应的想法的经济学家，他发现他所称的"静态"（stationary state）能够支撑一个不断进化、不断进步的社会。在一百五十多年前他写道：

> 我所说的……资本和财富的静态不同于老派古典经济学家通常所证明的那种令人厌恶的自然状态。我倾向于相信，从整体上说，它将是对我们目前状况的一个非常可观的提升。我承认我不认同那些认为人类的自然状态就是不断奋斗，就是相互踩躏、相互挤压、相互推搡、相互践踏的人所声称的那种理想生活……对大多数人类来说最愉悦的……也不应当认为资本和人口的静态就意味着是人类不再进步的静止状态。各种精神、文化、道德和社会的进步空间都跟过去一样广阔，生活的艺术提升的空间也同过去一样广阔，并且提升的可能性更大。⊖

一个可持续的世界不会是也不能是僵化的，以至于人口、生产活动或其他

⊖　John Stuart Mill, *Principles of Political Economy*, (London: John W Parker, West Strand, 1848).

事物都保持一种病态的恒定。当前一些心智模型的一个最奇怪的假定就是认为一个适度世界必然就是一个严格而集中控制的世界。对一个可持续经济来说，这种控制是不可能、不合理也是不必要的。（从系统的观点来说，它是严重短缺的。）

一个可持续的世界，同任何一种人类文明一样，当然也需要有规则、法律、标准、界限、社会协议和社会公约。可持续世界的一些规则会与目前人们所习惯于遵守的规则不大一样。一些必要的控制措施目前已经开始付诸行动了，例如国际社会关于臭氧层保护的协议和关于温室气体排放的谈判。然而，有关可持续发展的规则的建立，正如任何可行的社会规则一样，都不能损害自由而必须创造自由或保护自由。禁止银行抢劫限制了小偷的自由却是为了保护其他人存款或取钱的安全。同样道理，禁止过度使用可再生资源或禁止有害污染物的产生是为了保护更重要的自由。

人们不需要太多的想象力就可以提出一组最小的社会结构，即承载着新的成本、后果和制裁信息的反馈环，这一结构仍然包含了进化、创新和变革，并且比一个可能不断逼近或者超越其极限的世界具有更多的自由度。最重要的是，这些新规则与经济学理论是十分吻合的：所有的知识和制度都是为了将市场体系的"外部成本内部化"，以使一个产品的价格能够反映出生产它的全部成本（包含反映在环境和社会方面的成本）。这是几十年来每一本经济学教科书都在提倡的方法（尽管是徒然的）。它会自动指导投资和购买行为，以使人们在货币经济范畴内做出选择后不会在现实物质范畴或社会价值范畴中感到遗憾。

一些人认为在一个可持续社会中就必须要停止使用不可再生资源，因为这些资源的使用必定是不可持续的。这种想法是对可持续的含义的一种过于僵化的理解。当然，一个可持续社会在使用不可再生资源方面要比目前世界的做法谨慎得多、有效率得多。它将对这些资源进行更合理的定价，以便为子孙后代留下更多。但是没有理由不使用它们，只要它们的使用满足可持续所定义的标准，即它们不会填满大自然的"汇"并且能开发出可再生的替代资源。

一个可持续的社会也没有理由是单一模式的。正如自然界的情形一样，人类社会的多样性既是可持续发展的原因也是可持续发展的结果。一些曾经思考过可持续发展问题的人们把可持续社会视为高度分散化的社会，一个区域更依赖于当地的资源而较少依赖国际贸易。他们会设定一些边界条件以使每个社区不会危害到其他社区或整个地球的生存。在这样一个世界中，文化多样性、自治、自由和自主只会是更多而不是更少。

一个可持续的社会也没有理由是不民主的、令人厌恶的或缺乏挑战的。今天一些愚弄人和消耗人的游戏，如军备竞赛或无止境地积累财富，或许将不再是合理的、受人尊敬的或不再使人感兴趣。但是，仍然会有很多游戏、挑战和问题等人们去解决，仍有很多方式让人们去证明自己、检验自己的能力、互相服务并生活得更好——或许生活得比今天的任何可能都更满足。

一个可持续的社会"不是"什么是个很长的名单。在我们把这个单子列出来的过程中，我们通过对比已经隐含着给出了我们所认为的可持续社会是什么。但是关于这样一个社会的细节不可能通过我们这一小组计算机模拟者给出来，这需要几十亿人们一起贡献他们的想法、观点和才智。

通过我们在本书中所描述的对世界体系的结构分析，我们只能对走向可持续发展的系统重构给出一组简单的一般性指导原则。我们把这些原则列在了下面。每一个指导原则都可以在各个层次上（家庭、社区、企业、国家和整个世界）以成百上千种方式表现出来。人们可以看一下如何在自己的生活、文化、政治和经济体系中实施这些指导原则。朝这些方向所迈出的任何一步都是在迈向可持续发展，尽管所有这些步骤终将必须得到实施。

- 拓展规划的时段。当前的选择要更多建立在对其长期成本和收益的评估而不只是看到它今天所产生的市场结果或明天的选举。要为媒体、市场以及选举提供必要的激励、工具和程序，以让它们报道、思考或负责解决已经存在了几十年的问题。

- 改进信号。更多了解并监控人类人口的实际福利状况和人类活动对世界生态系统的实际冲击。⊖要像报告经济状况那样连续、即时地向政府和公众通报环境和社会状况。把环境和社会成本纳入到经济价格中；重新建立经

⊖ 一个很好的例子是在由设在瑞士格兰德的世界自然基金会每隔两年出版的《地球生存报告》中给出的，该报告给出了全球生物多样性和各国生态足迹的数据。

济指标体系，例如 GDP，使它们不再混淆成本和收益、生产能力和福利，也不再混淆自然资本的恶化和收入增长。

- 加快反应速度。积极观测反映环境或社会紧张程度的信号。提前拟定当出现问题时该如何解决的方案（如果可能，要在问题出现之前就做出预测），并做好必要的制度和技术安排以采取有效行动。教育要提高人们的灵活性和创造力，教会人们批判性思考和重新设计物质和社会系统的能力。计算机模型在这一步能提供些帮助，但在教育中普及系统思想也是同样重要的。

- 最低程度地使用不可再生资源。矿物燃料、地下水和其他矿物必须最高效率地进行使用，并尽可能回收利用（燃料是不可回收的，但矿物和水可以），并且只作为向尽可能利用可再生资源过渡的一部分加以使用。

- 避免破坏可再生资源。土壤肥力、地表水、可利用地下水以及所有生物，包括森林、鱼类和野生物种，都应当尽可能加以保护、恢复和强化。这些资源只能以它们能够自我再生的速度进行采伐和捕获。这就需要具有关于它们再生速度的信息，并通过强有力的社会制裁或经济激励来制止滥采滥用。

- 最大效率地使用所有资源。在给定的生态足迹下所能得到的人类福利越高，在极限之下的生活质量就会越好。获得更大效率不仅在技术上是可行的，在经济上也合理的。[⊖]如果当前世界人口和经济要回到极限之下而不导致崩溃，高效率是非常重要的。

- 慢慢地、逐步地停止人口和物质资本的指数型增长。要实现前面所列出的六条原则都会受到一些限制。所以最后这一条是至关重要的。它涉及制度和哲学方面的改变和社会革新。它需要对合意的、可持续的人口和工业产出水平进行定义，它需要围绕发展的理念而不是增长的理念来定义目标。它只是，简单却意义深远地，要求建立更大的、更加真正令人满意的人类生存目标而不仅仅是物质扩张和积累。

我们可以把这最后一条，也是迈向可持续发展的重要一步扩展到对增长文

⊖　Paul Hawken, Amory Lovins, and L. Hunter Lovins, *Natural Capitalism* (Boston: Back Bay Books, 2000).

化背后所掩盖的诸多紧迫问题的认识：贫困、失业和未被满足的需求。目前这种增长模式要么根本无法解决这些问题，要么只能缓慢地、无效率地解决这些问题。但是，除非有更有效的解决方案出现，否则社会将不会从沉溺于增长中拔出来。因为人们是如此强烈地需要看到希望，或许增长是一个错误的希望，但它总比完全没有希望要好。

要重建希望，要解决这些非常现实的问题，有三个领域需要全新的思考。

- 贫困。共享在政治语言中是一个禁语，或许是因为害怕现实的共享就意味着任何人都得不到足够满足。"充裕"和"团结"是能够帮助找到结束贫困的新方法的两个概念。我们所有人都处于过冲之中。如果我们处理得好，就有足够的资源让所有人共享。如果我们处理不好，那么任何人，无论多富有的人，都无法逃脱承担后果。

- 失业。人类需要工作，需要通过工作去检验自己、锻炼自己、满足自己的基本需求，通过工作从个人参与中得到满足，需要通过工作被认可为一个成年人并成为社会中负责任的一员。这种需要不应当得不到满足，也不应当通过低级或危险的工作得到满足。同时，就业也不应当被视为生存的需要。这里需要跳出一些人为另一些人"创造"工作机会的狭隘观念，更要跳出工人是应当被削减的成本的狭隘观念。我们所需要的是一个充分利用和支持所有能做出贡献的人，能平等地分享工作、闲暇和经济产出，不会抛弃那些因为某种原因暂时或永久不能工作的人的经济系统。

- 未被满足的非物质需求。人们不需要拥有很多辆汽车，但需要尊重和尊敬。他们不需要总有新衣服穿，他们需要感觉到别人认为自己有魅力，他们需要兴奋、花样和美丽。人们不需要电子娱乐，他们需要有一些感兴趣的事情来占据他们的精神和情绪。如此等等。用物质的东西来满足这些现实的却是非物质的需求（如身份、友爱、自尊、挑战、爱情、欢乐等）是只会导致无止境的欲望永远得不到满足的错误办法。一个能容许并清楚表达人类的非物质需求、并且想通过找到非物质方式来满足这些需求的社会，只需要低得多的物质和能量产出而提供更高水平的人类满足。

在实践中，人们如何应对这些问题？世界如何进化到一个能解决这些问题的"系统"？这就是创造和选择的机会。我们呼吁生活在 21 世纪初的几代人不仅要把自己的生态足迹降低到地球的极限之下，并且在重建他们的内部和外部世界时也要这么做。这一过程将触及生活中的每一个舞台，需要每一种人类智慧。它需要技术创新和企业家创新，也需要公众的、社会的、政治的、艺术的以及精神的创新。50 年前刘易斯·芝福德（Lewis Mumford）就认识到这一任务的艰巨性及其所需要的独特人类特性，它将挑战和发展每个人的"人性"。

> 一个扩张的时代正被一个均衡的时代所取代。达到这一均衡将是未来几个世纪的任务……新时代的主旋律既不是武器与人也不是机器与人：其主旋律将是生活的觉醒，机械将被有机体所取代，而人的重建将是所有人类努力的终极目标。文明、教化、合作、共生：这些将是新的世界范围的文明口号。生活的每个部分都将记录下这种变化：它对教育和科学进程的影响不亚于工业企业组织、城市规划、区域发展和世界资源的交换。⊖

将工业世界带入到下一个进化阶段不是灾难，而是难得的机遇。如何把握住这一机遇，如何把人类带入到一个不仅是可持续的、功能齐全的、平等的并且也是非常合意的世界，是一个关系到领导能力、道德规范、见识和勇气的问题，关系到人类的心灵和精神而不是计算机模型的性质。说到这里，我们（本书的作者）要结束本章了。我们需要关闭电脑、把数据和模拟放到一边，进入第 8 章，在那里我们将把我们从心中、从直觉中以及从我们的科学分析中得到的启示做一下总结。

⊖　Lewis Mumford, *The Condition of Man* (New York: Harcourt Brace Jovanovich, 1944), 398-399.

第 8 章

向可持续状态过渡的工具

Limits to Growth

我们必须小心谨慎，只要还有一线希望，就不要屈从于绝望。

——爱德华·萨乌马（Edouard Saouma），1993

我们能让世界各国和人民走向可持续发展吗？这一运动对人类社会的影响在规模上只有另外两大变革能与之相媲美：新石器时代后期的农业革命和两个世纪前的工业革命。这两大变革都是自发的、渐进的并且在很大程度上是无意识的。而这一场变革将是在目前所能得到的最优秀科学见解的指导下的完全有意识的运动……如果我们在实践中做到这一点，这在人类的地球上生活史上将绝对是独一无二的。

——威廉·拉克尔肖斯（William D. Ruckelshaus），1989

我们撰写、谈论并朝可持续发展努力迄今已经三十多年了。我们得到了世界各地成千上万的同行们的支持，他们以自己的方式、用自己的智慧、在各自所处的社会，为走向可持续发展进行着各种努力。当我们在政府、制度层次做工作时，当我们聆听政治领袖的演讲时，我们常常有挫折感。但当我们跟普通人一起工作时，我们却总是感到鼓舞。

在每个地方，我们都能发现一些人们关心地球、关心他人、关心子孙后代的福利。他们认识到人类的悲剧和周边环境的恶化，他们质疑那种沿着过去的老路不断提高增长的政策是否能解决这些问题。他们许多人都有一种感觉，一种他们很难表达清楚的感觉，就是世界在走向错误的方向，要防止灾难的发生必须有一些大的变化。他们愿意为这些变化贡献一些力量，只要他们相信他们的努力能带来正面的效果。他们问：我能做什么？政府能做什么？企业能做什么？学校、宗教、媒体能做什么？居民、生产者、消费者、父母们能做什么？

针对这些问题进行一些尝试比给出具体答案更为重要，尽管答案有很多。至少"有50件很简单的事情可以做来拯救地球"。买一辆节能的小汽车，并且只买一辆；回收使用过的酒瓶和罐头盒；在选举中聪明地进行投票——如果你也是这个世界上正享受小汽车、美酒、罐头和选举的人们中的一员。也有一些事情不是那么容易做的：为自己找到简朴、优雅的生活方式；最多要两个孩子；要求提高燃料价格（鼓励高效率使用能源并促进可再生能源的发展）；用爱心和合作帮助一个家庭走出贫困；找到自己的正确谋生手段；爱惜每一寸土地；尽自己所能反对那些压迫人、滥用地球资源的制度；亲自参加竞选，等等。

所有这些行动都将是有帮助的。然而，这些当然还不够。可持续发展、充裕和平等的实现需要进行结构性的变革，需要进行一场革命。这种革命不是法国大革命那种政治意义上的，而是农业革命和工业革命那种具有更深远意义的。

循环利用很重要，但单靠这不可能带来一场革命。

那什么能带来革命？为找到一个答案，我们发现，从历史学家们已经发掘出的史料中，了解一下人类文明的前两次伟大革命将是很有帮助的。

■ 前两次革命：农业革命和工业革命

大约 1 万年前，经过几百万年的进化，人类人口已经达到了 1 000 万的巨大规模（在当时来说）。人们过着一种游牧式的、狩猎群居的生活。但在一些地方，人口已经开始超出所能获得的庄稼和猎物所能供养的数量。为解决越来越少的野生资源问题，他们做了两件事。其中一些人开始迁徙，从非洲和中东的祖居地迁移到其他猎物丰富的地方繁衍生息。

其余的人开始蓄养牲畜、种植庄稼并定居下来。这是一个全新的主意。就靠这么简单的定居劳作，第一代农民以他们从来都无法预见的方式改变了地球的面貌，改变了人类的思想，也改变了社会的形态。

第一次，拥有土地变得有意义了。那些不再需要背负所有家当迁徙的人们开始积攒一些东西，其中一些人比另外一些人积攒得多。于是财富、地位、遗产、贸易、货币、权力等观念就产生了。一些人可以靠其他人所生产的剩余粮食来生活，他们就成了全职的手工业者、音乐家、作家、牧师、士兵、运动员或国王。于是，不管是好事还是坏事，就出现了行会、乐团、图书馆、寺庙、军队、运动会、王朝和城市。

作为后人，我们认为农业革命是人类向前迈出的一大步。在那时它或许是一种混杂的快乐。许多人类学家认为农业并不是一种更好的生活方式，却是人类养活不断增长的人口的一种必要方式。定居下来的农民从一公顷土地中得到粮食比群猎时代要多许多，但是粮食的营养含量却比猎物要低很多，种类也要少得多，并且需要付出更多的辛苦来进行劳作。并且，农民比游牧民族更容易受到天气、疾病、病虫害、外来入侵的侵害以及新出现的统治阶级的压迫。而那些无法远离自己所产生的废弃物的人们经历了人类最早的慢性污染。

不管怎样，农业是人类对野生物种匮乏的一个成功应对。它允许有更多的人口增长，经过几个世纪后达到一个巨大的数字，从 1 000 万增加到 1750 年时的 8 亿。更多的人口产生了新的短缺，特别是土地和能源。于是，另一场革命成为必然。

工业革命起始于英格兰，丰富的煤炭资源替代了不断消失的森林。煤炭的使用带来了土地挖掘、矿井建设、抽水、运输以及可控燃烧等诸多实际问题。这些问题很快得到了解决，其结果就是劳动力大量集中到煤矿和工厂周围。这一进程将技术和商业活动提高到人类社会的一个显著地位上——超过了宗教和道德。

于是所有的事物再次以无法想象的方式发生了改变。机器，而不是土地，成为生产的核心手段。公路、铁路、工厂、烟囱在地平线上冒了出来，城市也在不断膨胀。这种变化也是一种混杂的快乐。工厂劳工变得更加辛苦甚至比农业劳动力还要低贱。这些新工厂周围的空气和水污秽的程度难以用语言表达。绝大多数工厂工人的生活水平远远低于农民的生活水平。但是农田已经无法再得到了，他们只能到工厂去工作。

对于生活在今天的人们来说很难评价工业革命对人类思想的影响有多么深刻，因为这种思想仍在支配着我们的观念。1988 年，历史学家唐纳德·沃斯特（Donald Worster）描述了工业主义对后世及其实践者的哲学影响：

资本家们……承诺，通过技术对地球的主导，他们能为每个人带来更公平、更合理、更有效率、更丰富的生活……他们的方法很简单，就是把私人企业从传统等级制度和社会的束缚中解放出来，不论这种束缚是来自于其他人还是来自地球……这其实就是教导人们用一种直白的、积极的、自信的方式对待地球并相互对待……人们必须时时刻刻想着赚钱这个词。他们必须把周围的所有东西（土地、自然资源、自身劳力）视为能在市场上换来利润的潜在商品。他们要求取得不受外部规则约束或干扰地进行生产、购买和出售这些商品的权力……随着欲望的扩张，随着市场变得越来越广阔，人类同自然界其余部分的结合就变成了最赤裸裸的工具主义。⊖

　　⊖　Donald Worster, editor, *The Ends of the Earth* (Cambridge: Cambridge University Press, 1988), 11-12.

这种赤裸裸的工具主义带来了难以置信的生产力和一个目前以各种不同的满足水平养活着 60 亿人口的世界——比农业革命前多出了 600 多倍。广阔的市场和膨胀的需求导致从极地到赤道、从高山之巅到海洋深底的环境破坏。工业革命的成功，同此前的群猎和农业革命的成功一样，最终也给自身带来了短缺——不仅仅是猎物，也不仅仅是土地、燃料和金属，而是整个地球环境的承载能力。人类的生态足迹已经超出了可持续的水平。这种成功孕育了新一轮革命的必要性。

■ 下一次革命：可持续发展

正如公元前 6000 年的农民无法预见到今天艾奥瓦州的谷物和大豆种植量或公元 1800 年时英国煤矿的矿工无法想象今天的丰田汽车生产线一样，今天的任何人也无法描述世界从一场可持续革命起会怎样向前演进。像其他伟大革命一样，即将到来的可持续革命也将改变地球的面貌，改变人类个性、制度和文化的基础。像此前的革命一样，它将需要几个世纪的时间才能全部展开——尽管今天它已经开始了。

当然，也没有人知道怎样带来这样一场革命。也没有一个单子列出来"要实现一个全球的范式改变，应按照以下 20 个步骤"。像以前发生的伟大革命一样，这场革命也不是计划好的或有指导的。它不会遵循政府的一系列法令或计算机模型给出的预测。可持续革命将是有机的，它将从数亿人的想象、洞察、实验和行动中产生出来。使其发生的重担不会落到某个人或某个组织的肩上。没有人会受到这种托付，但每个人都会做出贡献。

我们所受到的系统训练和我们自己所做的工作，让我们确信复杂系统的两个特性与我们这里所谈论的这种意义深远的革命是相关联的。

第一，信息是转变的关键。这里所指的并不意味着更多的信息、更好的统计、更大的数据库或互联网，尽管所有这些都会发挥部分作用。这里的意思是指相关的、强制的、筛选的、有力的、即时的、准确的信息按新的路径流向新的受体，承载新的内容，提出新的规则和目标（规则和目标本身就是信息）。当其信息流动发生改变时，任何系统的行为方式都会发生改变。旧体系靠严格控制信息来维持，一旦取消这些控制就会引发全面的体制变革（狂风暴雨式的、预想不到的，却是不可避免的）。

第二，系统会强烈抵制自身信息流的改变，特别是改变自己的规则和目标。这并不奇怪，那些从当前系统中受益的人当然会积极反对这种改变。当权的政治、经济、宗教集团会扼杀个人或小集团试图运用不同的规则来达到不同于现存体制所支持的目标的所有努力。改革者会被忽略、边缘化、嘲弄、剥夺提升或获得资源甚至公开说话的权利。他们会被有形地或无形地扼杀掉。

然而，也只有改革者，认识到需要新的信息、规则和目标并就此进行交流、尝试，才会让系统做出改变。玛格丽特·米德（Margaret Mead）有一句被广泛引用的名言清楚地表达这一点的重要性，"永远不要忽视一群负责任的人组成的小集团所具有的改变世界的力量。事实上过去所有的事情都是这么发生的"。

我们已经认识到要在一个渴望消费、劝人消费甚至奖励消费的系统中要保持物质生活的适度是多么困难。但是人们可以沿着一条很长的路走向适度。在一个生产能源的经济中要有效率地使用能源并不容易。但是人们可以找到或必要时发明更有效的方式来做事，并且在这一过程中这些有效方式更容易被其他人所接受。

以上所有这些说明，要在一个结构设计上只容许听到陈旧信息的系统中提出新的信息是非常困难的。有时你可以尝试一下在公众场合质疑更多增长的价值，或仅仅是对增长和发展做一下区分，你就会明白我们说的是什么意思。挑战现存系统需要勇气和清晰的思路。但这是可以做到的。

在寻找能在一个本能地抵制自身变革的系统中采用和平手段重构这一系统的办法时，我们尝试了很多工具。其中最明显的一些工具就是通过本书所显示出来的——理性分析、数据收集、系统思考、计算机模拟和找到最清晰的话语来表达。这些工具是任何受到过科学和经济学训练的人都能主动掌握的。但就像循环利用一样，这些都是有用的、必要的，但还很不够。

我们也不知道要多少工具才够。但是我们想以介绍我们已经找到的另外五个有用工具来作为本书的结论。我们已经在本书的 1992 年版中第一次介绍并讨论了这个工具单。从那以后的经验使我们更加确信这五个工具不是随意提出来的，它们是任何一个想长期存在的社会的本质特征。我们在结论性的一章把它们"作为走向可持续发展的'一些'方法而不是'全部'方法"再次提出来。

在 1992 年的书中我们说，"我们在讨论这些工具时有一丝犹豫，因为我们不是使用这些工具的专家，同时也因为讨论它们所使用的词汇并不容易从科学家的嘴里或文字处理器中找到。它们会被认为太'不科学'而无法严肃地在世俗的公共场合进行讨论"。

我们如此谨慎地提出的这些工具是什么呢？

它们是：想象、网络、说真话、学习和爱。

相对于要发生的巨大变革来说，这一工具单看起来有点羸弱。但是，它们其中任何一个都存在于一个具有正反馈的网络中。因此，最初由少数人对它们的一贯、一致的应用具有产生出巨大变革的潜力——甚至对当前系统提出挑战，或许有助于产生一场革命。

"向可持续社会过渡会从中得到帮助"，我们在 1992 年的书中说道，"只要我们在世界信息流中带着真诚而无需辩解地经常使用这些简单词汇。"但是我们还是带着辩解来使用这些词汇，因为我们知道如何让绝大多数人接受它们。

当人类文明的未来处于危险之中时仅仅依赖于这样一些"软"工具，对我们中的多数人来说都感到不安，特别是我们又不知道如何向我们自己和其他人发出号召。所以我们放弃了这些而把话题转向循环利用、排放许可交易、野生物种保护或其他一些对于可持续革命是必要但却并不充分的领域——但至少其中一部分我们知道如何去应对。

所以，让我们来讨论一下这些我们迄今还不知道该怎么使用的工具，因为人类必须尽快掌握这些工具。

■ 想象

想象的意思就是想象自己到底想要什么，可能开始比较笼统，到后来会不断细化。这里我们所说的是"你真正想要什么"，而不是别人教你去要什么，也不是你学会乐意满足于什么。想象意味着跳出"可能性"、怀疑以及过去的失望的约束，让你的思想驻留在最高尚、最崇高、最珍视的梦想上。

有些人，特别是年轻人，往往是带着激情和轻松来进行想象。他们发现所想象的东西在现实中却是可怕的或是痛苦的，因为与想象中的那种"应当"生机勃勃的情景相比，现实情景几乎是让人无法接受的。有些人从来不都承认自己的想象，因为害怕被人认为是不切实际的或"不现实的"。这些人会发现我们这段话让他们读着很不舒服，如果他们愿意读到底的话。还有些人已经被现实的经历所打垮，所以他们只愿意谈论为什么任何想象都是不可能实现的。这也好，怀疑有时也是需要的。想象需要通过怀疑论的锤炼。

首先我们要说，跟怀疑论者一样，我们也不相信想象的事情都会发生。不付诸行动的想象是毫无用处的。但是，没有想象的行动是也没有方向的和虚弱的。想象在指导行动和激发热情方面绝对是必要的。不仅如此，如果被广泛分享并得到坚定支持，想象一定会带来新的体系。

我们可以引用文献来说明这一点。在有限的空间、时间、物质和能量约束下，人类的想象力不仅能给人类带来新的信息、新的反馈、新的行为、新的知识和新的技术，并且还能带来新的制度、新的物质结构和新的力量。拉尔夫·沃尔多·埃默森（Ralph Waldo Emerson）早在 150 年前就认识到了这一深刻道理：

　　每个国家以及每个人都会马上被与其道德境界或思想境界完全对应的物质形式所包围。看看每一个真理和谬误、人脑子里的每一个想法是如何通过社会、房屋、城市、语言、仪式、报纸等包裹起来的。看看今天的这些观念……看看每个观念是如何浓缩在加于社会的物质形式上的，看看木料、砖瓦、石灰、石头等是如何变成方便使用的形状，服从于支配多数人头脑的主体观念的……

　　接着，人自身的微小改变当然都会改变他周边的事物，观念的最微小的放大，对他人的感觉的最微小的变化……都会带来外部事物最显著的改变。⊖

⊖　Ralph Waldo Emerson 于 1838 年 3 月于波士顿发表的关于"战争"的演讲。重印于 *Emerson's Complete Works*, vol. 11 (Boston: Houghton Mifflin, 1887), 177。

一个可持续的世界，如果不能被充分地想象到，是永远都不会完全实现的。这种想象必须通过许多人的设想才能完全成型并引起关注。为鼓励其他人加入到这一过程中，我们在这里列出一些我们自己在想象一个我们乐意居住（而不仅仅是满足于居住在那里）的可持续社会是什么样时所看到的景象。这个名单在任何意义上都不是定义性的，我们在这里把它列出来的目的只是想请你发展和扩大它。

- 可持续、有效率、充裕、平等、美好和共有是全社会最高的价值观。
- 所有人都能得到物质的满足和安全。因而，低生育率和稳定的人口数量既是个人的选择也是社会的规范。
- 工作给人们带来尊严而不是贬低身份。有一些激励措施让人们把自己最好的东西奉献给社会并对此予以褒奖，同时保证每个人在任何情况下都能充分得到满足。
- 领袖们更加诚实、睿智、谦逊和受尊敬，并且他们更有兴趣干好自己的工作而不仅仅是保住自己的工作，更有兴趣服务于社会而不是赢得选举。
- 经济是一个手段而不是一个结果，是为环境福利服务的而不是相反。
- 有效率的、可再生的能源系统。
- 有效率的、闭合循环的物质系统。
- 技术设计能把污染排放和废弃物减少到最低程度，并且全社会约定不产生技术和自然界无法处理的污染排放和废弃物。
- 可再生农业能改善土壤，使用自然手段来保持肥力和控制病虫害，并生产出充足的、未被污染的粮食。
- 保持生态系统的多样性，人类文明与生态系统和谐共生，因而自然界和文明都具有高度的多样性，并且人类欣赏这种多样性。
- 具有弹性、创新力（社会以及技术）和智力挑战。科学繁荣，人类知识库不断扩大。
- 对整个系统的更大了解是每个人教育的核心。
- 分散经济权力、政治影响和科学专长。
- 政治架构能保持短期考虑和长期考虑的平衡；为了我们的子孙后代，现在就以某种形式施加政治压力。

- 市民和政府都具有很高的技巧用非暴力手段来解决冲突。
- 媒体能反映世界的多样性，同时在历史的和整个系统的背景下，用可靠的、准确的、及时的、公正的和智能的信息来整合文化。
- 活着的原因和想让自己生活得更好的原因不再涉及物质的积累。

■ 网络

离开了网络我们就没法工作。我们所属的大多数网络都是非正式的。它们都只有很少的预算——如果有的话，它们也很少出现在国际组织的花名册中。⊖它们几乎是无形的，但它们的影响却是不能忽略的。非正式的网络承载信息的方式跟正式的组织机构是一样的，并且常常更有影响力。它们是新信息的自然家园，离开它们新系统结构就无法演进。⊜

一些网络是非常地方化的，而有些却是国际化的。有些是电子形式的，而有些其中的人们每天都面对面。不管它们是什么形式的，它们都是由在生活的某些方面有共同兴趣的人组成的，他们保持联络，互相传递数据、工具、思想并互相鼓励，他们喜欢、尊敬并支持对方。网络的最重要目的之一只是简单地让其成员知道自己并不是孤立的。

一个网络是没有等级的。它是平等连接起来的网，它不是靠强制、义务、物质激励或社会契约联系在一起，而是靠共同的价值观联系在一起。他们知道有些任务只能共同努力来完成，而靠单个的力量是永远无法完成的。

我们所知道的网络有农民分享使用有机方法控制病虫害的网络，有环境新闻业者的网络，有"绿色"建筑师的网络，有计算机模型制作者的网络，有游

⊖　作者所知道的以及作者感兴趣的领域的网络例如巴拉顿集团（ Balaton Group ； www.unh.edu/ipssr/Balaton.html ）、东北地区有机农业联合会（NOFA）、新美国之梦中心（CNAD ； www.newdream.org ）、绿色站点列表（Greenlist ； www.peacestore.us ）、绿色建材（Greenclips ； www.greenclips.com ）、北方森林联盟（ www.northemforestalliance.org ）、土地信托联盟（ www.lta.org ）、国际模拟与博弈协会（ISAGA ； www.isaga.info ）、环境与发展高级培训项目（LEAD）。

⊜　举例来说，ICLEI，一个由实行可持续发展的地方政府（目前已经有 450 个）组成的国际联合会，已经在这方面进入中间阶段。

戏设计者的网络,有土地信托的网络,有消费者合作的网络。有千千万万的网络是由有相同目的的人互相发现而发展起来的。有些网络变得如此繁忙而实质上变成了有办公地点、有预算的正式组织,但绝大部分都是根据需要建立或解散。互联网的出现当然推动并加速了网络的形成和运转。

　　无论是在区域层次上还是在全球层次上,要建立一个在保持区域生态系统和谐的同时也保持在地球极限之内的可持续社会,都特别需要这些致力于可持续发展的网络。对于区域性网络我们这里能说得很少,一个区域的问题跟另外一个区域的往往不同。区域性网络的角色之一就是帮助重建自工业革命以来很大程度上失去的群体感和与地方的联系。

　　当我们来谈全球性网络时,我们首先要辩解一下这些网络的确是全球性的。参与国际信息流的手段的分配跟生产手段的分配一样是非常糟糕的。前面已经说过,东京的电话数量比整个非洲的电话数量还要多。在电脑、传真机、航线连接和受邀参加国际会议方面更是如此。但是,现在看来,人类惊人的创造力再次通过发明互联网和廉价接入设备的方式为此提供了神奇的解决方案。

　　有人会争辩说,非洲以及世界其他未被充分代表的地方应当首先满足他们其他方面的许多需求而不是电脑和网络接入。我们不同意这种说法。除非他们的声音被听到,否则社会最下层的需求不可能得到有效表达,世界也无法从他们的贡献中受益。物质和能源效率方面所取得的最大进步就是得益于通信设备的设计。在可持续的生态足迹下,完全有可能让每个人都有机会参与到全球网络和区域网络中来。我们必须消除"数字鸿沟"。

　　如果你对可持续发展革命的某一部分感兴趣,你可以找到或组织一个网络跟他人一起分享你的特殊兴趣。这种网络能帮助你发现到哪里寻找信息,能得到哪些出版物或工具,到哪里找到行政和财务支持,以及谁能帮助你完成特定的任务。好的网络不仅能帮助你学习,并且还能让你把学到的东西传播给别人。

■ 说真话

　　我们并不比别人更知道什么是真理,但我们听到什么时常常能辨别出谎言。

有些谎言是故意的，说的人和听的人都明白这一点。说谎是为了操纵、哄骗或诱惑，是为了推迟行动，是为自私行为找借口，是为了攫取或保持权力，或者是为了否认某个自己感觉不舒服的现实。

谎言会扭曲信息流。如果信息流被扭曲，一个系统就不能正常运转。系统理论的最重要原则之一，就是信息不应该被扭曲、延迟或被隐瞒，其原因希望我们已经在本书中说得很清楚了。

"人类将处于危险之中，"巴克敏斯特·富勒（Buckminster Fuller）说，"如果我们每个人现在和将来都不敢只说真话、不敢说出全部真话，并且不敢马上这么做——马上。"⊖当你跟别人说话时，无论在大街上还是在工作中，无论是对一群人还对一个孩子，你都应当尽力驳斥谎言或肯定真话。你应当否定那种认为得到的越多就会变得越好的观点。你应当质疑那种认为富人得到的越多越有助于穷人的主张。你对错误信息驳斥得越多，我们的社会就会变得越好管理。

在谈论增长的极限问题时，我们常常碰到一些带有普遍性的偏见、简单化、话语陷阱和普遍流行的谬误。我们认为有必要把它们指出来并加以避免，以对人类经济及其与这个有限地球的关系有一个清楚的思考。

否：对未来提出警告就是对世界末日的预言。

是：对未来提出警告是建议走不同的路径。

否：环境是一种奢侈品，或是一种竞争性的需求，或是一种日用品，人们在有能力购买时就可以购买它。

是：环境是所有生命和所有经济的源泉。调查显示公众愿意为得到一个健康的环境付出更多。

否：改变就意味着牺牲，应该避免。

是：改变是挑战，是必要的。

否：停止增长将把穷人锁在贫困之中。

是：是富人的贪婪和冷漠使穷人被锁在贫困之中。穷人需要富人以新的态度来对待，然后才会有特别向满足穷人的需求倾斜的增长。

否：每个人都应当达到最富有国家的物质生活水平。

⊖　R. Buckminster Fuller, *Critical Path* (New York: St. Martin's Press, 1981).

是：把每个人的物质消费水平提高到目前富人所享有的水平是没有任何可能性的。每个人都应当被满足基本的物质需求。超出这一水平的物质需求只有当所有人都保持在可持续的生态足迹下时才有可能被满足。

否：所有的增长都是好的，这一点毋庸置疑，也无需辩解或考究。

亦否：所有的增长都是坏的。

是：所需要的不是增长，而是发展。到目前为止的发展都是物质的扩张，它应当是公平的、供应充足的、可持续的，并且所有实际成本都应当考虑在内。

否：技术将解决所有的问题。

亦否：技术除了带来问题不能解决任何问题。

是：我们应当鼓励那些能够减少生态足迹、提高效率、强化资源、改进信号和终结物质匮乏的技术。

亦是：我们必须以人类自己的方式来处理问题，采取更多的办法而不仅仅是依赖技术。

否：市场机制将自动给我们带来我们所希望的未来。

是：我们必须自己决定我们希望有什么样的未来，然后我们可以利用市场机制以及其他工具来实现它。

否：工业是所有问题产生的根源或解决办法。

亦否：政府是所有问题产生的根源或解决办法。

亦否：环保主义者是所有问题产生的根源或解决办法。

亦否：其他集团（马上想到经济学家）是问题产生的根源或解决办法。

是：所有的人和制度都在这个巨大系统结构中发挥各自的作用。在一个其结构必然导致过冲的系统中，所有的参与者都有意或无意地对过冲负有责任。在一个为可持续发展而构建的系统中，企业、政府、环保主义者、特别是经济学家，都将在致力于可持续发展中发挥重要作用。

否：挥之不去的悲观情绪。

亦否：过于乐观。

是：下决心说出真相，无论是关于当前的成功或失败还是关于未来的潜力或障碍。

并首先是：要有承认和忍受当前痛苦的勇气，同时继续放眼憧憬更美好的未来。

否：World3 模型或其他任何模型，都是正确的或错误的。

是：所有的模型，包括我们头脑中的，都只有少数是正确的，很多太简单，而大多数都是错误的。该如何找到一种办法来检验我们的模型并发现哪里对、哪里错呢？我们作为构建模型的伙伴该如何以一种既尊重又怀疑的合理态度来彼此沟通呢？我们该如何停止互相玩那种对和错的游戏而开始检验我们的模型设计与现实世界相比对还是错呢？

这最后一个挑战，即模型选择和检验，把我们带入学习的话题。

■ 学习

想象、网络、说真话，如果不付诸行动，是毫无用处的。要带来一个可持续的世界有许多事情要"做"。新的种植模式必须要找到，新的商业活动必须开始而旧的商业活动必须重新设计以减少其足迹。土地要恢复，园林要保护，能源系统要转型，国际协议要达成。新的法律要通过而其他的要废止。孩子们要接受教育，大人也是如此。电影要拍摄，音乐要播放，书籍要出版，网站要建设，人们要协商，集团要引导，补贴要取消，可持续指标要建立，还有，价格要修正以体现全部成本。

所有人都能在做这些事情的过程中找到自己的最佳角色。我们无法为某个人也无法为我们自己预先规定一个角色。但我们可以先提个建议：无论你做什么，都要谦恭地去做。不要把它当成不变的政策去执行，而是要当成实验来做。用你的行动（不管是什么行动）去学习。

人类无知的程度之深远远超过我们大多数人愿意承认的水平。当全球经济作为一个更加一体化的整体比过去更紧密地结合在一起时，当这一经济正在逼近这个神奇的复杂星体的极限时，当需要以全新的方式思考时，更是如此。现在没有人充分了解这一点，也没有一个领导人理解这种形势，无论他们装成多么权威的样子。没有一个政策应当囫囵个地加于整个世界。如果你输不起，就不要下赌注。

　　学习意味着愿意慢慢向前走，愿意尝试着做，愿意收集关于行动结果的信息，包括极其重要但不大受欢迎的关于行动没有奏效的信息。一个人不可能不犯错误地学习，应当说出错误的真相，然后继续前进。学习意味着用活力和勇气探索新的路径，并对其他人探索其他路径持开放态度，并且当发现能更直接通往目标的路径时愿意转换路径。

　　世界领袖们丧失了学习的习惯和学习的自由。在某种意义上政治体制已经演进到了投票人期望领袖们能对所有的问题都给出答案的程度，在这种体制下只指定少数人去当领袖，并且如果对他们开出的药方不满意就很快把他们拉下马。这种不合理的体制损害了人们的领导能力，也损害了领袖们的学习能力。

　　是我们在这个问题上说点真话的时候了。世界领袖们在如何把世界带入一个可持续社会方面知道得并不比其他人多，他们中的大部分人甚至不知道这么做的必要性。可持续革命需要每个人都像一个善于学习的领袖一样在某个层次上采取行动，从家庭到社区到国家到世界。也需要我们每个人都支持领袖们，允许他们承认不确定性，允许他们真诚地进行实验，并允许他们犯错误。

　　没有耐心和宽容，就没有人能自由地学习。但是在过冲的条件下，没有太多的时间去耐心和宽容。在紧急与耐心、责任和宽容的明显对立之间找到恰当的平衡点，需要同情、谦卑、头脑清楚、忠诚以及最难的、看来也是所有资源中最短缺的一个词——爱。

■ *爱*

　　除非是在最罗曼蒂克或最轻浮的语境中，在工业文化中是不允许人们说爱的。一个人如果号召人们去给予他人兄弟姐妹般的爱，号召人们爱整个人类、爱大自然和哺育我们的地球，往往更可能受到嘲弄而不是被认真对待。乐观主义者和悲观主义者之间的最大差别就是他们在人类是否能在爱的基础上采取集体行动的争论中所持的立场。在一个系统地发扬个人主义、竞争和短视的社会中，悲观主义者占绝大多数。

　　我们认为，个人主义和短视是当前社会系统的最大问题，也是不可持续的最深刻原因。把爱和同情制度化于集体行动是一个更好的选择。一个不相信、不讨论、不发扬人类的这些优秀品质的文明会遭遇一个悲剧性的有限选择。"人类天性能容纳一个多好的社会？"心理学家亚伯拉罕·马斯洛（Abraham Maslow）问道，"一个社会又能容许多好的人类天性？"⊖

可持续革命将首先是集体转向容许人类最好的天性而不是最坏的天性得到表达和哺育。许多人已经认识到了这种必要性和机遇所在。例如，约翰·梅纳德·凯恩斯（John Maynard Keynes）在 1932 年写到：

短缺和贫困问题以及阶级之间和国家之间的经济争斗，不是别的而仅仅是一种可怕的神志不清，一种暂时的和不必要的神志不清。由于西方世界已经有了这种资源和技术，如果我们能把它们组织起来加以利用，完全能把目前消耗我们的精力和物力的经济问题降低到一个次要的位置。

因而，经济问题退居它本属末席的一天并不遥远，并且……人的心灵和头脑将被我们面临的真正问题所占据——生命的问题、人类关系的问题、创新、行为方式和宗教的问题等。⊜

奥雷利奥·佩切伊，这位在增长与极限、经济与环境、资源与管理等问题上笔耕不辍的伟大工业领袖，总结出世界问题的解决方案应始于"新的人道主义"。1981 年他对这一观点进行了阐述：

与我们今天这个时代相一致的人道主义必须被取代，必须改变那些我们迄今认为是碰不得的、却已经变得不适用或与我们的目标不协调的原则和规范。新的人道主义必须鼓励产生新的价值体系来矫正我们的内部平衡，鼓励产生新的精神的、伦理的、哲学的、社会的、政治的、美学的和艺术的激情来填补我们生命的空虚；它必须能让我们重新找到爱、友谊、理解、团结、牺牲精神和欢乐；它必须让我们理解到，这些品德让我们与其他形式的生命以及世界各地的兄弟姐妹们联系得越紧密，我们将得到得越多。⊜

⊖　Abraham Maslow, *The Farthest Reaches of Human Nature* (New York: Viking Press, 1971).

⊜　J. M. Keynes, foreword to *Essays in Persuasion* (New York: Harcourt Brace, 1932).

⊜　Aurelio Peccei, *One Hundred Pages for the Future* (New York: Pergamon Press, 1981),184-185.

在一个规则、目标和信息流都导致人类品德下降的系统中，要践行爱、友谊、宽容、理解或团结并不容易。但我们要尝试，我们也鼓励你去尝试。当你或其他人在一个变化的世界遇到困难时，要对自己、对他人有耐心。对不可避免遇到的抵触要理解、要宽容，我们中的每个人心中都会有抵触，有些是与不可持续之路是相连的。找到并相信你自己和每个人最好的人类本性。对周围人的冷嘲热讽要洗耳恭听并对那些玩世不恭的人要抱有怜悯之心，但自己不要相信。

如果没有全球合作的精神，人道主义也不可能在把人类足迹降到可持续水平的征程上取得胜利。如果人们不学会把自己和其他人都视为这个一体化的国际社会的一个组成部分，崩溃就无法避免。不仅是此时此地，远处和将来也都需要同舟共济。人类必须学着喜欢这个观点：为子孙后代留下一个生机勃勃的地球。

我们在本书中所致力于讨论的所有问题，从更高的资源使用效率到更多的同情，真的有可能吗？世界真的能缓解到极限之下并避免崩溃吗？人类的足迹能及时降低吗？在全球水平上有足够的想象、技术、自由、团结、责任、远见、金钱、自律和爱吗？

我们在本书所提出的所有假说中，这些是最难回答的，尽管许多人会装作能回答的样子。即便是我们——本书的作者在讨论成功的几率时也意见不一。沉浸在欢乐庆典中的许多无知的人，特别是世界领袖们，会说这些问题甚至都是无关痛痒的，不存在真正意义上的极限。许多有见识的人也受到在这种普遍的欢乐情绪掩盖下很深的玩世不恭思想的影响。它们会说问题的确已经很严重了，以后还会更糟，却没有任何解决这些问题的机会。

这两种答案当然都是基于心智模型。实情是没有人知道。

在本书中我们已经说了很多遍了，世界面临的不是一个命中注定的未来，而是一个选择。这种选择是在合乎逻辑地导致各种不同情形的各种不同心智模型之间进行的。一种心智模型说在这个世界上所有的实践活动都没有极限。选择这种心智模型将会同过去一样鼓励榨干地球而使人类经济超出极限更远。其结果必然是导致崩溃。

另一种心智模型说极限是真实存在的而且正在逼近，但已经没有足够的时间了，并且人类不可能做到适度、负责任和同舟共济，至少是已经来不及了。这种模型是自我实现型的，如果全世界人民选择相信它，那这些将被证明是正确的。其结果也是导致崩溃。

第三种模型认为，极限是真实存在的、正在逼近并且在某些方面我们目前的生产能力已经越过了它。但如果不浪费的话还有足够的时间，还有足够的能源、足够的物资、足够的环境张力和足够的人类美德来有计划地降低人类的生态足迹，可持续地演进到一个对绝大多数人来说都更加美好的世界。

第三种设想很可能是错的。但是从我们已经看到的证据来看，从世界数据到计算机模型，都表明它是可信的、是可以达到的。没有办法能确信这一点，除非做出尝试。

从 World3 模型到 World3-03 模型的变化

Limits to Growth

为了准备本书中展示的各个场景，我们使用了计算机模型 World3-91 的一个更新版本。

最初构建的 World3 用于本书第 1 版，即 1972 年版。这些在我们研究的技术报告中有详细的描述。[⊖]该模型最初是由一种名为 DYNAMO 的计算机模拟语言写成的。到 1990 年时，一种新的语言 STELLA，为我们的分析提供了更好的工具。当我们准备本书第 2 版的场景时，World3 模型已经从 DYNAMO 语言转换成了 STELLA 语言，并且更新到一个新的版本，称为 World3-91 模型。我们为这种转化而做的各种调整都已经在第 2 版的附录中予以描述。[⊜]

当我们准备当前这本书的场景时，对 World3-91 模型稍微做了些更新，事实证明这些更新是有用的。更新之后得出的模型，称为 World3-03 模型。这里简单总结一下从 World3-91 模型到 World3-03 模型转换过程中所做的几个必要的变化。其中三个变化以一种不同的方式计算了技术的成本；一个变化使得合意家庭规模对工业产出增长的反应更加强烈一些；其他变化对于模型的行为没有影响，它们只是使得其行为更加容易理解。这些变化如下：

- 改变了三个部门中新技术资本成本的影响因素。资本成本应该是由资源、污染和农业部门中实施的技术而不是可获得的技术来决定。
- 改变人口部门的展望表以使得所希望的家庭规模对于较高水平的人均工业产出有稍微更强的反馈性。
- 增加了一个称为人类福利指数的新变量——反映普通地球居民生存状况的一个指标。这一指数的定义在附录 B 中提供。

⊖ Dennis L. Meadows et al., *Dynamics of Growth in a Finite World* (Cambridge, MA: Wright-Allen Press, 1974).

⊜ Donella H. Meadows, Dennis L. Meadows, and Jorgen Randers, *Beyond the Limits*, (Post Mills, VT: Chelsea Green Publishing Company, 1992).

- 增加了一个称为人类生态足迹的新变量——反映人类对地球造成的总环境负担的一个指标。这一指标的定义在附录 B 中提供。
- 改变了人口的绘图比例——这是为了简化阅读。
- 定义了一个新图形，它显示了 1900~2100 年期间人类福利指数和人类生态足迹的变化情况。

为了帮助读者阅读，我们在这里提供了新结构中的 STELLA 流程图。我们也描述了在本书中用于各个场景的绘图比例。

World3-03 的新结构

图 A-1 展示了新技术形成的 STELLA 流程图，并以土地收益技术为例加以说明。这种形成过程被复制用于资源和污染部门。

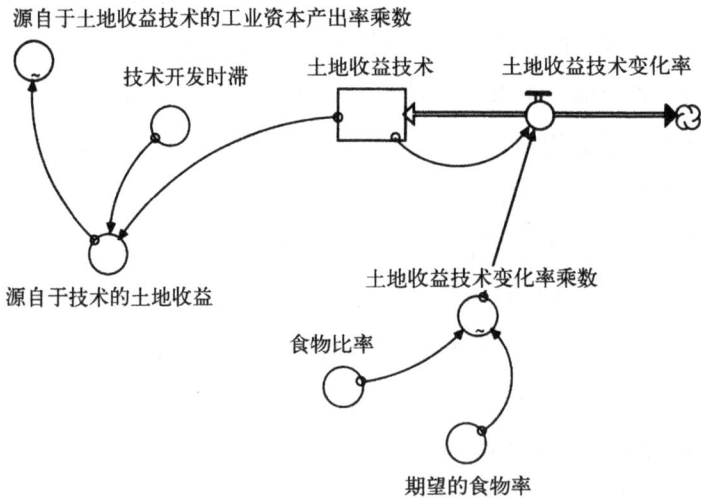

图　A-1

当模型的变量——食物比率（每人的食物拥有量与和每人维持生存所需要的食物量之比）处于合意水平之下时，World3 模型开始发展旨在提高土地产出量的技术。类似地，当每单位工业产出所需要的资源量超过合意水平，或当每单位工业单位产出所造成的污染超过合意水平时，模型会提供改进的技术手段。

图 A-2 是关于人类福利指数（HWI）的 STELLA 流程图，其中的逻辑关系在附录 B 中予以描述。

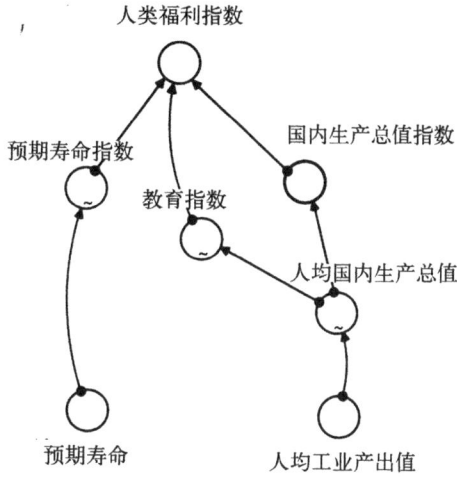

图 A-2

图 A-3 是关于人类生态足迹（HEF）的 STELLA 流程图，其中的逻辑关系也在附录 B 中予以描述。

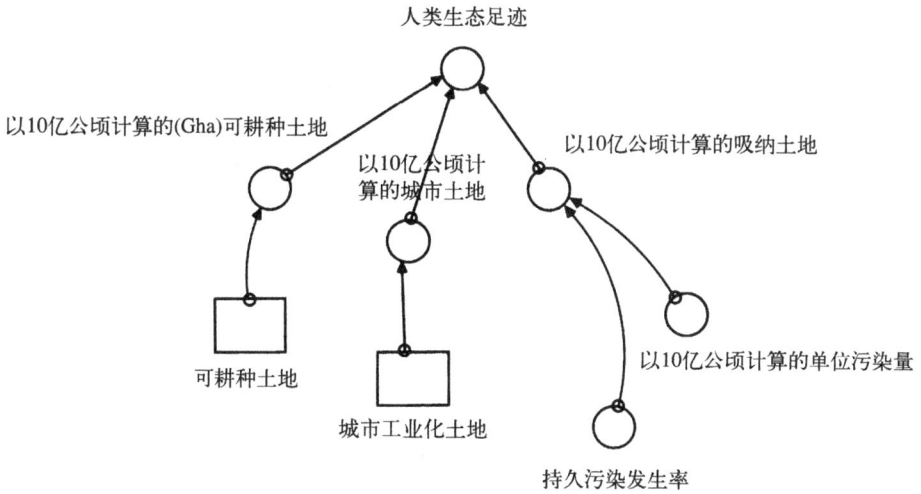

图 A-3

World3-03 的模拟场景规模

在本书中，World3-03 模型模拟每个场景所给出的 11 个变量的值域都在表 A-1、表 A-2 和表 A-3 中进行了描述。我们并没有在其纵轴上标出数字规模，因为我们认为每个场景中变量的精确数值并没有很大的意义。然而，我们也为那些对模拟过程更有技术兴趣的读者提供了这些变量的范围。11 个变量是以非常不同的尺度来进行描述的，但这些尺度在全部 11 个场景中都是保持固定的。

表 A-1 世界的状态

变　　量	最　小　值	最　高　值
人口	0	12×10^9
粮食总产量	0	6×10^{12}
工业总产出	0	4×10^{12}
持久污染指数	0	40
不可再生资源	0	2×10^{12}

表 A-2 物质生活水平

变　　量	最　小　值	最　高　值
人均粮食	0	1 000
人均消费品	0	250
人均服务	0	1 000
预期寿命	0	90

表 A-3 人类福利与生态足迹

变　　量	最　小　值	最　高　值
人类福利指数	0	1
人类生态足迹	0	4

附录 B

人类福利指数和人类生态足迹
Limits to Growth

背景

当讨论地球上人类的未来时，定义两个概念——"人类福利"和"人类生态足迹"是很有帮助的。这两个概念分别在其最广泛意义上描述了普通地球居民的生活质量，包括物质和非物质成分，以及人类对于地球资源基础和生态系统施加的总环境影响。

这两个概念在原则上很容易理解，但是很难对它们进行精确的定义。可获得的时间序列数据的限制迫使我们在用数学方程推导来表达它们时采取显著近似的方式。但是，总体来讲，如果每个人在不降低他人的个人满足感的前提下提高了个人的自我满足感，那么人类的福利就在提高。如果资源的提取、污染排放、土地侵蚀和生物多样性的破坏等方面的加剧并没有伴随着人类对自然界其他方面影响的减弱，那么人类生态足迹会增加。

为说明这两个概念的使用，让我们解释一下我们在本书中所追求的理念，那就是：增加"人类福利"的同时确保"生态足迹"尽可能小，并且，至少是在地球的生态系统可以长期可持续发展的承受能力的水平线以下。

很多分析人士花了大量的时间和精力试图为人类福利和人类生态足迹提供可操作的指数。尽管人均 GDP 这个标准有它的缺陷，但是它还是经常被用做衡量福利的简单尺度。World3 模型的上一个版本——World2 模型里就包括了有强烈争议的"生活质量指数"，⊖该指数考虑了影响人类福利的四个因素：拥挤度、食物、污染和物质消费。

考虑了各种方案后，我们选择了在下面要描述的指数。我们选择了定量化的指数，因为他们最适合数学性的 World3 模型。我们选择采用现有的被大家普

⊖　Jay W. Forrester, *World Dynamics* (Cambridge, MA: Wright-Allen Press, 1971).

遍接受的指数，而不再去定义自己的指数。

UNDP 的人类发展指数

我们选择人类发展指数（HDI）作为衡量人类福利的一种尺度。联合国发展规划署（UNDP）多年以来都用 HDI 来衡量大多数国家的人类福利状况，并每年在《人类发展报告》[⊖] 中公布 HDI。在 2001 年的报告中 UNDP 是这样定义 HDI 的：

HDI 是对人类发展状况的总体衡量，它衡量了一个国家在人类发展的三个基本层面上所取得的平均成就：

- 长寿而健康的生活，以出生时的寿命预期来衡量；
- 知识，以成人识字率（赋予 2/3 的权重）和小学、中学及大学的总入学率（赋予 1/3 的权重）来衡量；
- 体面的生活水平，以人均 GDP 来衡量（以 PPP-$，即美元购买力平价计算）[⊜]。

UNDP 把 HDI 计算为三个指数（寿命预期指数、教育指数和 GDP 指数）的算术平均数——以上的引文中一一列举了这三个因素。

寿命预期指数和教育指数随着寿命预期、识字率和入学率而呈线性增长。当 GDP 上升的时候，GDP 指数也在上升。但是在有关 GDP 指数的例子里，UNDP 认定，一旦人均 GDP 超过了前东欧国家 1999 年的水平，收益会呈现显著递减现象[⊜]。

World3 模型的人类福利指数

作为 World3 模型人类福利的一种衡量手段，我们提出我们称之为"人类福利指数"（HWI）的变量。HWI 接近于 UNDP 的 HDI，这种接近达到了这样一种程度，即在 World3 模型中只使用这些变量是可能的。相应的 STELLA 流程图在附录 A 中。

⊖　United Nations Development Program, *Human Development Report 2001* (New York and Oxford: Oxford University Press, 2001).

⊜　同上，第 240 页。

⊜　HDI 的计算细节在上述文献的第 239~240 页中给出。

World3 模型中的人类福利指数是寿命预期指数、教育指数和 GDP 指数的加总再除以 3。相应的 HWI 从 1900 年的大约 0.2 增长到 2000 年的 0.7。在最成功的场景中它将于 2050 年前后达到最大值 0.8。这三个数值都分别等同于塞拉列昂、伊朗和波罗的海诸共和国 1999 年的 HDI。

1999 年我们的 HWI 非常接近于 UNDP 实际计算的同期 HDI，它的世界平均值为 0.71。[⊖]

瓦科纳格尔生态足迹

作为对于"人类生态足迹"的测度，我们采用了由马西斯·瓦科纳格尔和同行们于 20 世纪 90 年代发展的生态足迹（EF）概念。瓦科纳格尔等人计算了许多国家的生态足迹，[⊖]在一些情形中，时间序列表明了各个国家生态足迹随时间的变化。与这一工作高度相关的是，瓦科纳格尔也计算了 1961~1999 年的全球人口及其发展的生态足迹。[⊜]世界自然基金会每年发布两次世界大多数国家的生态足迹值^㉘。

瓦科纳格尔将生态足迹定义为提供现有生活方式所必需的土地面积。他的 EF 值以（全球平均）公顷来计算。他加总了维持给定人口（国家、地区、世界）的给定生活方式所必需的谷物地、放牧地、林地、渔场以及建筑用地的面积。他加上了世界用于吸纳源于人类使用矿物能源排放的二氧化碳所需的林地面积。接着，所有类型的土地都转化成平均生物生产力的土地。通过使用比例因子来计算得出"平均公顷"数，比例因子是与土地的生物生产力（土地生产生物种群的能力）成比例的。瓦科纳格尔希望拓展其框架以包括进中和其他气体或有毒物质排放所需的土地以及淡水使用所需的土地，然而他未能以某种有

⊖ UNDP, *Human Development Report 2000* (New York and Oxford: Oxford University Press, 2000), 144.

⊖ Mathis Wackernagel et al., "National Natural Capital Accounting with the Ecological Footprint Concept," *Ecological Economics 29* (1999): 375-390.

⊜ Mathis Wackernagel et al., "Tracking the Ecological Overshoot of the Human Economy," *Proceedings of the Academy of Science 99*, no. 14 (Washington, DC, 2002):9266-9271. 参见本书前言中的图。

㉘ World Wide Fund for Nature, *Living Planet Report 2002* (Gland, Switzerland: WWF, 2002).

意义的方式来实现这一计划。

　　一块土地的生物生产力取决于采用了何种技术。密集地使用化肥将确保从同样公顷的土地中获得更多数量的谷物。因而更多的化肥将降低 EF 值——除非源于化肥生产过程的二氧化碳排放需要的吸纳土地多于通过增加产出而节省的土地。由于技术是持续变化的，瓦科纳格尔的土地生产力也是如此——与当时使用的"平均技术"保持一致。⊖

　　因此当人类使用更大规模的土地面积用于粮食或者纤维生产时，或者排放出更多的二氧化碳时，EF 值会上升。即使后者的排放并不吸纳于森林（而是堆积于大气层），通过计算如果二氧化碳不在大气层积累则吸纳它所必需的土地面积，生态足迹也将会增加。这也就是过冲为何可能出现，直到温室气体的堆积迫使人类改变行为以降低 EF 值。

World3 模型中的人类生态足迹

　　作为 World3 模型中人类生态足迹的一种衡量手段，我们构建了我们称之为"人类生态足迹"（HEF）的变量。HEF 近似于瓦科纳格尔的生态足迹，这种接近达到了这样一种程度，即在 World3 模型中有限数量的变量范围内是可能的。相应的 STELLA 流程图展示于附录 A 中。

　　World3 模型中的人类生态足迹是对以下三个组成部分的加总而得的：用于农作物生产的宜耕地；用于城市 - 工业 - 运输基础设施的城市土地以及中和污染物排放所需的吸纳土地数量，它被假定为与持久污染发生率成比例。所有的土地面积都以 10 亿（109）公顷为单位来加以测量。

　　HEF 指数采取了标准化的方式，以 1970 年的值为 1，相应的指数从 1900 年的 0.5 变化至 2000 年的 1.76，一直到一些场景里所展示的在过冲与崩溃的短暂时期里超过 3 的高度不可持续值。在最为成功的场景里，表明在 21 世纪大多数时间内把 HEF 值保持在 2 以下是可能的。HEF 的可持续水平可能约为 1.1，相当于 1980 年的水平。

⊖　生态足迹计算的更多的细节在以上文献的第 30 页中给出。

华章经典·经济

书号	书名	定价	丛书名
978-7-111-59616-5	普惠金融改变世界：应对贫困、失业和环境恶化的经济学	49.00	华章经典·经济
978-7-111-42278-5	自由选择（珍藏版）	49.00	华章经典·经济
978-7-111-42200-6	生活中的经济学	49.00	华章经典·经济
978-7-111-42426-0	增长的极限	40.00	华章经典·经济
978-7-111-52435-9	共享经济：市场设计及其应用	49.00	华章经典·经济
978-7-111-42617-2	不平等的代价	49.00	华章经典·经济
978-7-111-51971-3	金色的羁绊：黄金本位与大萧条	69.00	华章经典·经济